형태·통사론의 이해

Benjamin Elson
Velma Pickett 지음

한영목 옮김

한국문화사

머 리 말

이 책은 ≪형태·통사론 개론 *An Introducton to Morphology and Syntax*≫의 판을 완전히 고친 것이다. 언어학 배경이 없는 학생들이 구어 (비문자어, unwritten language)의 문법적 구조를 찾고, 이해하기 위하여 준비한 그 기본 목표는 같다. 그러나 그 접근법은 바뀌었다: 전번 책은 문법소 모델에 입각하여 쓰여진 것이고, 이번 개정판에서는 보다 보편성을 시도하였다. 즉 다양한 모델로부터 자질과 용어를 포함하였고, 공식적 문체라기보다는 우선 산문체로 서술된 문법 기술을 도입하였다.

우리들의 초기의 배경은, 아직도 많은 점에서 명백하지만, 문법소 모델의 어떤 자질들은 기본적으로는 중요하다고 생각된다. 이것은 보다 큰 단위 안에서 보다 작은 단위의 계층에서의 구조적 배열로서의 직능과 부류의 개념을 포함한다 (5.5절을 참조하라).

그러나 우리는 한 이론적 모델보다는 더 많은 모델이 유용하다는 보편적 접근법을 신뢰한다. 이 기초 과정을 거친 뒤 문법적 분석에 대한 연구를 지속하는 학생들은 새로운 탐구를 찾는데 특히 유용함을 증명하는 상세한 모델들을 잘 발견할 수 있다. 보다 오래된 전통문법에서 가장 최근의 이론적 모델로부터 분석의 모든 체계는 무엇인가에 공헌을 하였다. 어떤 언어의 상세한 자질은 다른 이론보다는 한 이론의 용어로 보다 쉽게 기술할 수 있다. 그러나 처음 시작하는 학생들에게 우리는 현재의 목표를 견지하기 위해서 이중적 접근법을 운용하겠다.

1) 교수법적.
전에 훈련을 받지 않은 학생들을 위해서, 이 책은 우선 그것을 어떻게

배열할 것인가에 쓰여졌다. 즉, 차라리 완벽한 용어들의 정의를 강조하기
보다는 발화의 연속 내에서의 형태소를 확인하는 법, 그 구성을 도표화하
는 법 등이다.

2) 유형론적.

구어로 접근하는 교수법을 강조하는 잠재적인 언어학자로서, 우리는 다
양한 언어구조에 대한 개괄을 시도하였다. 실례와 기술은 모든 관련된 언
어 자료에 대한 완전한 표시를 가장하지 않는다. 그것들은 단지 발견하기
를 기대하는 초보 언어학도에게 현장에 대한 암시만을 의도하였다.

이 두 가지 접근법에 대한 우리의 기대는 언어 자질의 종합적 양상과
분석과정에서의 좋은 출발을 원하는 학생들이 보다 더 공부하기 위한 그
들 욕구를 북돋울 것이고, 결국에는 어떤 이론적 배경으로부터 독자에 의
해서 유용한 형식으로 언어를 기술할 수 있도록 하려는 것이다.

실례로 든 자료들은 우리가 공동으로 말하는 네개의 언어; 영어, 스페인
어, 두개의 멕시칸 인디언어; Sierra Popoluca어 (Elson)와 Isthmus Zapotec
어 (Pickett)로부터 우선 자료를 선택하였다. 또한, 다른 실례의 대부분은
우리들의 경험이 가장 해박한 멕시칸 인디언어로부터 취하였다. 자매편인 .
≪형태 · 통사론 실험교범 *Laboratory Manual for Morphology and Syntax*≫
은 보다 광범위한 지역의 실례가 되는 자료를 포함한다.

Benjamin Elson
Velma Pickett

옮긴이의 말

이 책은 Benjamin Elson과 Velma Pickett가 공통으로 집필한 ≪*Beginning Morphology and Syntax*≫을 우리말로 옮긴 것이다. 그러나 옮긴이의 뜻에 의하여, '감사의 말'과 '부록 1'과 '부록 2'는 생략하였다.

≪형태·통사론의 이해≫라고 번역한 것은, 이 책의 내용이 문법론 ― 특히 형태론과 통사론을 공부하려고 하는 초심자들에게 이해하기 쉽도록 평이하게 기술되었기 때문이다.

그러나 이 책에서 다룬 내용은 이론 중심의 문어에서 벗어나 실제 구어에서 언어 자료를 찾고, 이해하도록 구성되었다. 또한 이 책은 형태소, 형태소와 단어 문제, 의미범주, 변이형태, 형태음소, 구, 단문, 복문, 문법적 기술 등뿐만 아니라 사전, 담화, 현장연구 방법 등에 이르기까지 다양한 내용을 다루고 있다.

이 책은, 우리 국어문법론에서는 주로 Chomsky의 변형문법이 중심이 되고 있는 점을 고려할 때, 문법소론과 보편적 이론에 입각하여 기술되었기 때문에 문법이론의 다양성이라는 측면에서, 문법론을 공부하는 학생들에게 상당히 유용하다고 옮긴이는 생각해 왔다. 그러므로 옮긴이는 일찍부터 이 책을 문법론 강의에 선용해 왔다.

이 책에서 제시된 형태소의 확인이나, 그 구성을 도표화하는 방법들은 다른 문법서와는 방법론적인 면에서 차이가 있다. 교수법적인 면과 유형론적인 면에서의 접근법을 운용한 이론적 배경은, 저자들이 서문에서 언급한 것처럼, 언어자질에 대한 연구를 기대하는 학생들에게는 더 많은 욕구를 북돋우고, 독자들에게는 유용한 형식으로 언어를 기술할 수 있도록 배려해 준다.

따라서 이 책은, 문법론에 관심이 있는 독자나, 문법과목을 수강하는 학생이나, 형태론과 통사론에 흥미를 갖고 있는 대학원생들에게 좋은 안내서가 될 것이다.

이 책이 나오기까지 많은 분들의 도움을 받았다. 시장성이 없는 이 책을 출판해 주신 한국문화사 김진수 사장님, 그리고 교정과 색인, 컴퓨터 작업에 이르기까지 전적으로 도와준 강명순, 이금영 선생과 김영신, 강연임 등 충남대학교 대학원생들의 전적인 노고의 결과임을 밝히고, 고마운 인사를 보낸다.

1995. 2월
연구실에서 옮긴이

차   례

머리말 iii

옮긴이의 말 v

약어와 기호 xvi

일러두기 xx

제1장   형태소

1.1.   어휘단위 1

1.2.   최소 어휘단위 2

1.3.   형태소의 종류 10

1.3.1.   의존형태소와 자립형태소 10

1.3.2.   어근과 접사 10

1.3.3.   어근과 어간 13

1.4.   단어 구조의 기술 14

1.4.1.   Sierra Popoluca어 명사 14

1.4.2.   Sierra Popoluca어 동사 14

1.4.3.   Isthmus Zapotec어 동사 15

1.4.4.   Oaxaca Chontal어 명사 15

1.4.5.   Chatino어에 기초한 동사 16

1.5.   관계접사 순서 16

1.6.   불연속 형태소 25

제2장   의미 범주들

2.1.   사건 31

2.1.1.   참여자 32

2.1.2.   시간 33

2.1.3.	방향과 위치	34
2.1.4.	양태와 상	38
2.1.4.1.	일반 언어의 상 용어들	39
2.1.4.2.	IZ어 동사 접두어 - 상체계의 실례	40
2.1.5.	행위의 실체	44
2.1.6.	태	46
2.1.7.	재귀와 상호작용	46
2.1.8.	사역	48
2.2.	존재 상태	49
2.3.	사물 명명	50
2.3.1.	가산성	50
2.3.2.	성	51
2.3.3.	수	52
2.3.4.	소유	52
2.4.	명사의 대치어	53
2.4.1.	인칭과 수	54
2.4.2.	성	55
2.4.3.	기능	56
2.4.4.	대명사 범주 실례	56
2.4.5.	명사 - 대명사 형태	57
2.5.	기술	58
2.6.	제한자와 상세화	58
2.7.	양화사	60
제3장	**변이형태**	
3.1.	변이형태의 확인	63
3.2.	변이형태의 분포	65

3.3.	보충법	69
3.4.	공제	71
3.5.	영(零) 변이형태	72
3.6.	영(零) 형태소	73

제4장　음운론적인 교체와 형태음소론

4.1.	음운론적으로 정의된 교체	75
4.2.	음운론적으로 정의된 교체의 유형	77
4.2.1.	자음동화	78
4.2.2.	모음 배치	79
4.2.3.	성조 동요	81
4.2.4.	중복	82
4.2.5.	이화	83
4.2.6.	음소 탈락	83
4.2.7.	음운 도치	84
4.2.8.	첨가	85
4.3.	규칙 쓰기에 대한 제안	87
4.4.	형태음소	89
4.5.	음운론적으로, 형태소적으로 정의된 교체	92

제5장　단문과 문법적 기능

5.1.	의미 단위로서의 문장	97
5.2.	음운론적 단위로서의 문장	97
5.3.	문법적 단위로서의 문장	99
5.4.	문장 구성요소의 개관	100
5.4.1.	주어	100
5.4.2.	동사 또는 술어	103

5.4.3.	목적어	105
5.4.4.	간접 목적어	106
5.4.5.	수혜	106
5.4.6.	도구	107
5.4.7.	수반	107
5.4.8.	시간	108
5.4.9.	위치	108
5.4.10.	양태	109
5.4.11.	다른 주변적 기능들	109
5.5.	기능과 부류	110

제6장　단문에 관한 부연

6.1.	분류	113
6.2.	단문 구조의 예시와 분석	116
6.3.	견본 기술	121

제7장　구

7.1.	구의 정의	125
7.2.	영어에서의 구 예시	126
7.3.	수식 명사구	130
7.3.1.	수식사, 기술사	130
7.3.2.	양화사	132
7.3.3.	소유자	132
7.3.4.	한정사	133
7.3.5.	지시사, 지시소	134
7.3.6.	분류사	134
7.3.7.	어순과 제약	135

7.3.8.   일치 ·· 136

7.4.   수식 형용사구 ·· 138

7.5.   비교 형용사 구문 ·· 138

7.6.   수식 부사구 ·· 139

7.7.   전치사구 ·· 140

7.8.   동사구 ·· 140

7.8.1.   부사적 수식어 ·· 141

7.8.2.   다른 수식어 ·· 141

7.8.3.   목적어 통합 ·· 143

7.8.4.   문장으로서의 동사구 ·· 144

7.9.   동격구 ·· 144

7.10.   등위구와 연속구 ·· 145

7.11.   구의 기술 ·· 147

제8장   단문의 종류

8.1.   식별 자질로서의 동사 ·· 151

8.1.1.   타동사와 자동사 ·· 151

8.1.2.   비기초 용법 ·· 156

8.1.2.1.   수동태 ·· 156

8.1.2.2.   사역 ·· 157

8.1.3.   비인칭 동사 ·· 159

8.2.   상태문 ·· 161

8.2.1.   시간과 공간에서의 존재 ·· 163

8.2.2.   분류 - 확인 ·· 164

8.2.3.   기술 ·· 165

8.2.4.   위치 ·· 167

8.2.5.   소유 ·· 169

8.3.	양상 자질	170
8.3.1.	서술문	171
8.3.2.	명령문	171
8.3.3.	의문문	173
8.3.3.1.	예/아니오 의문문	173
8.3.3.2.	내용-정보 의문문	176
8.4.	타동성과 양상자질의 요약	177
8.5.	어순 변형	178
8.5.1.	주제와 초점 변형	179
8.5.2.	어순 변형의 다른 요인들	182
8.6.	문장 조각들	183
8.7.	기술의 확장	184

제9장 상호절 관계

9.1.	절 구성	189
9.2.	종속 구문	190
9.2.1.	형용사절	191
9.2.2.	부사절	195
9.2.3.	다른 부사절	197
9.2.4.	보어절	197
9.3.	등위 구문	202
9.3.1.	복합문	203
9.3.2.	병치문	204
9.4.	인용	205
9.5.	좀 더 복잡한 것	206
9.6.	의미 관계	208
9.7.	합성문 구조 기술	208

제10장　형태소와 단어에 대한 부연

10.1.	단어의 핵심 부분	209
10.1.1.	파생 어간	211
10.1.1.1.	기본 단어류 변화	211
10.1.1.2.	제한 분포	212
10.1.2.	복합어간	213
10.1.3.	파생의 층위	213
10.1.4.	어간형성에 대한 요약	214
10.2.	단어 경계	215
10.2.1.	복합어 대 구	216
10.2.1.1.	단어 강세 준거	217
10.2.1.2.	불가분리성	218
10.2.1.3.	굴절과 분포	218
10.2.2.	접어	219
10.2.2.1.	비고립성	220
10.2.2.2.	분리성	220
10.2.2.3.	분포, 기능, 유추	221
10.2.2.4.	단어 강세 자질	222
10.2.2.5.	접어 자질의 요약	222
10.3.	문법적 격	223
10.4.	의미역과 문법적 기능	225

제11장　문법 기술

11.1.	학술적 기술	231
11.2.	교수문법	232
11.3.	문법적 개요와 대중문법	233

제12장   사전

12.1.   어휘철 ··· 236

12.2.   이중언어 병용 사전 ································· 238

12.2.1.   형태의 문제 ·· 238

12.2.2.   의미의 문제 ·· 239

12.2.2.1.   동음이자어와 의미 전이 ····················· 240

12.2.2.2.   제한 용법 ·· 240

12.2.2.3.   문장 예시 ·· 241

12.2.2.4.   관용어구 ··· 241

12.2.3.   부가 재료 ·· 242

12.2.4.   이중언어 병용 사전을 위한 화일 슬립 ············ 242

제13장   담화 고찰

13.1.   담화 구조의 구성요소 ···························· 245

13.1.1.   일련의 사건 ·· 245

13.1.2.   시제 일치 ·· 246

13.1.3.   참여자 ··· 246

13.1.4.   장면 ·· 247

13.1.5.   배경 ·· 248

13.1.6.   결합 ·· 248

13.1.7.   장르 ·· 250

13.1.8.   분할 ·· 251

13.2.   분석의 예 ·· 252

13.2.1.   원문 ·· 252

13.2.2.   의역 ·· 253

13.2.3.   분석 ·· 253

13.2.3.1.   형태소 ··· 254

13.2.3.2.　장르 ·· 255

13.2.3.3.　분할 ·· 255

13.2.3.4.　참여자 ·· 255

13.2.3.5.　장면 ·· 256

13.2.3.6.　사건 ·· 256

13.2.3.7.　배경과 부수적 정보 ·· 256

13.2.3.8.　시제 일치 ·· 256

13.2.3.9.　다른 문법적 자질 ·· 257

제14장　현장연구 방법

14.1.　　언어 학습 ·· 259

14.1.1.　듣기 ·· 260

14.1.2.　말하기 ·· 260

14.1.3.　쓰기 ·· 260

14.2.　　자료 수집 ·· 261

14.2.1.　언어 조력자들과의 연구 - 할 것과 하지 말 것 ············· 261

14.2.2.　언어 조력자와의 연구 - 자료 ······································· 263

14.2.3.　언어 조력자와의 연구 - 접근 ······································· 268

14.3.　　자료 기록 ·· 269

참고문헌 ·· 271

용어 색인 ·· 277

약어와 기호

약 어	용 어
acc	accusative
aj	adjective
AjP	adjective phrase
art	article
aug	augmentative
av	adverb
caus	causative
comp	completive aspect
conj	conjunction
cons	consecutive
coor	coordinate/coordinator
dem	demonstrative
desid	desiderative
du	dual
excl	exclusive
f	feminine gender
fut	future tense
hab	habitual aspect
IC	immediate constituent
impf	imperfect aspect
inan	inanimate gender

inc	incompletive aspect
incl	inclusive
ind	indicative mode
IZ	Isthmus Zapotec
L	location constituent
lim	limiter
lav	location adverb
ln	location noun
M	manner constituent
m	masculine gender
Mod X P	modified X phrase
	e.g., modified noun phrase
N	noun (*e.g.*, NP = noun phrase)
n	neuter gender
neg	negative
nom	nominalizer/nominative case
num	number
o/O	object
P	predicate/phrase (in combinations, *e.g.*, NP, AjP)
pref	perfect aspect
pers obj	person of object
pers subj	person of subject
pl	plural number
PN/prop-n	proper noun
poss	possessive/possession
pot	potential aspect
PP	prepositional phrase

pr	present tense
prep	preposition
prog	progressive aspect
pst	past tense
Q	question marker
QP	quote particle
Qual	qualifier/qualitative
Quan	quantifier
recip	reciprocal
s/S	singular number
S	subject
SP	Sierra Popoluca
sta	stative aspect
subj	subjunctive mode
tav	time adverb
tn	time noun
TOP	topic
unr	unreal aspect
V	verb, *e.g.* VP = verb phrase
v	verb (class identification)
vi	intransitive verb
vt	transitive verb
vs	stative verb
vbt	bitransitive verb

기 호

i,j	참여자의 지시: i -i = 동일 지시 i - j = 다른 지시
1,2,3	인칭 표지의 수
1:3	일인칭 주어, 삼인칭 목적어 융합
3:3	삼인칭 주어와 목적어 융합
*	언어에서 수용할 수 없는 형태
ϕ	영 형태소
- 또는 /	교체
ϕ	영 형태소 또는 변이형태

일러두기

이 책은 Benjamin F. Elson과 Velma B. Pickett가 공저한 ≪Beginnig Morphology and Syntax≫를 ≪형태·통사론의 이해≫라는 제명으로 우리말로 옮긴 것이다.

다만 "감사의 말씀"과 "부록 1"과 "부록2"는 편의상 옮기지 않았다.

제1장 형태소

우리가 전에 들어보지 못한 언어를 들었을 때 받게 되는 인상은 무의미한 소리의 뒤범벅이라는 느낌이다. 그러나 그 언어를 사용하는 모국어 화자는 그 소리를 거의 의식하지 않는다. 그는 말하여지는 것, 즉 다시 말하자면 그 소리들이 전달하는 의미를 듣고 있는 것이다.[1] 그 언어의 모국어 화자에게 있어서 소리는, 오직 화자가 청자에게 말할 때 실수를 하거나 또는 강조하여 말했을 경우에만 명확해지기 때문이다. 그렇지 않으면 그는 그 소리를 전혀 의식하지 못한다. 그는 말하여지는 것에만 집중한다.

실제로, 외국어를 배우려고 시도했던 사람이라면 알 수 있듯이 이 문제는 상당히 복잡하다. 언어 기술에 있어서, 언어 총체의 각기 다른 부분을 개별적으로 연구하는 것이 편리하다. 그 한 분야는 소리체계 또는 그 언어의 **음운론** (Phonology)이고, 다른 분야는 언어의 기본적인 의미부분들의 목록 또는 그것의 **어휘목록** (Lexicon)이며, 마지막으로는 이러한 부분들이 단어, 구, 절을 형성하는 방법, 즉 **문법** (Grammar)이다. 이 장에서는 어휘목록의 최소 유의미 단위들과 단어를 형성하는 몇 가지 방법들을 다룰 것이다.

1.1. 어휘단위

어휘목록은 언어의 어휘, 즉 개별 화자의 어휘 또는 형태소 (하위 개념

---

1) 이 책의 도입부의 개요는 Gleason(1961:1)을 참고했다.

으로 정의되는)들의 총합, 또는 언어의 단위로 사전에서 정의된다. 물론 단어는 독자적으로만 의미를 전달하지는 않는다. 단어들의 의미는 상황에 따른 문맥; 다른 수반되는 단어들, 문법유형에서 그것들의 위치, 또는 사회적 용법에 의하여 영향을 받는다. 예를 들면, 동사 carry는 다음의 세 문장에서 각각 동일한 의미를 갖지는 않는다 (의역 Parapharses은 다른 종류의 동사들을 필요로 한다는 사실에 의하여 부분적으로 보여지듯이): "I'll *carry* the package for you" (제가 짐을 들어 드리겠습니다.), "This cannal *carries* a lot of water." (이 운하에는 많은 양의 물이 흐른다.), "He can't *carry* a tune." (그는 제대로 노래하지 못한다.) 비슷한 예로 단어 runs는 "He *runs* a mile each morning" (그는 아침마다 1마일을 달린다.)라는 문장과 "He *runs* a electric plant." (그는 전기공장을 경영한다.)라는 문장에서 같은 뜻이 아니다. 마찬가지로 girls라는 단어도 "The boys and *girls* are playing on the swings." (소년들과 소녀들이 그네를 타며 놀고 있다.)와 "The *girls* are coming over to play bridge this afternoon." (여자-여점원-들이 오늘 오후에 브릿지를 하러 올 것이다.)에서 같은 종류의 사람을 언급하지는 않는다. 이러한 문제들의 일부는 뒤에서 다룰 것이다.

어쨌거나 이 장은 발화의 흐름을 최소 유의미 단위로 분할하기 위한 간단한 예비과정을 소개하는 매우 낮은 수준에서 시작한다.

1.2. 최소 어휘단위

Leonard Bloomfield (1933:61)는 단어 (word)를 "**최소 자립형 (minimal free form)**" 즉 홀로 말하여질 수 있는 가장 작은 단위라고 정의하였다. 기술언어학의 상황을 제외하면, 단어는 흔히 가장 작은 언어단위로 간주된다. 그러나 대부분의 언어에서 단어는 길고도 복잡할 수도 있다. 영어는 길고 복잡한 단어들을 일반적으로 상세화하지는 않지만 ungentlemanly, uniformitarianism, 또는 antidisestablishmentarianism 같은 단어를 자세히 살펴보면 전부 완전한 단어가 아닌 많은 작은 유의미한 부분들을 포함한다는 것을 알 수 있을 것이다. 더욱이 대부분의 언어에서 단일 동사 단어는 더 작고 많은 유의미한 부분으로 배합할 수도 있고 완전한 영문으로 번역될 수도 있다. 예를 들면, Yagua어 (페루에서 사용되는 인디안 언어)에서, 다음 단어는 영어의 한 문장 전체와 대응된다:

ną́ąntarúųyháymą́ą   *She was already wanting to plant yesterday.*

영어로 번역된 부분과는 달리 이 발화를 구성하는 요소들은 단독으로 발화될 수는 없다. 그러나 다양한 부분들은 개별적인 의미를 갖고 있으며, 언어학자들은 그것을 밝혀내야 한다.

의미를 표현하거나 의미와 관련된 기본적인 단위는 boy나 two와 같은 유의미한 부분으로 더 이상 나눌 수 없는 단순한 단어이거나, boys의 s처럼 단어보다 더 작은 것일 수도 있다. 위에서 예시한 Yagua어에는 다음과 같은 부분들이 있다: ną́ą *she*, nta *plant*, rúųy *wants to*, háy *yesterday*, mą́ą *already*. 완전한 영어 문장이 이러한 단일어의 다섯 조각들을 번역하는데 필요하다. 심지어 영어 단어 boys는 두 개의 유의미한 부분으로 구성되는 것처럼, Yagua어 동사는 다섯 개의 의미단위로 구성된다. 이러한 기본적인 부분의 각각이 **형태소** (morpheme)이다. 형태소들은 언어의 발화에서 최소의 개별적 유의미 요소이다 (Hockett 1958:123).

하나의 발화2)는 몇 개의 형태소들로 이루어지는데 이들의 일부 또는 전부는 결코 독립하여 발화될 수 없다. 이 과정은 최소 부분을 증명해 내기

---

2) 한 화자가 말하기를 시작해서 말하기를 멈추었을 때까지의 발화행위.

위하여 필요하다. 실제로 두 가지 과정은 형태소를 찾아내고 증명하는데 가능하고 유용하다. 첫째 과정은 같은 문맥에서 다른 뜻을 가진 다른 형태들의 대치 (substitution)를 포함한다. 다음의 영어 문장들을 보자.

> We jumped.
> We walked.
> We worked.

we와 접미사 ed의 공통적인 문맥에서 형태 jump, walk, work는 대응하는 의미변화와 함께 대치된다. 서로 대치된 형태들은 we...ed의 구조 안에서의 **대조** (contrast)로 불리워 진다. 이 대조에 의하여 jump, walk, work는 다른 형태소가 된다. 그것들의 음운론적 형상, 즉 그들이 발음되는 방법 또한 다르다; 이것은 그것들이 별개의 존재임을 의미하고, 서로 대치될 때 의미에 있어서 그에 상응하는 변화가 있다. 일정한 구조 안에서 대조의 관계에 있는 항목들이 있을 때는 언제나 그것들은 다른 형태소라고 가정할 수 있다.

두 번째 과정은 일정한 의미를 가지고 있는 **순환 부분** (recurring partials)을 찾는 것과 관련된다. 위 발화에 대한 더 깊은 조사는 순환하는 부분 (we와 ed)을 밝힐 것이다. 영어 화자들은 전자 *we*가 1인칭 복수 정도를 의미하고, 후자 *ed*가 과거시제 정도를 의미한다는 것을 안다. 비록 영어 화자가 아닐지라도 알고 있는 언어로 이런 발화들을 해설한 것을 주의 깊게 조사함으로써, 비록 그들은 어느 것이 1인칭을 의미하고 또 과거시제를 의미하는 지를 더 많은 증거없이 말할 수 없을지라도, 이러한 사실들을 추론해 낼 수 있다.

그러나 Sierra Popoluca어의 다음 목록과 같은, 알지 못하는 언어에서 주어진 단어들은 각각 하나 또는 그 이상의 형태소로 이루어진 단어들을 조사함으로써 단순하게 말할 수 있는 방법은 없다. SP[3]어에서 형태소들의 수는 영어 번역에서의 형태소의 수에 의해서 결정되지는 않는다. 일정한 개념을 표현하기 위하여 요구되는 형태소의 수는 어떤 엄밀한 방법으로도 언어간에 대응되진 않는다.

1. ika·ma	*his cornfield*	3. way	*hair*
2. iko·ya	*his rabbit*	4. ka·pay	*sister - in - law*

발화목록의 정밀한 조사와 각각 주어진 번역과의 비교에서는 그들 중 세 개가 영어에서 한 개 이상의 형태소로 번역됨을 보여준다. 처음의 두 항목들은 그 두 개의 SP어 형태가 어느 정도 공통된 소리를 가지고 있고, 영어 의미가 공통적으로 *his*를 가지고 있기 때문에 특별히 흥미롭다. 불행하게도, 발화의 어떤 부분이 *his*를 의미하고, 어느 부분이 *cornfield*와 *rabbit*을 의미하는지를 결정지을 수 있는 충분한 자료는 없다.

*cornfield*와 *rabbit*의 뜻에 해당되는 듯한 두 단어에서 다른 부분 a·m과 o·y를 제거해 버리면 남는 것의 전부분 또는 일부분인 ik...a가 *his*를 의미한다는 것이 가능하다. 그럼에도 불구하고 부가적 자료 없이, 한 형태소가 끝나고 다른 형태소가 시작하는 곳이 어디인지 확신할 수 없다.

언어학의 현장 연구에서, 부가 자료는 해당언어의 모국어 화자에게 질문함으로써 얻어진다. 그렇게 해서 부가적 SP어 자료를 얻을 수 있다고 ·가정하자.

각각의 영문 번역에서 두 개의 변별 의미가 있기 때문에 각기 처음 두

---

3) Sierra Popoluca라는 용어를 여러 번 반복 사용하게 되므로 SP로 축약하여 사용한다.

발화에는 적어도 두 개 이상의 형태소가 나타난다. 모국어 화자에게 질문함으로써 *his* (*his hair*와 *his sister-in-low*)라는 의미를 지닌 나머지 의미를 끌어내고, *his*의 의미를 동반하지 않는 *cornfield*와 *rabbit*을 얻어 낼 수가 있는 것이다.

의사소통이 성공적이라면, *his hair*에 대한 응답은 iway이고, *his sister-in-law*에 대해서는 ika·pay이다. cornfield에 대한 응답은 ka·ma이고, *rabbit*에 대한 것은 ko·ya이다. 이런 결과들은 다음과 같이 표로 나타낼 수 있다.

1. ka·ma	*cornfield*	1a. ika·ma	*his cornfield*
2. ko·ya	*rabbit*	2a. iko·ya	*his rabbit*
3. way	*hair*	3a. iway	*his hair*
4. ka·pay	*sister-in-law*	4a. ika·pay	*his sister-in-law*

두 난에서 대응하는 형태들을 비교함으로써 우리는 i가 *his*를 의미하고 k...a는 우연히 비슷했던 것 (ka·ma와 ko·ya 사이의 유사점) 뿐이었다는 사실을 알 수 있다. 이 우연한 유사성은 새로운 자료에 대해 일시적으로 독립된 형태소들에 대한 거듭되는 대조 검사가 필요함을 예증한다. 다른 부분이 일정하게 유지되는 동안, 발화의 한 부분은 대치되는, 위에서 기술한 과정에 의해 발견된 해답에 주목하라.

이제 발화의 어떤 것이 두 개 이상의 형태소를 포함하는지를 잘 검토하고 살펴보아야 한다. 영어에서 *cornfield*는 두 개의 형태소 (*corn*과 *field*)로 구성되어 있고, *sister-in-law*는 세 개의 형태소로 구성되어 있기 때문에 아마 그들의 SP 대응어도 역시 한 개 이상의 형태소로 구성되어 있을 것이다. 그러나 *corn*에 대응하는 단어를 이끌어 내면 mok라고 대답할 것이고, *field*에 대한 대답은 ka·ma라고 하거나 또는 어리둥절해질 것이다. 그것은 어떤 것이 자라는 들판이 *cornfield*, 즉 ka·ma라고 여기기 때문이다. *sister-in-law*라는 용어에 대해 물어봐도 비슷한 반응이 나올 것이다. 이것을 근거로 ka·ma와 ka·pay는 둘 다 단일한 형태소임을 알 수 있다.

조사를 좀 더 해서 *my*와 *your*의 형태를 끌어낼 수 있다. 결과는 다음과 같다.

1b. aŋka·ma	*my cornfield*	1c. iŋka·ma	*your cornfield*
2b. aŋko·ya	*my rabbit*	2c. iŋko·ya	*your rabbit*
3b. aŋway	*my hair*	3c. iŋway	*your hair*
4b. aŋka·pay	*my sister-in-law*	4c. iŋka·pay	*your sister-in-law*

부가된 자료로 대치와 대조의 똑같은 과정을 거쳐서 일곱 개의 SP어 형태소의 목록을 완성했다: aŋ은 *my*, iŋ은 *your*, i는 *his*, ka·ma는 *cornfield*, ko·ya는 *rabbit*, way는 *hair*, 그리고 ka·pay는 *sister-in-law*이다. 형태소 발견의 과정은 발화의 나머지가 일정하게 유지되는 한 발화의 한 항목을 다른 항목으로 대치하는 것이다. 대치되는 부분은, 모든 부분이 증명될 때까지 이처럼 서로 대조되는 자리에 놓이거나 어떤 것과도 대조되지 않는 자리에 놓이거나 한다.

조각들이 결합되는 점에 대한 인식은 부분들이 확인되는 것으로 발전하고 우리는 그러한 부분들이 결합되는 위치를 알게 되며, 그 지점에서 형태소 **절단** (cuts)이 일어나는 것을 알 수 있다.

위에서 기술한 초기과정에서, 학생들은 아래의 예와 같이 그려진 수직선에 의해 형태소 절단에 관한 추측들을 명시할 수 있다.

i | ka·ma	*his cornfield*
i | ko·ya	*his rabbit*
iŋ | ka·ma	*your cornfield*
aŋ | ka·ma	*my cornfield*
aŋ | way	*my hair*

형태소 증명과정은 다음과 같은 세 단계로 요약될 수 있다.

제 1 단계 : 자료 수집.

형태와 의미가 부분적으로 같고, 또 부분적으로는 다른 발화로 이루어진 자료를 모아라. (이 텍스트와 연습책들에서 자료가 제공된다. 그러나 실제 언어 상황에서, 언어학자는 대치와 순환 부분을 용이하게 하는 것과 같은 방법으로 자료를 수집하고 구성해야 한다.

제 2 단계 : 대치와 대조

(연구하고 있는 언어의) 형태에서의 차이점과 그것들에 대응하는 (번역에 의해 기술된) 의미에서의 차이점을 비교하라. 예를 들면, 위에서 말한 1b~4b의 자료는 다음과 같은 다른 형태들과 그것들의 의미를 산출해 낸다.

ka·ma	*cornfield*
ko·ya	*rabbit*
way	*hair*
ka·pay	*sister-in-law*

이런 형태들은 (aŋ...#)[4] 또는 (iŋ...#)과 같은 동일한 환경으로 대조되고 각각의 의미가 다르며, 그들이 서로 다른 형태소라는 결론으로 이끌어 준다. 그밖에 aŋ과 iŋ은 의미 (*my*대 *your*)에서 대조되고 환경이 동일하다는 점 (가령 ka·ma)에서 대조된다.

---

4) 기호 #는 휴지를 의미한다.

제 3 단계 : 순환 부분

비슷한 형식을 조사하라. 만약 한 형식이 어떤 상황에서건 동일한 의미를 가진다면, 그것은 한 형태소로 여겨질 것이다. 예를 들어, 1b-4b의 자료에서 aŋ은 각각의 항목에서 나타나며, *my*는 번역에서 상수로서 나타낸다. 이러한 사실은 형태 aŋ이 1인칭 단수 소유격을 의미하는 한 형태소로서 확인되는 두 번째 이유가 된다. 2인칭 단수 소유격을 의미하는 형태소 iŋ도 마찬가지이다.

2단계와 3단계는 평행한 과정이고 각각의 목적에 따라 적용될 것이다. 양 단계를 이용하면 형태소의 증명은 결론에 다다른다. 분석에서 사용되는 믿을만한 자료에서 한 번에 오직 한 번의 의미변화를 하는 즉, 양 과정의 적용을 허용하는 형태들을 얻는 것이 이상적이다. 그러나 유용한 자료가 이 방법에 적용되지 않는다면, 그들이 어디서 발견되건 대조와 순환 부분을 찾아서 그 형태 변형을 정밀 검사하는 것이 요구될 것이다. 그 과정과 어떤 형태소를 식별하기 위한 가설을 포함한다.

예를 들어, 오직 Isthmus Zapotec[5]어로부터 얻은 다음과 같은 형태들은 유용성이 있다.

1. ru ꞁ kaabe		*S/He writes.*
2. bi ꞁ žooñeluʔ		*You ran.*
3. zu ꞁ yubidu		*We will search.*
4. ru ꞁ yubidu		*We search.*

네 개의 발화에서 오직 반복되는 의미들은 3과 4에서 *we*와 *search*이고,

---

5) Isthmus Zapotec어에서는 성조와 강세의 배치가 대조적이다. 그러나 이 책에 포함된 자료에서 성조는 단지 실례에 적절한 것에서만 기술된다. 두 개의 비슷한 모음의 연속은 후두성(성문음)모음을 나타낸다.

1과 4에서의 현재시제뿐이다. 형태 3과 4는 어두음 z와 r, 그리고 미래와 현재의 대응하는 의미차이를 제외하고는 거의 비슷하다. 다른 형태소들을 식별해 내고 미래와 현재를 가늠하게 하는 첫 번째 추정을 증명하기 위하여, *he wrote* (biʼkaabe), *you write* (ruʼkaaluʾ)와 *we will run* (zuʼžooñedu)에 대해 살펴볼 필요가 있다. 이렇게 부가된 자료는 (초기의 가설로서) ru는 현재시제를, zu는 미래시제를 (r과 z에 대한 초기 추정 대신에), bi는 과거시제, luʾ는 2인칭 단수, du는 1인칭 복수, 그리고 kaa는 *write*, zooñe는 *run*, yubi는 *search*를 나타냄을 각각 식별할 수 있다.

요컨대 이러한 과정은 비교와 대조뿐만 아니라 "추정과 검토" (가설을 공식화하고 확증을 위해 그것들을 검사하는)까지도 포함한다.

1.3. 형태소의 종류

한 언어에서 각각의 형태소는 다른 형태소와의 공기, 다시 말하면 **분포**(distributional)관계에 기초한 다양한 특성을 가진다. 이러한 자질들을 기초로 하여 형태소는 다양한 방법으로 분류될 수 있다.

1.3.1. 의존형태소와 자립형태소

위에서 검토한 SP어 자료에 있어서 어떤 형태소들 (ka·ma, ko·ya, way, ka·pay)은 독립하여 나타난다. 즉 그들은 단독으로 발화될 수 있다. 그러나 어떤 다른 형태소들 (aŋ, iŋ, i)은 항상 다른 형태소에 의존해서 나타난다. 홀로 나타날 수 있는 형태소들을 **자립형** (free form)이라 하고 홀로 나타날 수 없는 형태소들을 **의존형** (bound form)이라 한다.

1.3.2. 어근과 접사

부가적인 분류단계는 **접사** (affixes)와 **어근** (roots)을 구별하는 것이다.

일반적으로 접사는 분류방법상에 있어서 중심의미를 수식하는 단어들의 (보통 작은) 부분들이다. 반면에 어근은 단어들의 핵 또는 **핵심** (nuclear) 이다. 위에서 논의된 SP어 자료에서 aŋ, iŋ과 i는 접사이고, ka·ma, ko·ya, way와 ka·pay는 어근이다.

어근은 의존형과 자립형 둘 다 될 수 있다. unhappy와 cats 같은 영어 단어들은 각각 두 개의 형태소들-하나의 접사와 하나의 어근-을 포함한다. 어근 happy와 cat 또한 단독으로 나타날 수 있기 때문에 자립형이다. 그러나 때때로 어떤 어근은 단지 의존형으로써만 나타나기도 한다. 예를 들어, SP어에서 '어떤 일을 한다'라는 뜻의 어근인 wat는 결코 단독으로 나타나지 못한다. wat는 iwatpa *he does it*에서 처럼 반드시 다른 형태소들을 동반해야 한다. 접사는 항상 의존형이다.

몇 종류의 접사는 어근과의 위치 관계에 따라서 정의될 수 있다. 위의 예에서 우리는 어근 앞에 나타나는 **접두사**와 어근 뒤에 따라오는 **접미사**를 관찰할 수 있다. 이런 사실을 상기시켜 주는 것으로 접사의 유형은 접두사 뒤와 접미사 앞에 하이픈 (-)을 놓음으로써 나타낼 수 있다 (un-, -s, aŋ-, iŋ-, bi-, ru-).

한 개 이상의 접미사 또는 접두사는 한 개의 단일 어근과 함께 나타날 수도 있다. 그래서 SP어에서 단어 apetgakpa *I sweep again*은 다음과 같은 부분들 (a- *I*, pet to *sweep*, -gak *again*, -pa *incomplete*)을 가진다. 그러므로 -gak과 -pa는 (어근에서부터 셀 때, 첫 번째의 -gak, 두 번째의 -pa)두 개의 다른 위치부류에 놓인 접미사이다.

접요사는 어근 내부에 나타나는 접사이다. 따라서 복수형이 kweɬpoʼ *lizards*인 어근 kwepoʼ *lizard* (Oaxaca Chontal어, 멕시코)는 접요사; -ɬ

- 복수를 예시한다 (접요사는 하이픈을 양쪽에 두어 표시한다).

때때로 초보적인 학생들은 단어 내부에 나타나는 접두사나 접미사를 접요사로 혼동한다. apetgakpa *I sweep again*의 실례에서 형태소 -gak은 비록 단어 내부에 나타났어도 접요사가 아니라 접미사이다. -gak은 어근 pet 뒤에 후행하므로 접미사이다. 접요사는 어근 내부에 나타난다.

어떤 언어에서는 강세와 성조 같은 **초분절음소** (suprasegmental phonemes)로 구성된 형태소도 있다. 그런 형태소는 **초접사** (suprafixes)라고 불린다. Chatino어 (멕시코)의 특징에 기초한 다음과 같은 가설의 문제들을 살펴보자.

1. kú	*I eat.*		1a. tạ	*I give*	
2. kú	*You eat.*		2a. tá	*You give.*	
3. kù	*He eats.*		3a. tà	*He gives.*	
4. nkù	*He is eating.*		4a. ntá	*You are giving.*	

위 견본은 하나의 접두사 n- 진행적인 행위와 두 개의 어근 ku *to eat*와 ta *to give*와 세 개의 초접사 형태소인 저성조 (부호 ˋ 3인칭 행위자) 고성조 (부호 ˊ 2인칭 행위자) 그리고 어간모음의 비음화를 동반한 고성조 (부호! 1인칭 행위자)을 포함한다. 초접사 형태소는 위와 같은 서술문 형태로 기술된다. 그러나 또한 그것들이 나타내는 분절음소를 표시하는 애매모호한 기호와 결합되어 나타날 수도 있다. 위의 문제를 위해서 기호 V는 다음과 같은 상황을 표시하는 어간모음을 나타나는 데 쓰일 수 있다.

V̌	1인칭 행위자
V̌	2인칭 행위자
V̌	3인칭 행위자

1.3.3. 어근과 어간

위에서 언급한대로, 어근은 단일 형태소이다. 그러나 단어의 중심부는 항상 단일 형태소로 이루어진 것은 아니다. 예를 들어 영어 단어인 bookcase 는 두 개의 어근 형태소 book과 case로 이루어져 있다. 어간 bookcase가 명사 어근처럼 같은 접사와 함께 나타남을 주의하라. 즉 복수형 (bookcases) 으로도 할 수 있고, 소유격 형태소 (the bookcase's shelves)를 덧붙일 수 도 있다. 그래서 어근 (단일 형태소)과 합성어간은 명사어의 핵심 부분으 로 기능을 한다.

영어의 명사에 부가되는 복수와 소유격 같은 접사들은 **굴절** (inflecton) 이라고 부른다. 영어는 위에서 언급한 명사 접미사와 동사 시제 형태소 (과거 -d)같은 제한된 수의 굴절형태소를 갖고 있다.

굴절형태소는 **어간** (stems)에 덧붙는 것이다. 그래서 어간은 하나의 형 태소 또는 그 이상의 형태소들로 이루어질 수 있다. 오직 하나의 형태소로 이루어진 어간을 어근이라고 한다. 합성 어간에 대한 문제는 10.1절에서 더 깊이 논의될 것이다.

1.4. 단어 구조의 기술

지금까지는 형태소 분류에 있어서 두 체계, 즉 (1)의존 대 자립, (2)어근 대 접사가 제시되었다. 다시 말하면, 접사 형태소는 차례로 어간과의 위치 관계에 따라서 접두사, 접요사, 접미사와 초접사로 분류되었다. 덧붙여, 어 근과의 위치관계에서 첫째와 둘째 위치에 대한 심층적 분류가 요구되는 연접한 두 개의 접미사를 포함하는 한 예가 주어졌다.

　　단어에 주어진 유형에 대한 이런 분포적 사실을 표시하기 위하여 우리는 다음과 같은 예들을 제시한다.

1.4.1. Sierra Popoluca어 명사

(소유)		어간	
aŋ-	*1s*	ka·ma	*cornfield*
iŋ-	*2s*	ko·ya	*rabbit*
i-	*3s*	ka·pay	*sister-in-law*

　　소유 형태소가 기록된 목록은 전자가 접두사임을 지시하는 어간 목록 앞에 나타난다 (이 사실은 하이픈의 위치로도 표시된다). 접두사의 표제 칸에 쓰여진 약어 Poss는 접두사 목록이 수의적 (optional)임을 나타내기 위해 괄호 안에 두었다 (즉, 어간이 꼭 어느 접두사의 존재를 요구하는 것이 아니므로). 어근을 포함하는 목록의 표제 칸에 있는 단어 어간은 단어의 핵심 부분을 나타내기 위해 사용되어 왔다. 그러나 현 자료에서 이것은 오직 단일 형태소로 표현되었다.

1.4.2. Sierra Popoluca어 동사: apetgakpa:

				1	2
인칭 주어		어간		반복	상
a-	*1s*	pet *sweep*		-gak	-pa 미완[6]

---

6) 상(相 aspect)에 대해서는 2장에서 논의된다.

물론, 이 하나의 동사는 각 칸의 적당한 분류를 위해 충분한 대조를 제공하지는 않는다. 그러나 이 도표는 차례로 두 개의 접사가 나타날 수 있음을 보여준다. 그 칸의 위에 있는 숫자는 어근과의 관계에서부터 접미사의 순서를 나타낸다.

1.4.3. Isthmus Zapoutec어 동사

시제		어간		인칭주어	
ru-	*pres.*	kaa	*write*	-luʔ	*2s*
bi-	*past*	žooñe	*run*	-be	*3s*
zu-	*fut*	yubi	*search*	-du	*1pl*

위의 자료는 한 무리의 접두사나 접미사 집합은 항상 어근을 동반한다는 것을 보여준다. 그러므로 그러한 두 접사 집합은 동사구문에 있어서는 의무적 (obligatory)이다.

1.4.4. Oaxaca Chontal어 명사 (1.3.2절의 자료)

복수	어간
접요사 -ɫ-	kwepoʔ *lizard*

위의 접요사 도표에서, 하나의 접요사는 어간의 양쪽에 형태소를 위치시켜야만 한다. 그 접사가 접요사라는 사실은 위처럼 표시되고 어근 안의

접요사 위치에 관한 진술이 더해져야 함을 나타낸다. 이런 특별한 경우에 있어서 그것은 첫 번째 모음 뒤에서 나타난다.

1.4.5. Chatino어에 기초한 동사 (1.3.2절의 자료)

진행형	인칭 주어		어간
n-	(초접사)		ku *eat*
	Ǐ	1s	ta *give*
	Ǐ	2s	
	Ǐ	3s	

진행형 접두사는 수의적이지만 초접사는 의무적이다. 이 도표는 V가 성조와 비음화가 일어나는 모든 어근 모음을 지시한다는 사실을 포함하는, 기호의미에 대한 단조로운 설명을 필요로 할 것이다.

1.5. 관계접사 순서

앞의 보기는 어근과의 관련한 접사의 위치에 기초하여 하나의 접미사 위에 또다른 접미사가 따르는, 그리하여 접미사의 두 유형에 대한 설정을 요구하는 Sierra Popoluca어에서 취했다. 대부분의 언어는 여러 다른 위치류의 인식을 요구하는 접두사나 접미사들의 연결체를 포함하고 있다. Yagua어로부터 얻은 다음 자료들은 세 가지 순서가 있음을 예증한다.

1. tsanta   *He plants.*
2. tsanča   *He weaves.*
3. tsantarúụy   *He wants to plant.*
4. tsančarúụymáạ   *He already wants to weave.*

5. ną́ąnčatsí   *She wove a week ago.*

6. tsantaháy   *He planted yesterday.*

7. ną́ąntarúụyháymą́ą   *She was already wanting to plant yesterday.*

8. tsančarúụytsimą́ą   *He was already wanting to weave a week ago.*

9. ną́ąnčaháy   *She wove yesterday.*

10. ną́ąnta   *She plants.*

11. tsatúnurụụy   *He wants to tie together.*

12. ną́ątunuháymą́ą   *She already tied together yesterday.*

13. tsatúnurúụytsímą́ą   *He was already wanting to tie together a week ago.*

14. tsatúnu   *He ties together.*

미리 설명했던 비교와 대조의 적용은, Yagua어 견본의 열 네개의 발화가 모두 아홉 개의 형태소로 구성되어졌음을 밝힌다: 접두사 ną́ą- *she*, tsa- *he*; 어근 nta *plant*, nča *weave*, túnu *tie together*; 접미사 -tsi *a week ago* (또는 먼 과거), -rúụy *wants to* (또는 소망의), -mą́ą *already*, -háy *yesterday* (또는 가까운 과거), 이상 모두 아홉 개의 형태소로 이루어져 있다.

어떠한 발화에서건 이 자료는 한 개 이상의 접두사를 포함하지 않으며, 두 개의 접두사 nàa-와 tsa-는 같은 어근을 가지고 서로 대치된다. 그러나 접미사에 있어서 대치는 상당히 다르다. 세 개의 접미사가 동일한 단어 안에 함께 나타난다 (7, 8, 13번의 경우). 그러므로 다양한 접미사의 위치는 상호관계에 의해서 결정되어야 한다.

이 자료에 대해서 자세히 살펴보면, 접미사 -rúụy가 다른 어떤 형태소 - 즉, 형태소가 일단 나타난다면, 어근 뒤의 첫 번째 자리에 있게 될-에 의해서도 결코 어근에서 분리되지 않는 것을 보여준다. 이 위치에 나타나는

접미사를 **일순위** (first order)접미사라 한다. 세 개의 접미사를 포함하고
있는 가장 긴 발화들을 비교해 보면 -háy 와 -tsí는 -rúuy의 뒤의 위치에
서 서로 대치되고, -máa는 이것들 둘 (-háy와 -tsí) 모두에 후행한다는 것
을 알 수 있다. 이러한 사실은 -rúuy가 일순위 접미사류의 유일한 성분임
을 알려준다. -háy와 -tsí는 이순위 접미사류에 속한다. 그리고 -máa는
삼순위 접미사류의 유일한 성분이다. 이 사실들을 보여주기 위해서 다음
과 같은 도표가 만들어졌다.

인칭	어간	1 소망	2 시제	3 상
naa-	nta	-rúuy	-háy	-máa
	nča		-tsí	
tsa-	túnu			

　　형태들을 간단히 살펴봄으로써 이 자료집합에 대한 위치부류를 결정할
수 있다. 그렇지만 자료가 매우 광대하다거나 좀 더 많은 접두사나 접미사
를 포함할 때, 작업은 종종 매우 복잡해진다. 몇몇 언어에서는 대부분의
접사들이 동사에 나타나지 않기 때문에 분석자는 약간의 기계적인 방법으
로 접사의 **관계순서** (relative orders)를 찾아내야만 한다. 아마도 최선의
방법은 Frank S. Lister에 의해 제안된 방법에 기초한 Joseph Grimes의
개요일 것이다 (Grimes 1967). 아래에서 제시된 과정은 Lister-Grimes의
방법을 적용한 것이다. 멕시코의 Huasteca Aztec어의 제한된 자료의 집합
이 사용될 것이다.[7]

---

7) 이 예에 대한 과정을 단순화시키기 위하여 몇몇의 불규칙한 형태의 형태소는
　　규칙화되어져 왔다. 별표가 붙은 형태들은 가능하지만 공통적으로 사용되지
　　않는 배합을 나타낸다.

1. kikwa	*He eats it.*
2. kitemo	*He hunts it.*
3. kitemoh	*He hunted it.*
4. kitemos	*He will hunt it.*
5. kitemosok	*He will hunt it again.*
6. kitemoltih	*He caused him to hunt it.*
7. kitemoki	*He comes to hunt it.*
8. kitemokiya	*He already comes to hunt it.*
9. kitemokiok	*He comes to hunt it again.*
*10. kitemoltilih	*He caused him to hunt it for her.*
11. kitemoltiki	*He causes him to come to hunt it.*
*12. kitemoltilis	*He will cause him to hunt it for her.*
*13. kitemoltiliki	*He causes him to come to hunt it for her.*
14. kitemoskia	*He would hunt it.*
15. kitemoskiaya	*Already (now) he would hunt it.*
*16. kitemoltiskia	*He would cause him to hunt it.*
*17. kitemoltiliskia	*He would cause him to hunt it for her.*
18. kitemoskiaok	*He would hunt it again.*
19. kitemokiyaok	*Already he comes to hunt it again.*
20. kitemoskiayaok	*Already (now) he would hunt it again.*

과   정

1) 형태소 도표

각 형태소에 대한 각 형태소 절단과 적어도 각 형태소에 대한 임시적
의미를 확인하기 위해 다음과 같은 도표를 작성하라.[8]

---

8) 만약 자료가 접두사, 접미사들을 포함한다면, 우리는 분리된 도표를 요구할 것

  자료에 있는 접사만큼 수직칸과 수평열을 만들어라. 그런 다음 각 형태소는 두 번씩 쓰되 한번은 ("열"을 분류하는) 측면을 따라 쓰고, 또 한번은 ("난"을 분류하는) 위쪽에 써라. 나중에 사용하기 위해 도표의 복사본을 만들어 두는 것이 좋다. Huasteca Aztec어의 자료에서 8개의 접미사가 있는데, 결과적으로 8 : 8의 도표가 아래에 보여진다.

	-s	-ok	-lti	-h	-ki	-ya	-li	-skia
-s *future*								
-ok *again*								
-lti *cause*								
-h *past*								
-ki *comes*								
-ya *already*								
-li *for her*								
-skia *would*								

2) 인접한 형태소 쌍의 확인

  접사들이 인접해서 발생할 수도 있는 경우를 확인하기 위하여 자료를 조사하라. 각각의 그런 쌍을 위하여 그들의 연관성을 다음 도표에서와 같이 나타내라. 첫 번째 접사에 해당하는 수평의 가로열과 두 번째 접사에 해당하는 수직의 세로열의 접사를 교차하는 네모 칸 안에 X[9]를 정하라. 예를 들면 발화 5에서는 -s는 -ok에 선행되며, 가로줄 -s와 세로줄 -ok의 교차점에 X가 당연히 있어야 된다. 한 단어 안에 둘 이상의 접사가 있다면 2번째 3번째 접사를 한 쌍으로 다루고, 동일한 과정을 계속하라. 자료에서

  이다. 때론 단지 어간에 전치 또는 후치하는 접사에 관한 도표를 필요로 한다. 이것은 단지 접두사만 포함한 Aztec어 자료의 경우이다.

9) 발화의 숫자가 대신 사용될 것이다. 주어진 쌍을 포함하는 모든 발화를 위한 숫자들이 네모 칸에 위치된다면 잘못된 것을 검색하기에는 좀 더 용이하다. 그렇지만 어떤 경우에는 그 공란이 곧 채워질 것이다.

첫 번째 그런 예는 발화 10이며, 그 안에서 -lti는 -li를 선행하고 -li는 -h
에 선행된다.

그 자료에서 모든 단어들에 대해 그 과정을 계속하라. 끝마쳤을 때, 그
결과의 도표는 다음과 같다.

	-s	-ok	-lti	-h	-ki	-ya	-li	-skia
-s		X						
-ok								
-lti				X	X		X	X
-h								
-ki		X				X		
-ya		X						
-li	X			X	X			X
-skia		X				X		

3) 좌향우 도표

이 시도의 목적은 우리가 Yagua어 (1.5)에서 만들었던 것과 유사한 접사
의 관계순서의 도표화이다. 다음 과정 단계는 그러한 도표를 도출해 낸다.

a) 어떤 종렬의 빈 공간, Xs를 가지지 않는 칸을 찾아 보아라. 그것을
첫 번째 접사순서로 지적하기 위해 그런 종렬 맨 위에 숫자 1을 써라. 예
를 들면, 위의 도표에서 오직 -lti만이 세로줄 안에서 X를 가지지 않는다.
따라서 표 -lti종렬에 숫자 1을 붙여라. 이제 -lti 가로에 Xs를 선을 그어
지워라.

b) 다음에 새로운 빈 칸이 있는 종렬을 찾고 그 과정을 되풀이해 보자.
Aztec어 자료에서 -li의 종렬은 이제 비어있다. 그래서 -li는 2순위 접사가
될 것이다. 그 칸의 종렬 위에 숫자 2를 쓰고 횡렬 -li에서 Xs를 지운다.
같은 과정을 필요한 만큼 여러 번 되풀이하라. Aztec어의 예시를 계속해

보면, -s, -h, -ki, -skia 종렬은 이제는 비어 있다. 이러한 접사들의 종렬에 숫자 3을 표시하라. 3순위 접미사의 줄에서 Xs를 소거시켜 버리면, 이제 -ya의 종렬은 비어 있게 된다. 그러므로 숫자 4로서 이 난을 표시한다. 마침내 -ok 난이 비게 되고 -ok는 마지막 순서를 의미하게 된다. 이렇게 표시된 도표는 아래와 같다.

	3	5	1	3	3	4	2	3
	-s	-ok	-lti	-h	-ki	-ya	-li	-skia
-s		X						
-ok								
-lti				X	X		X	X
-h								
-ki		X				X		
-ya		X						
-li	X			X	X			X
-skia		X				X		

분리된 도표에서 결과들을 이동시키면 다음과 같은 다섯 가지 순서를 보게 된다.

1	2	3	4	5
-lti	-li	-s -h -ki -skia	-ya	-ok

좌향우 접사 순서 도표

4) 우향좌 도표

때때로 언어의 구조를 좀더 고찰해보면, 동일한 접사들의 집합이 우향좌 도표에 의해서 얻어질 수 있다. 이것을 실행하기 위해 원도표의 복사본을 취하여 종렬 대신에 비어 있는 횡렬로 시작하는 것을 제외하고 그 지침에 따르라. (또는 현재의 도표를 90도 정도 오른쪽으로 돌려놓고 원래의 지침에 따르라)

　Xs를 가지는 본래의 도표는 횡렬에서 두개 (-ok와 -h)가 비어 있는 것을 보여 준다. 이 줄의 왼쪽에 숫자 1을 위치시켜라. -ok와 -h 세로줄의 Xs를 지워라. 이제 -s와 -ya의 횡렬이 비어 있다. 이 줄에 숫자 2를 놓고 그것들 각각의 종렬 안의 Xs를 지워라. -ki와 -skia의 횡렬이 빈 칸으로 남게 된다. 그 가로줄에 숫자 3을 놓고 그 세로줄 안의 Xs를 지워라. 이제 -li의 횡렬이 비어 있게 된다. 그래서 -li를 순서 4로 정한다. 그 칸에 있는 Xs를 지우면 -lti는 순서 5로 남게 된다. 그 과정이 완료되면 아래와 같은 도표가 된다.

	-s	-ok	-lti	-h	-ki	-ya	-li	-skia
2 -s		X						
1 -ok								
5 -lti				X	X		X	X
1 -h								
3 -ki		X				X		
2 -ya		X						
4 -li	X			X	X			X
3 -skia		X				X		

그 결과를 분리된 도표로 옮겨 적으면 다섯 가지 순서가 오른쪽으로부터 왼쪽으로 배열된다 (접미사의 경우 어근 대신에 단어의 끝으로부터).

-lti	-li	-ki -skia	-s -ya	-ok -h

우향좌 접사 순서 도표

5) 접사순서의 비교도표

종종 좌향우 도표는 우향좌 도표와 완전하게 일치하지 않는다. 따라서 어떤 것은 두 도표의 특징들을 결합하여 혼합 도표를 만들어야 할 것이다. 위의 Aztec어 자료에서 접미사 6개가 두 도표에 있어서의 동일한 관계 순서 (종렬)로서 나타난다. 다음의 결과는 단지 그런 6개에 기초한다.

1	2	3	4	5
-lti	-li	-ki -skia	-ya	-ok

혼합된 좌향우 도표에 한 칸 이상에서 발생한 어떤 접사도 적절한 상자 그림에 의해 적당하게 모든 칸들을 채울 수 있다. Aztec어 자료의 마지막 접사도표는 다음과 같다.

1	2	3	4	5
-lti	-li	-ki -skia	-ya	-ok
		-s		
		-h		

자료를 다시 보면, -s가 -li에 후행하고 -ok에 선행한다는 것은 명백하지만, -ki, -skia 또는 -ya와 함께 동시에 나타나지는 않는다. 유사하게 -h는 li에 후행하지만 -ki, -skia, -ya 또는 -ok과 함께 공기하지는 않는다. 공기 발생에 있어서의 이러한 제약은 자료의 부족 때문일 수도 있다. 그래서 이 경우에는 더 많은 자료가 검사되어야 한다. 또는 그것들이 형태소의 의미에 기인할 수도 있다. 즉 -ok는 과거시제와 쓰일 수 없는 비과거

형의 일종일 수도 있다. 주어진 동사 어근이 특정한 접사나 접사배합을 취하지 않는 동사 어근의 하위부류에 속할 수도 있다. 어떤 경우건 이런 제약은 더 깊이 연구해야 할 과제이다.

이 관점에는 동사 접사 체계의 표시에 있어서 어떤 임의의 결정이 있다. 예를 들면, -s와 -h는 -ya가 오래지 않은 과거시제의 종류로 여겨지면 4 종렬에 할당될 수도 있다. 4난 (순서4)은 시제규칙일 것이다. 많은 접사순서들을 지닌 언어에서 각각의 순서에 대한 의미론적 표식을 찾는 것이 항상 가능한 것이 아니라는 사실을 주의하라.

이런 과정에 의해서 어떤 접사 부류가 필수적인가를 결정할 수 없다는 것을 또한 주의해라. 이 정보는 자료를 재검토하는 데 필요하다. 앞서Aztec어 자료에서 처음 두 단어는 접미사가 없으므로 모든 접미사는 수의적이다.

1.6. 불연속 형태소

소수의 언어는 다른 형태소에 의해서 서로 분리된 두 개 또는 그 이상의 부분들로 구성된 형태소를 포함한다. 이런 불연속적인 형태소의 한 유형은 **샘** (Semitic)어계에서는 보편적이다. 이는 성경에 쓰인 **히브리어** (Hebrew)의 다음과 같은 자료에 의해서 예증된다.

성경에 쓰인 히브리어

1. zākartī ʔōtān   *I remembered them.*
   [*remembered-I them*]
2. zākarnū ʔōtān   *We remembered them.*
3. zākar ʔōtān   *He remembered them.*

4. nizkar	*He was remembered.*
5. nizkarnū	*We were remembered.*
6. hizkīr ʾōtān	*He made mention of them.*
7. hizkartī ʾōtān	*I made mention of them.*
8. hizkarnū ʾōtān	*We made mention of them.*

접미사 -tī *I*, -nū *we*와 -∅ (零, zero) *he*는 주어가 되는 사람을 표시한다. 대개 히브리어 동사 어근은 그것과 맞물린 상 (相)과 다른 의미를 표현하는 접두사와 접요사를 가진 불연속 형태소이다. 위에서 보인 동사의 어근은 z..k..r *remember*이다. 상 형태소도 다음과 같이 불연속적이다.

-â-..-a-	*neutral* (1–3)
ni-.-a-	*neutral passive* (4, 5)
hi-.-ī---a-	*causative* (6–8)

음운도치 (4.2.7)의 과정 또는 삽입사 (1.3.2)로 부터 결과된 어간 형태도 물론 불연속적이다.

정말로 불연속 형태소인 히브리어의 상과 같은 형태소에 덧붙여 단위로서의 기능을 하는 많은 언어에 있어서 접사들의 배합이 있다. 예를 들면, Isthmus Zapotec어에서 부정은 어간의 앞에 놓인 kadi나 ke에 의해 나타난다. 덧붙여 진치 부정어 없이는 나타날 수 없는 임의의 전접어인 형태 diʾ가 있다.

''kadi 'betu (-diʾ)	*not Robert*
neg neg	
ke 'ñuni (-di) betu ni	*Robert didn't do it.*
neg unr-do neg Robert it	

프랑스어 부정의 표현은 다음과 같이 불연속적이다.

Il	n'entre	pas	*He doesn't enter.*
he	*neg enter*	*neg*	

동시에 행해지는 (다른 때는 분리해서 쓰일 수도 있으나) 접사들의 이러한 배합이 SP어가 하나의 구성원인 멕시코의 Zoque-Mixe어족에서는 매우 보편적이다. SP어로부터의 다음과 같은 예문에서 많은 동사들과 함께 쓰이는 접두사 ku-의 의미는 불확실하다는 것에 주의하라. 접미사 -ya는 보통 수혜격 또는 여격을 뜻한다.10) 그렇지만 이들 두 개가 한 동사 안에 배합되었을 때 이 둘이 배합하여 한 개의 동사가 되면 그것들은 완전하게 동사의 행위를 하는 것을 의미한다.

ikútpa	*He eats it.*11)
ikukúd**áy**pa	*He eats all of it.*
nʌkpa	*He goes.*
kunʌ**gay**yahpa	*They all go away.*
ihokspa	*He hoes it.*
ikuhoks**áy**pa	*He hoes all of it.*

*   *   *

이 장은 형태소 (언어에서 최소 유의미 단위)의 개념, 구어에서 형태소의 확인 과정, 형태소의 다양한 유형과 분포, 그리고 단어 내부의 구조를 기술하기 위한 체제로 제시되었다.

---

10) ku-와 배합되기 쉬운 형태소 áy는 동사 어근 의미가 '열다 *open*'일 수도 있다.

11) 이러한 형태에 있어서 성문폐쇄음의 손실뿐만 아니라 d로 t와, g로 k를 교체하는 것은 교체의 규칙형태이고 의미에는 영향이 없다. 이 문제는 3장과 4장에서 논의된다.

제2장 의미 범주들

1장에서 형태소란 오직 그들 각각의 의미나 형태들을 비교·대조함으로써 증명할 수 있는 형태의 최소 유의미단위로 제시되었다. 이러한 형태와 의미의 결합은 어휘 단위뿐만 아니라 음운론 외의 모든 언어구조에서도 발견된다. 이 장의 목적은 언어에서 발견되는 몇몇 **의미범주** (semantic categories)를 조사하고 그것들을 표현하는데 사용되는 다양한 **형식자질** (formal feature)과 연관시키는 것이다.

모든 언어는 위치, 시간, 양태 등에 알맞게 수식하는 방법을 포함하여 존재와 사건의 상태를 언급하는 방법을 가지고 있다. 또한 언어는 사람과 사물을 지시하는 의미를 가지고 있다. 즉, 그것들의 명명, 몇 개의 단축, 또는 대용 (대명사)형태로 언급하는 것, 그것들을 수식하는 것, 그것들을 수량화하는 것, 그것들을 제한하는 것, 그것들을 소유하는 것, 그것들을 분류하는 것 등이다.

상태와 사건을 지시하는 형태로 가장 일반적인 것은 **동사**이고 그것들을 꾸미는 것은 대체로 **부사**라고 부른다. 이름에 쓰이는 형태들은 대부분 **명사**이고, 그것들을 대용하는 것은 **대명사**, 그리고 이들의 한정사, 양화사등은 **형용사**라 한다. 그러나 이 다양한 의미범주 표시에 사용되는 정확한 형식적 장치들은 언어마다 폭넓은 차이가 있을 것이다.

어떤 언어에서 모든 단어들, 구, 또는 완전한 문장들에 의해 표현되어지는 특징은 다른 언어에서 단지 단어 사이의 접사에 의해 표시할 수도 있을 것이다. 예를 들어, 1.4절에서 제시된 Yagua어의 자료에 의하면, 영어로 완전한 문장이 Yagua어 한 단어면 번역이 가능하다. 즉, 접사는, 대명사 *he*나 *she* 같은 것, 가깝고 먼 과거의 시간적 요소를 영어로 번역할 때 *yesterday*나 *a week ago*로, 완료된 행동은 *already*로 번역하고, 그리고 행동 실행을 원하는 개념 (원망형) 등에 사용되는 것이다. Huasteca Aztec어의 자료는 같은 항에서 모든 단어와 구를 영어로 번역할 때 개념을 위한 접사형태의 쓰임을 실례를 들어 설명한다: *again, caused to, comes to, for her* 등.

물론 언어에서 문어 형태가 아닌 발화로써 말의 경계를 정하는 것이 항상 쉬운 일은 아니다. 오랜 문어적 전통을 지닌 언어에서 특히 알 수 있는 분할은 매우 임의적일 지 모른다. 어떤 지역에서는 각 형태소 또는 각 음절 사이에서 단어를 구분하는 전통을 계승시켜 왔다. 중국어에서 기본적인 표시단위는 음절인데, 이것들은 대부분 형태소와 일치되어 있다. 유사한 언어에서 베트남의 작가들은 단음절 형태소 사이에 공간을 둔다. 다음절 형태소들은 음절 사이의 공간이나 하이픈, 드물게는 공간이 없이 쓰여질 수도 있다. 반대로 인도어에 영향을 받은 타이어는 종종 그림문자 (graphic word) 하나로 완전한 구나 문장으로 쓰기도 한다.[1] 영어, 독일어, 스페인어와 같은 인도유럽어족에는 단어와 접어를 결합하는 것 같은 문제 영역에 대한 그들의 문자 취급이 다양하다. 이 문제는 10장에서 논의하겠다.

전통이 세워지지 않은 구어에서 언어의 구조는 어근과 접어와 접사의 식별을 위해 연구되었음은 틀림없다.[2] 예를 들어 Yagua어 자료의 1.5절에 적혀있는 것은 *want to*의 의미의 형태 -rʉʉy는 어근이 아니다 (영어에서

---

1) David Thomas(1980)의 중국, 베트남과 타이어를 연구한 정보.
2) 후에, (언어학자들의 기술적 묘사와는 대조적으로) 모국어 화자를 위해 문학에서 사용되는 철자법의 관례를 결정하는 데 있어서, 쉽게 읽는 것에 의하여 국가어 또는 모국어 반동의 관례는 우리의 도표 재현에 영향을 준다.

는 그것의 상대어이다). 왜냐하면 이 자료에서 이것들이 nta *plant*와 같은 어근을 수반하는 것과 비교될 수 있는 그 자체 접사 집합과 더불어 일어날 수 있다는 것을 나타내지 않기 때문이다.

단어의 분할 문제에 덧붙여, 각 언어는 상술한 바와 같이 다양한 의미범주에 대한, 그 자체의 형식적 접근에 대해 연구해야 한다. 일정한 문법적 형태는 각 범주에 속한다. 몇몇 언어에서 존재상태의 개념은 동사에 의해 표현되지 않는다 (8.2절에서 논의한다). 몇몇 언어에서 성상적인 단어는 형용사라기 보다는 동사이다. 몇몇 언어에서는 사랑, 혐오, 아름다움 같은 추상적인 개념들이 명사형인데, 다른 언어에서는 동사로 표현되어야만 한다. 대부분의 언어들은 명사를 대치하는 대명사적 형태 (접사, 자유로운 낱말들 또는 그 양쪽)를 가지고 있는데 그 외의 언어들에서는 단지 원래부터 명사의 단축된 형태로 쓰이기도 한다 (2.4절 참조). 이 장에서는 언어들에서 발견되는 몇몇 의미가능성과 이들 의미영역의 표현에서 잠재된 형태적 차이에 대해 초기 언어학자들의 이론을 주로 살펴 볼 것이다.

2.1. 사건

모든 언어들은 사건을 동일시하거나, 기술하거나, 제한하는 동사부류를 포함한다. 사건들은 시간, 장소, 양태, 사실의 종류, 사건에 참여하는 관계 등에 의해 기술되어지고 제한된다. 물론 이런 다양한 수식어들은 자립어, 구, 문장들에서 표현되며, 접사로도 표현될 수 있다. 또한 동사는 문장 안에서 다른 요소들과의 배열에 따라 하위분류하는 것이 필요하다. 예를 들면, 그것들을 수반하는 명사구의 수, 또는 명사구를 수반하는 그것들의 의미상의 관계, 예를 들면, 주어는 행동의 행위자이거나 상황 혹은 상태의 경험자이다. 이러한 하위분류는 뒷장에서 자세하게 논의될 것이다. 이 절의 나머지는 사건에 대한 기술이나 수식의 다양한 범주와 관련된다.

2.1.1. 참여자

행위 참여자는, Peter, Jane, 작고 나이든 남자, 커다란 회색 늑대처럼 명사나 명사구에 의해 도입된다. 그러나 한 번 도입되면 그것들은 종종 '그'나 '그녀'와 같이 대치 형태 (대명사)에 의해 제시된다. 자연히 화자와 청자의 관계는 보통 '나'와 '너'같은 대명사에 의해 표현된다.

많은 언어에서 대명사적 대용어들은 자립형태들 보다는 접사에 의해 표현된다. 어떤 언어에서는, 단지 행위의 주어는 접사만으로 제시된다. 다른 언어에서는 주어와 객어 양쪽에 접사군이 있다. 고정된 주어와 객어를 지시할 때, 우리는 **주어 기능의 인칭** (person of subject), **목적어 기능의 인칭** (person of object) 또는 **주어표지** (subject marker), **목적어표지** (object marker), 또는 (개념어로서) **인칭표지** (person markers)라는 용어를 사용한다. 반면에, 자립형태의 대용어들은 **대명사** (pronouns)로 분류된다.

1.5절에서, Yagua어는 주어 접두사의 예가 있다. Orizaba Aztec어 (멕시코)에서 나온 다음 낱말들은 주어와 목적어 접사 양쪽을 포함한다.

> **se-k- kʷa**   *We eat it.*
> [*1plS-3sO-eat*]

> **o-se-k-kʷa-ya**   *We were eating it.*
> [*pst-1plS-3sO-eat-impf*]

의존형 인칭표지를 사용하는 어떤 언어에서, 인칭은 종종 명사에 의해 완벽하게 표현된다. 덧붙여, 자립 대명사는 특별한 강조에도 사용된다. 의존형과 자립형 양쪽이 나타날 때, 그것들은 인칭이나 수 (2.4.1) 또는 성 (2.4.2)과 같은 자질과 일치할 것이다. 예를 들면, 위의 두 번째 Aztec어 단어에서, 자립 주어와 목적어는 다음과 같이 덧붙여 질 것이다.

      tehban o-se-k-k^wa-ya támalli   *We were eating tamales.*
      [*we*   *tamales*]

2.1.2. 시간

특수한 시간어와 구 (예를 들면, 오늘 *today*, 오후 2시 *2 P.M.*, 작년 *last year* 등등)에 덧붙여, 많은 언어들에는 발화시간과 관련해서 사건의 폭 넓은 개념을 지시하는 방법이 있다. 이러한 관련성은 전통적으로 시제 (tense)로 언급된다. 그 용어는 보통 시제로 사용된다. 그러나 시제 (과거, 현재, 미래)라는 용어는 실제 언어 사용에서 항상 엄격한 시간상은 아니다. 게다가 몇몇 표지들- 현재완료, 과거완료, 미래완료; 현재진행, 과거진행-만이 실제로 시제와 상의 결합이다. 이것은 1.2.4.항에서 검토될 것이다.

어떤 언어에서 일련의 접사는 시제를 가리킨다. 다른 언어에서, 시제는 구에 의해서 (영어 같은 언어에서) 혹은 접사와 구의 배합에 의해서 표시된다.

      현재 : I *work.*   He works. (단지 3인칭 단수를 제외한 형태)
      과거 : I *worked.* (접사)
      미래 : I *will work.*(구)

몇몇 언어는 발화행위와의 관계에 있어서 과거와/또는 미래를, 먼, 규칙적인, 그리고 가까운 시간으로 하위 분류한다.

2.1.3. 방향과 위치

시간의 개념처럼 방향과 위치도 단어나 구나 접사의 형태로 표현될 수 있다. 영어에서 go와 come같은 동사 어근에서는 방향격인 *to*와 *from*의 개념을 포함하나 arrive라는 동사는 그렇지 않다. 몇몇 언어에서는, *arrive here* 대 *arrive there*는 또한 기본적 어근 (또는 복합 어간) 특성이 있다.

많은 언어에서, 목표 지점을 향하거나 떠나는 동작은 완전한 동사보다는 일련의 접사에 의해 표현된다. Aztec(멕시코)어는 단순하게 *going*과 *coming* 뿐만 아니라 행위를 수행하는데 있어 *going out, coming in* 등을 포함하는 동작과 방향을 지시하는 정교한 체계를 갖추고 있다.

Isthmus Zapotec어는 행위를 하려는 목적으로 동작을 지시하는 어떤 행위동사를 수반하는 일련의 접두사를 가지고 있다. 동작이 시제-상과 배합되는 다음의 어형변화표를 보라.

ri-'si-be-ni	*S/He (regularly) goes to buy it.*
ye-'si-be-ni	*S/He went to buy it (and has returned).*
zí-'si-be-ni	*S/He went to buy it (and hasn't yet returned).*
ni-'si-be-ni	*S/He was going to buy it (but didn't).*
zi-'si-be-ni	*S/He will go to buy it.*
či-'si-be-ni	*S/He is going to buy it (i.e., is about to buy it, or plans to go buy it in the near future)*

많은 언어 (예를 들어 멕시코어, 뉴기니어, Amazon basin어 등등)들은 "본루"에 도착하거나 또는 "본루"를 출발하는 동작에 해당되는 특수한 형태를 가진다. 이런 형태들은 어떤 다른 장소와 관련되어 비교되는 동작을 위해 사용되는 것들과는 다르다.

　Sierra Popoluca어에서 동작동사 *go, come, go-and-return* 등등이 자동사로써 단독으로 기능하는 완전 동사 어간들이다; 그러나 그것들은 동사구를 형성하는 다른 동사 (자동사나 또는 타동사 어느 것이나)들을 동반할 수도 있다. 구에서 두 동사는 시제-상의 표지가 동작동사와 공기하고 인칭표지가 주동사와 나타날 때 단일 동사로서 굴절된다.

　　타동사의 예:
　　　a-ho·y-pa　　　　　　　*I take a walk.*
　　　[*1s-stroll-inc*]3)

　　　an-tʌŋ-pa kuy　　　　　*I chop wood.*
　　　[*1:3-chop-inc wood*]

　　그러나 다음의 구들을 주의하자:
　　　nʌk-pa a-ho·yi　　　　　*I go for a walk.*
　　　[*go-inc　1s stroll*]　　　(-i는 이런 구문에서는 모두 타동사로 나타난다.)
　　　nʌk-pa an-tʌŋ kuy　　　*I go to chop wood.*
　　　[*go-inc 1:3-chop wood*]

　의지는 종종 동작을 지시하는 요소로 표현된다. 그러므로 영어문장 "I'm going to do it."은 "I (will) **go to do** it."보다 "I will do it."이 좀 더 자주 일어난다는 의미를 수행한다. IZ어4) 자료에서 위 목록의 마지막 형태 (či-)는 의지 (동작을 수반한 것이 아닌), 또는 행위를 수행하기 위하여 어떤 곳에 갈 목적에 대해서 모호하게 사용된다. 약간 다른 Zapotec어에서, 그러한 동작 접두사의 사용확장은 불가능하다.

---

3) 미완성상. 주석 등에서 사용되었던 약어의 목록은 도입부에서 다루었다.
4) 계속하여 여러 번 Isthmus Zapotec어를 지시할 때는 약어 IZ로 사용한다.

접사에 의해서 표현되건, 완전 동사에 의해서 표현되건, 동작지시의 형태들은, 자주 시제와 상의 사용에 있어서 다른 동사들과는 상이하다. 예를 들어 스페인어에서는, 대부분 동사들의 현재시제가 반복의 의미로 사용된다; 반면에 진행 구문 (I am ...-ing)은 순간 동작의 진행을 지시한다. 그렇지만 ir *to go*와 같은 동작동사는 진행상의 동작에 대한 진행형 대신에 현재시제를 사용한다.

질문 : ¿A dónde vas?   *Where are you going?*
       to where go-you
답   : Voy al centro.   *I'm going downtown.*
       go-1s to-the center

진행형은 동일한 행위의 습관적이고도 다양한 반복을 지시하는 데 사용된다.

Estoy yendo a la escuela todas las tardes.
am-Is going to the school all the afternoons
I go to school every afternoon.

Zapotec어에서, 동작동사나 접두사는 완성적 행위 (규칙적인 완성 상) 완료되지 않은 동일한 행위간의 변별성을 명시화한다. 단지 동작동사에만 사용되는 접사는 불완전한 행위를 표현한다. 예를 들어, IZ어에서 동사 *go*는 왕복여행을 기술하기 위하여 완성 (comp)상 접두사 (gu-)를 사용한다; 다른 형태 (z-)는 주어가 떠났다가 돌아오지 않았음을 지시한다.

gu-'ye-be 'mehiko   *S/He went to Mexico City (and has returned).*
[*comp-go-3s Mexico*]

'z-e-be 'mehiko   *S/He went to Mexico City (and has not returned).*
[*go-3s Mexico*]

비록 다양한 방법에 의한 형식적으로 표현되더라도, 편도여행과 왕복여행의 대립은 많은 언어에서 나타난다.

  방향격과 같은 특수한 위치어는 동사의 단어구조에 포함되기도 한다. Cora어 (멕시코)는 처격접사의 아주 복잡한 형태를 지니고 있다. 다음은 Cora어에 있어서의 몇 개의 예들이다.

a-	*outside*	a'-	*away*
tya-	*in the middle*	úu-	*horizontally away*
náa-	*at the perimeter*	-ca'i	*over a hill*
aj-	*across a slope*	-ti	*up*
an-	*on top of*	u-	*inside*

  이러한 접사는 단독으로 혹은 둘 또는 그 이상이 배합되어 동사 어간에 전치되어 나타나기도 한다. 또한 두 접사들이 함께 결합하여 완전한 단어를 구성할 수도 있다.

예 :

      an-ti   pú   *a'-u-j-mej*
      [*on top-up 3s S away-inside-slope-go (past)*]
      He went off uphill from here.

      aj-ca'i   a-úu-rpi   [*across slope-over hill away-horizontally*
      away-enter-past]
      He went off over the edge of the hill.

영어의 down, up, in, over 같은 첨사는 몇몇 구문에서 그들의 방향력을 많이 잃었다. 그리고 지금은 단순히 동사구문의 구성요소이다.

> He looked up the reference in the encyclopedia.
> He looked over his assignment.
> He worked out his problem.
> He turned in his uniform.

2.1.4. 양태와 상

행위를 수행하는 특별한 양태는 부사-예; slowly, rapidly, well 등-라 불리는 독립된 단어, 또는 부사구-예; in a hurry, with precision 등-에 의해 표현된다.

또한 많은 언어들은 시간 범위와 대조하여 행위의 종류를 묘사하는 일련의 접두사, 특수어, 또는 구를 가진다. 그런 범주들을 상 (aspects)이라 부른다.

이렇게 아주 제한된 상의 "정의"에 대하여, 단문 또는 중문, 복문에 있어서도 정확하고 명시적 정의를 내리는 것은 실제로 불가능하다는 사실을 첨가해야만 한다. Bernard Comrie가 쓴, 그의 명저 ≪상≫*Aspect* (1976)에서는 "상의 정의"의 논제를 위해 5쪽 이상을 할애했다. 상황은, 그 조건이 시간보다는 오히려 행동의 종류를 제한하는 여러 개의 접두사를 가진 언어에 적용될 수 있을 뿐만 아니라 실제로 시제 형식을 취하고 있다고 생각되는 언어, 매우 다양한 단어와 구에 적용되기 때문에 복잡하다. 예를 들어, 영어에는 문맥이 소위 현재시제의 의미를 결정한다. "그가 공장에서 일한다"라는 문장은 개인의 정규 직업을 언급하고 그가 일할 때는 물론 여가 시간도 포함한다. 이 용법은 상체계 언어의 (2.1.4.1목) "반복상"과 더욱 유사하다. 물론 *If you do that, you'll be sorry* 의 문장을 살펴보면, 동사 *do*가 현재시제임에도 불구하고 미래 의미를 지닌다. 또 다른 문장에서 현재시제의 미래 용법은 *He works tomorrow even though it's a holiday* 처럼 나타난다. 영어에 있어서 과거시간에서 습관적인 행위는 'used to + 동사' 구에 의해 표현된다 (예; *He used to work sundays but not now.*).

완료 (과거, 현재, 미래완료)와 진행 (과거, 현재, 미래진행)과 같은 "시제"는 실제로 상 (완료, 진행)과 시제의 연합체이다. 그것들은 사건시를 발화 사건을 제외한 몇 개의 시점에 관련된다.

> I had finished it when he arrived.
> I will have finished it when he arrives.
> I was finishing it when he arrived.
> I will be finishing it just as he arrives.

덧붙여, 시제 대신 상을 식별하는 것처럼 보이는 언어를 연구하는 언어학자에게 Comrie의 저서에 대한 철저한 연구를 당부한다. 현재의 논의는, 1) 상의 변별성을 표현하거나, 혹은 행위의 유형을 구분하기 위해서 쓰이는 몇 개의 용어 목록, 그리고 2) 표본 체계로 IZ어의 시제-상에 관한 기술로 한정한다.

2.1.4.1. 일반 언어의 상 용어들

다음은 여러 언어에서 상을 기술하는데 사용된 몇 가지 용어들이다. 이점에서도 그것을 총체적으로 설명하려는 노력이 없었다. 그것들은 몇몇의 지시점들과 필요시 사용할 수 있는 가능한 명칭을 미래의 언어학자들에게 주기 위하여 목록화하였다.

계속 또는 진행 :

어떤 한 기간을 넘어선 행위의 계속을 강조한다. 영어에서, 이 개념은 동사 to be를 포함한 구와 접미사 -ing를 가지는 동사에 의해 표현된다: I am working ; He was playing when I came in. (다음 장의 IZ어의 예를 참조하라.)

지속상 (Durative) : 시간의 전개를 강조한다.

시점상 (Punctiliar 또는 punctual) : 시간의 어느 한 순간을 강조한다.

순간상 (Momentaneous) : 행동에서 단지 한번의 특징을 강조한다.

반복상 (Iterative, repetitive 또는 frequentative) : 행위의 반복적인 발생
    을 강조한다.

기동상 (Inceptive 또는 inchoative) : 행동의 시작을 강조한다.

종지상 (Cessative 또는 terminative) : 행동의 끝 또는 정지(휴지)를 강
    조한다.

완성상 (Completive) : 행동의 완료를 강조한다.(다음의 IZ어 예를 참조
    하라.)

반복상 (Habitual, habituative 또는 customary) : 행위의 규칙적인 수행
    을 강조한다.

미완상 (Imperpective) : 사건의 일시성을 강조한다.

완료상 (perfective) : 사건의 일시성을 중요시하지 않는다. (몇몇 언어에
    서의 중립상)

완료상 (Perfect) : 완료 행위의 특성을 다른 시점과 관련시킨다.

2.1.4.2. IZ어 동사 접두사 - 상체계의 실례

다음 IZ어의 상에 관한 기술은 상이라는 술어에 대한 일반적인 정의로 해석되지 않는다. 각 언어는 어떤 일정선을 위해 그 자체의 특별한 용법을 가진다.

반복상 (ri-)[5]: 이 형태소는 영어 현재시제의 확장된 의미 중의 하나인 "He works in the factory."의 규칙적인 행위의 용법과 유사하다. 그러나 그것의 영어 사본과는 달리, ri-는 "He works tomorrow, even though it's a holiday."에 비길만한 미래에 관한 의미를 가지고 사용될 수 없다.

či'ke 'r-eeda-be 'skuela peru 'yanna ma ko'
[*formerly hab-come-3s school but now already no*]
Previously s/he used to come to school, but not now.

완성상 (bi-) : "무표지"의 용법 (뜻을 변화시키기 위한 어떠한 문맥도 없이)에 있어서, bi-는 과거시제를 나타낸다. 미래시제의 문맥이 주어지면, 그것은 미래완료를 의미한다.

'ora 'g-eeda-be ma bi-'luže-'
[*when pot-come-3s already comp-finish-1s*]
When s/he comes, I will already have finished.

비현실상 (ni-) : 이 접두사는 이행되지 않거나 기대되지 않는 행위를 나타낸다. 화자가 발생하지 않은 행위를 언급할 때, 그는 부정 형태소에 의해 수반된 이 접두사와 함께 동사를 사용한다. (bi- 접두사는 부정과 나아가 과거시제라기 보다는 완성상이라는 증거와 함께 나타나지 않는다.) 부정없이 사용될 때, ni- 는 화자가 사실이라고 바라는 행위, 또는 기대했으나 실현되지 않는 행동을 나타낸다.

---

5) 이 설명에서는, 단지 한 형태만이 각각의 상을 나타낸다; 실제로, 그 형태에서 살펴본 것처럼 많은 교체형태를 갖는다.

ke-ni-'luže-be   *ke-bi-luže-be[6]
[*neg-unr-finish-3s*]
S/He didn't finish.

ni-'luže-be peru ke-'n-anda
[*unr-finish-3s but neg-unr-able*]
S/He should have finished (or wanted to) but couldn't.

가능상 (gi-) : 이 접두사는 아직 실현되지 않은 행위를 나타낸다. 가능
상이란 용어는 매우 다양한 용법을 다루기 위해 선택된 다소 자
의적 용어이다. 만약 홀로 쓰였다면, 이는 불명확한 미래 행위와
이루어져야 할 행위, 또는 부드러운 명령을 함의한다.

gi-'luže-lu na'geenda   *You should finish quickly.*
[*pot-finish-2s quickly*]

또한, 몇몇 경우, gi-접두사는 미래에 관한 언급을 지시하기 위해 사용
된다.

'ora gi-'luže-lu   'g-eeda-lu ra'ri'
[*when pot-finish-2s pot-come-2s here*]
When you finish, (please) come over here.

게다가, gi-는 부정사가 *want, like* 같은 동사나 동작 형태들을 후행하
는 영어나 스페인어의 경우와 유사한 구문에서 사용된다 (2.1.3.항 참조):

---

6) 인용 형태에 사용된 별표는 그 언어에서 비문임을 의미한다.

r-aka'laj-e gi-'luže-ʔ   *I want to finish.*
[*hab-want-1s pot-finish-1s*]

진행상 (ka-) : 만약 한 문장 안에 아무런 모순된 시제적 요소가 없다면, ka-는 말하는 때에 일어나는 행위를 가리킨다.

ma-ka-'luže-ʔ   *I'm already finished.*
[*already prog-finish-1s*]

그러나 문맥에서 과거시간일 때, ka-는 시간구조에서 일어나는 행위를 표현한다.

'ora 'b-eeda-be ma ka'luže-ʔ
[*when comp-come-3s already prog-finish-1s*]
When s/he came, I was already finishing.

상태상 (na-) : 다른 접두사로서 동일한 위치에 있게 되면, na-는 형용사로서 기능할 수 있는 동사 어근들의 제한적인 하위부류와만 배합한다.

na-'kiči yoo-ka   *That house is white.*
[*sta-white house-that*]

동일한 어간과 완성상의 접두사를 비교하라.

bi-'kiči-ni   *It became white.*
[*comp-white-3sInan*]

그리고 형용사로 사용될 때는 접두사가 없다.

        yoo-'kiči-ka   *that white house*
        [*house white-that*]

완료상 (wa-) : 가장 일반적으로 부정표지와 함께 사용되는 wa-는 과
거 속에서 시간의 연장을 가리킨다.

        ma 'čonna gu'biǰa ke-wa-'yao-aʔ
        [*already three day neg-perf-eat-1s*]
        I haven't eaten for three days.

미래상 (Za-) : 이 접두사는 해당되는 시제의 지시어가 되어 단지 미래
시간만을 의미한다.

        za-'luže-be i'žiʔ   *S/He will finish tomorrow.*
        [*fut-finish-3s tomorrow*]

이렇게 IZ어의 동사 접두사 체계는 시제-상 체계의 배합으로서 확인할
수 있다.

2.1.5. 행위의 실체

서법 (Mode)은 행위 실체의 등급이나 종류를 반영하기도 하며, 그것에
대한 심리적인 태도, 또는 사실에 관한 것이나 가정적인 사실에 대한, 또
는 사실에 모순되는 것들에 대한 개념들도 포함한다. **직설법** (Indicative),
가정법 (Subjunctive), 그리고 **명령법** (Imperative)은 몇몇 언어에서 이런
유형의 대조로서 사용되어진 용어들이다. 또한 서법 속에 포함되어 지는

것들은 기대되고 기대되지 않았고, 원인이 되었고, 또는 바랬었던 행동에 대한 의견, 질문, 그리고 요구의 진술에 대한 변별이다. 서법은 항상 시제와 상이 분리된 구조는 아니다. 서법과 상 사이의 분리는 정확한 선이 있지만 때로는 그것들이 단일체계 안에서 배합한다. IZ어에 대한 가능상과 비현실상들은 적법하게도 가능법이나 사실에 반하는 서법으로 고려되어진다. 그러나 그것들은 구조상으로 시제-상 접두사 체계에서 동등하거나 한 부분이기 때문에 그 범주 안에 포함된다.

스페인어와 라틴어에서 유래된 다른 언어들에서, 일련의 동사 접사형태소들에서 각 형태소들은 시제, 서법, 인칭의 의미를 융합한다. 스페인어의 활용 예에 따르면 그 융합을 예증한다.

escribo	*I write*	일인칭, 현재, 직설법
escribí	*I wrote*	일인칭, 과거, 직설법
escribiré	*I will write*	일인칭, 미래, 직설법
escriba		일인칭, 과거, 가정법
escribiera		일인칭, 현재, 가정법

(가정법의 형태들은 문맥에서 번역할 수 없다.)

몇몇 언어들에서, 행위에 대한 심리적인 태도는 동사 하나보다 전체 문장에 적용되는 특수한 첨사[7]들로 표현된다. 아메리카의 많은 인디언 언어들은 화자가 행위를 증언하기 때문에 그가 확신하는 것, 불확실하며 그가 인용하길 원치 않는 것, 그가 진정으로 의심스러워하는 것 등을 가리키는 첨사들을 가지고 있다. 이러한 형태들은 몇몇 보고서들의 **증거** (evidentials)에 의거한 것들을 분류해 놓은 것이다.

---

7) 이 용어는 굴절하지 않거나 명사, 동사, 형용사, 부사 등과 같은 주요 부류에 속하지 않는 단어를 위해 사용되었다.

2.1.6. 태

고전 언어들은 능동태와 수동태를 제시하므로 기술해 왔다. 이러한 대조적인 범주들은 행위와 행위에 관련되는 사람들 사이의 관계를 명백하게 가리킨다. 고전 그리스어는 동사 안에 세 가지 태를 가진다. 즉 능동 (주어가 행위를 실행한다); 수동 (주어는 행위의 의미상의 목적어이다); 그리고 중간적인 것으로 다른 의미들 사이에서 재귀 (주어는 그 자신에게 행위한다)와 상호작용 (복수의 주어가 상호행위한다)을 포함한다. 다음의 고전 그리스어의 동사 형태들은 세 가지 태를 예시한다: 즉 épausa *I stopped someone* (능동), epausáme·n *I stopped myself* (중간), epaúthe·n *I was stopped* (수동).

이후에 언어학자들은 "태"라고 분류된 목록에 다양한 의미 범주를 추가했다. 예를 들어, Nida (1p 49:168)는 다음과 같은 것들을 제시했다.

재귀 (Reflexive) (2.1.7.항 참조)
사역 (Causative) 주어가 행위를 일으키는 경우 (2.1.8.항 참조)
상호작용 (Reciprocal) (2.1.7항 참조)
타동 (Transitive) (8.1.1.항 참조)
자동 (Intransitive) (8.1.1.항 참조)
수혜 (Benefactive) 행위자가 어떤 사람에게 이익을 주는 행위
                  (5.4.5.항 참조).
비인칭 (Impersonal) 주어가 비인칭인 경우, 즉 It is raining (8.1.3.항 참조).

오늘날 모든 언어학자들이 태의 범주에 이러한 첨가를 허용하지 않는다.

2.1.7. 재귀와 상호작용

의심할 여지없이 모든 언어는 주어들이 재귀적으로 작용하는 것, 그리

고 복수 주어들이 서로 각각 상호작용하는 것을 나타내기 위해 몇 가지로
분류된다. 이러한 개념들을 표현하기 위한 형식적 분류들은 아주 다양하
다. 몇몇 언어에서 그것들은 동사어의 일부분이다. 재귀와/또는 상호작용
접사들은 동사구조 안에서 다른 목적어 접사들과 대체될 수도 있다. 다른
언어에서는, 그런 접사들이 정상적인 목적어 지시사에 추가된다. 그리고
남은 다른 언어에서는 다른 어간이 참여한다.

IZ어에서 재귀의 의미는 영어의 "He hurt himself."에 비견되는 구로서
표현된다. 그러나 영어구 *each other*와는 달리 상호작용의 개념은 saa라
는 첨사로 이끌어진다. 이러한 첨사는 si *only*, ru *still* 그리고 다른 부사-
유사 형태들과 동일한 자리에서 동사어간에 후치한다.

ka-'ni'-be laka 'laabe   *S/He is talking about him/herself.*
[*prog-talk-3s self him/her*]

ka-'ni'-saa-kabe   *They are talking about each other.*
[*recip-3pl*]

ka-'ni'-si-kabe   *They are just talking, that's all.*
only

ka-'ni'-ru-kabe   *They are still talking.*
still

SP어에서 타동의 동사 어간과 함께 접두사 na- 와 접미사 -ta· -(t'a·)
의 배합은 동사가 하나일 때는 재귀대명사를, 그리고 복수일 때는 상호작
용 또는 복수 재귀대명사를 가리킨다.

i-tʸoy-pa   *S/He loves him/her.*
3:3-love-inc

na-toy-**tʸ**a·-p   *S/He loves him/hersellf.*
love- -inc

na-toy-yah-**tá**·-p   *They love each other.*
pl-   *or They love themselves.*

a-**na**-toy-**tʸ**a·-p   *I love myself*
1s

    고대 Aztec어에서는 4가지의 재귀-상호작용 접두사가 있는데, 그것은 규칙적인 일군의 목적어 접두사와 대치할 수 있고 인칭과 수에서 주어 접두사와 일치한다.[8] 지금까지 연구된 현대 방언 중, 오직 2가지만이 재귀-상호작용 접두사에서 인칭과 수의 대조를 보인다. 다른 것들은 모든 인칭에 대하여 mo-형태의 접두사를 갖는다. 주어가 단수일 때, 의미는 재귀적이다. 주어가 복수일 때, 어느 정도 모호하게 상호작용을 하거나 재귀적이다. 예를 들어 Guerrero주의 방언에서는 인칭과 대조적으로 no-는 재귀-상호작용 3인칭이다.   따라서

    Ø-no-mikh -tia-h
    [3- -die-cause-pl]

는 '그들은 자살했다.' 또는 '그들은 서로 죽였다'를 의미할 수 있다.

2.1.8. 사역

한 참여자가 다른 이로 하여금 행위를 수행케 하는 개념은 다양한 문법

---

8) Stanley Newman(1967)

구조의 층위로 표현된다. 영어와 같은, 몇몇 언어에서 그것은 서로 다른 두 동사를 포함하는 문장구조의 문제이다.

> The boss's entrance caused the secretary to make a mistake.
> (It wasn't my fault;) Johnny made me do it.

다른 언어들은 동사구조 안에서 사역형을 표현한다. - 통사적 사역동사 (syntactic causatives)와 대조적인 **형태론적 사역동사** (morphological causatives)는 영어로 예시되었다. 그러한 사역동사는 다른 참여자나 목적어에 덧붙여진 문장구조에 잠재적인 영향을 갖는다 (8.1.2.2.목). IZ어는 이런 유형의 동사 접두사 형태의 집합을 갖는다. 예를 들면:

비사역동사 형태		**사역동사 형태**	
ri'ǰaga	*is tired*	rusi'ǰaga	*makes (someone) tired*
ri'gani	*becomes quiet*	rusi'gani	*quiets (someone)*
ri'niʔ	*talks* (정상적으로 자동사. 그러나 목적어를 가질 수 있으며 어떤 사람을 비방하는 의미)	rusi'niʔ	*makes (someone) to talk* (의무적 목적어)
ri'ziidiʔ	*learns* (목적어를 취할 수 있음)	ru'siidiʔ	*teaches* (직·간접 목적어를 취할 수 있음)

2.2. 존재 상태

존재 상태를 지정하는 분류는 언어마다 매우 다양하다. 동사형태는 영구적이거나 본질적인 상태에 따라 다르다. 예를 들어, 스페인어의 동사

ser는 estar보다 더 본질적이고 영구적인 속성을 함의한다. 또는 영어의 to be에 비견될만한 동사는 없을 것이다. 이 개념들에 관한 다양한 표현 방법은 8.2.절에서 더 논의한다.

2.3. 사물 명명

모든 언어들에는 일반적으로 사람이나 사물을 가리키거나 명명하는 명사라 불리는 단어류가 있다. 예를 들어, 다음 Chafe (1970:96)의 진술을 주목하라. "내 가설은 모든 인간의 개념상의 영역을 우선 두 가지 중요한 분야로 구분하는 것이다. 하나는 동사 분야로 '상태 (조건, 속성)와 사건'들을 포함한다. 다른 것은 명사 분야로 '사물' (물질적인 대상과 구체화된 추상성 양쪽)을 포함한다."9)

대부분의 언어에서, 명사는 접사의 유형에서 또는 적어도 관사처럼 수반하는 형태소의 선택에 있어서 동사와 구별된다. 명사의 일반적인 범주 안에서 다양한 하위부류들은 이따금 특정한 접사나 수식하는 단어와 함께 나타남으로써 구분된다. 다음 항에서는 (2.3.1. - 2.3.4.) 이들의 몇몇 하위부류와 명사에 관련된 다른 자질을 개관한다.

2.3.1. 가산성

영어나 그 밖의 다른 언어에서, 명사는 가산성이라는 의미론적 특성에 관련된 하위부류로 정리될 수 있다. 영어의 **가산명사** (count nouns)는 복수와 수 형태소 (*boys, one boy*)와 함께 나타난다. **질량명사** (mass nouns)는 *some* (some rice, some milk)과 같은 양화사로 한정하는 경향이 있다.

---

9) 그렇지만, 많은 언어에서 추상성은 일반적으로 추상명사보다 동사 형태에 의해서 표현된다.

영어에서 다른 하위부류는 **고유명사** (proper nouns) 대 **보통명사** (common nouns)이다. 이것들은 일반적으로 개개인의 이름이나 장소를 명명하고, 정상적으로는 양화사의 유형과는 공기하지 않는다. 다른 언어들은 명사류의 형식적인 변별에서 이같은 속성들이 인식되지 않는다.

2.3.2. 성

명사 분류의 또다른 보편적인 유형은 **성** (gender)이다. 이런 체계는 수식어와 대명사적 지시물이 그것들 각각의 명사의 성 부류와 **일치**를 지시한다. (일치는 7.3.8.항에서 더 논의한다.) 영어의 이런 속성은 단지 인격적인 지시물의 성 (그리고 약간의 무생명사)에만 적용된다. 따라서 he는 남자나 수컷동물을 지시하거나 대치하여 쓰인다. 여자 또는 암컷동물, 그리고 배같은 약간의 무생물에는 she를, 그리고 무생물과 때때로 동물에는 it으로 대치한다.

그러나 불어나 스페인어 같은 많은 언어에서, 용어 **남성**과 **여성**은 인격적인 지시물의 성뿐만 아니라 모든 명사의 임의적 분류에까지도 관련된다. 스페인어에서 모든 명사는 남성이나 여성 중의 하나에 속한다 ; árbol *tree*는 남성, casa *house*는 여성. 관사, 수식어, 대치어 (대명사의 지시물)는 명사와 성이 일치해야 하고, 이 항목들은 성일치를 위해 굴절한다: la casa buena *the good house,* el árbol bueno *the good tree*; la vi *I saw it* (집을 지시) lo vi *I saw it* (나무를 지시).

어떤 언어들, 예를 들어 폴란드어, 독일어, 아랍어는 남성, 여성, 중성의 세 가지 분류방식을 갖는다. 아프리카의 Bantu어는 훨씬 더 많은 명사류가 있는데 어떤 경우에는 12가지가 넘는다. 다른 언어들은 성분류의 근거를 유생-무생 변별 또는 대상의 모양이나 크기와 같이 다른 개념들에 근거를 두고 있다.

성은 수식사에 의해 다른 방식으로 표현되기도 한다. Chinantec어 (멕시코)는 유생과 무생의 주어와 목적어를 위해 동사형태로 나누어진다. 한 항목의 물리적인 모양에 근거한 명사류를 갖는 언어에는 주어와 목적어 부류에 대응하는 다른 동사형태들이 있다. 어떤 언어들 (예를 들어 미국의 Cherokee어)에서 명사류는 인간, 비인간 그리고 물리적인 모양으로 규정된 다양한 범주의 무생물을 포함한다.

2.3.3. 수

영어를 포함한 많은 언어에서 수반 명사를 단수와 복수로 구별하는 표지가 있다. 다른 언어들에서는 그런 변별을 하지 않는다. 어떤 것은 복수 형태소를 포함하지만 어떤 양화어, 예를 들어 IZ어의 ka-'biʔkuʔ *dogs*나 ʔčupa 'biʔkuʔ *two dog(s)* 같이 명사를 수반할 때는 그것을 사용하지 않는다.

아직까지 다른 언어들, 즉 오클라호마의 Kiowa어와 멕시코의 Chichi-meca Pame어 사이에서는 단수와 복수뿐만 아니라 쌍수까지도 지적한다. Pame어의 다음 예를 주목하자: nadò *dog*, nadòi *two dogs*, ladòt *three or more dogs*, nanʔò *coyote*, nanʔòi *two coyotes*, lanʔòt *three or more coyotes*.

2.3.4. 소유

명사의 소유는 접사 혹은 수식구에 의해 지시된다. 어떤 언어에서 소유는 본질적으로 소유자와 관련된 명사들 (양도불가능)보다 확실히 보다 덜 소유된 것처럼 보이는 명사들 (양도가능)이 다르게 표시된다. 양도가능 명사는, 소유의 접사를 수반할 수도 있고 수반하지 않을 수도 있다. 반면에 양도불가능 명사에 대한 소유는 항상 표시된다. 비록 그런 명사들에 대한 정확한 목록이 언어마다 다르다 하더라도, 양도불가능 명사는 신체부위, 친족 용어, 의류, 그리고 어떤 가사 품목을 전형적으로 포함한다. 언어의 특별한 변이는 *blood*에 해당하는 단어가 IZ어에서는 양도가능하지만 Tabasco의 Chontal어 (멕시코)에서는 양도불가능하다는 사실로 예증된다.

IZ어에서의 두 견본의 구문의 형태에서 차이를 주목하라.

가능 소유 : 소유 접두사 š- + 어간 + **소유자**
š-tangu'yu-be   *her doll*
š-tangu'yu 'lisa   *Elizabeth's doll*

불가능 소유 : 어간 + 소유자
bi'šoze-be   *her father*
bi'šoze 'lisa   *Elizabeth's father*

아마도 모든 언어들은 적어도 정상적인 대화에서는 결코 소유될 수 없는 명사류를 가지고 있다. 예를 들면, 대부분의 언어에서는 '해'와 '달'과 같은 항목을 소유하는 것은 비정상적이다. 그러나 더욱 명백한 의미론적 제약에 덧붙여 어떤 언어들은 외관상 임의적인 비소유 명사류를 갖는다. 대부분의 Zapotec어들은 '옷'에 대한 단어 (옷감과는 다른)와 '집'에 대한 단어 (가정과는 다른)는 결코 소유되지 않는다.

2.4. 명사의 대치어

2.1.1.항은 명사의 대치어 (인칭표지라고 불리는 자립대명사나 의존형들)의 개념을 소개했다. 대부분 (아마도 모든) 언어들은 명사를 대치하는

형태체계를 갖는데, 일단 참여자의 정체성은 확실히 청자나 독자가 된다. 이러한 대명사나 인칭표지는 다양한 의미론적 범주에 따라 달라질 수 있다.

2.4.1. 인칭과 수

의미범주에 따라 모든 대명사 체계는 1인칭(화자), 2인칭(말하는 상대), 3인칭(이야기되는 사람이나 대상)을 구별하는 방법을 포함하고 있다고 말해도 좋을 것이다.

적어도 이 3가지 인칭들 때문에 많은 언어들이 수 (number)를 구별한다 — 단수, 복수, 기타 등등. 그러나 몇몇 대명사적 속성은 주어진 언어에서 중화될 수 있다. 예를 들어, 영어에서 2인칭 단수와 복수는 달라지지 않는다.

몇몇 언어들에 있어서, 대명사 체계는 수를 간단한 단수 — 복수의 변별보다 더 많은 범주로 분할한다. Melanesian어의 대명사들은 네 개의 다른 수들로 구별한다: 즉 단수, 쌍수, 시도수 (trial), 복수.

기본적인 인칭과 수의 범주 안에서 언어들은 하위분할의 수와 유형이 다르다. 1인칭 복수에 있어서, 멕시코의 대부분 언어들은 **포함** (exclusive)과 **배타** (inclusive)를 구별한다. 포함이 화자와 청자 둘 다를 말하는 반면, 배타는 청자를 제외한 화자와 나머지 사람들을 말한다. SP어는 "1인칭 복수"를 세 가지로 분할한다; 쌍자 포함 (즉, 너와 나), 복수의 포함 (즉, 우리들 모두), 그리고 복수 배타 (즉, 당신을 제외한 우리 모두).

속성들은 종종 사회적인 유연관계에 근거를 둔 2인칭과 3인칭에서 생긴다. 불어, 스페인어, 그리고 독일어는 2인칭에서 형식적 (공식적)인 것과 비형식적인 (친숙한)범주를 구별한다: 불어는 vous (형식적)와 tu (친숙한 것), 스페인어는 usted와 tú, 독일어는 Sie와 du. 그러나 각 언어는 공식적이고도 친숙한 의미에 대해 자체의 해석을 가지고 있다. 용법은 tu, tú와 du가 정확하게 같지는 않다. 한 언어에서조차도 그 형태들의 사용은 지방마다, 사회집단에서 또는 개인적인 선호에서조차 다양하다.

몇몇 대명사의 체계는 두 참여자와 구분되는 소위 3인칭의 형태를 포함한다. 이 부가적인 형태는 4인칭 (fourth person) 또는 원격 (obviative)으로 분류되어 왔다. 이들 형태의 정확한 사용은 담화자질에 달려있다 -어떤 언어에서도 대명사대 명사의 용법은 사실이다.

많은 멕시코의 인디언 언어들은 3인칭 지시에 있어 사회계층의 구분을 포함하고 있다. 다른 대명사의 형태들은 초자연적인 존재나, 대단히 존경받는 인물이나, 사회적인 동등자, 아이들, 어떤 행위에 의해 공동체에서 그들의 존경을 잃은 사람들을 언급하는 데 사용된다.

Tetelcingo Aztec어 (멕시코)는 특별히 광범위하고 대단히 발달된 경어 (honorifics), 또는 존경어 (reverentials)라고 불리는 공손법 언어형태의 체계가 있다. 다양한 사회적인 관계는 명사, 대명사, 전치사와 동사의 특수한 형태에 의해 알게 된다. 경어의 특징은 세 인칭 모두에 대한 대명사의 형태들에서 표현된다. 예를 들어, 1인칭 복수는 기도하는 사람에게 있어서는 배타적으로 사용되는 특별한 형태를 가지고 있다. 또한 경어체계는 동아시아와 동남 아시아 언어들에 있어서 또한 고도로 발달되어 있다.

2.4.2. 성

또한 3인칭 대명사 형태들은 다른 준거에 의해서 나뉘어진다: 성 (여성, 남성, 중성), 유생-무생 등등. IZ어의 3인칭 형태들은 성을 구별하는 것이 아니라 세 가지 속성을 제시하는 것이다: 사람/유생/무생

2.4.3. 기능

나중에 알게되겠지만, 문장은 **주어**와 **목적어**를 포함한, 여러 가지 문법적인 기능들로 구성된다. 어떤 언어들에 있어서 대명사의 형태는 그들이 목적어의 기능에 대하여 주어로서 기능할 때 서로 다르다. 예를 들어, 영어에서는 오직 2인칭 대명사만이 똑같이 남는다. 다른 인칭에 대한 두개의 다른 대명사들이 있다.

1인칭 : I, we, 주어; me, us 목적어.
3인칭 : he/she, they 주어; him/her, them 목적어.

스페인어는 주어와 목적어에 대한 대명사가 분리되어 있다. 또한 어떤 방언에는 별개의 3인칭 간접 목적어의 변별 집합이 있다. 게다가 오로지 전치사구에만 나타나는 집합도 있다. 예를 들면 1인칭 단수에서:

주어 형태 : yo *I*
직접목적어 형태 : me *me*
전치사구 : (para) mi *(for) me*

2.4.4. 대명사 범주 실례

다음 도표는 네 언어들의 대명사 체계에 제시된 범주들을 예로 든 것이다. 다만 대명사적 형태 하나만이 각각의 언어에서 채택되고 있다. 즉 영어와 스페인어에 있어서 자립형 주격대명사와 IZ어, SP어에서의 자립형 대명사들이다.

English	Isthmus Zapotec	Sierra Popoluca	
단수			
1 I	yo	naa	ʌč
2 you	*informal* tú	lii	mič
	formal usted		
3 *m* he	*m.* él	*person* laabe	
f she	*f* ella	*animal* laame	he
n it		*inan* laani	
복수			
1 we	*m* nosotros	*excl* laadu	*dual* taʌč
	f nosotras	*incl* laanu	*excl* aʌčtʸam
			incl taʌč tʸam
2 you	ustedes	laatu	(mi)mič(tʸam)
3 they	*m* ellos	*person* laakabe	
	f ellas	*animal* laakame	heeyah
		inan laakani	

2.4.5. 명사-대명사 형태

몇 개의 언어는 완전히 대명사는 아니지만 다소 축약된 명사형인 인칭 지시 체계를 가지고 있다. 멕시코의 Mixtec 언어의 몇몇은 이러한 유형의 인칭 지시 체계를 가지고 있다. 다음 집합의 Atatláhuca어를 보자.

명사		**파생 대명사-형태 (단축형)**	
tēe	*man*	de	*he*
ña'an	*woman*	ña	*she*
sūchí	*boy*	i	*he, she (child)*
yaā	*god*	ya	*supernatural being*
kɨtɨ	*animal*	tɨ	*he, she (animal)*
ndute	*water*	te	*it (water, rain)*

2.5. 기술

명사을 기술하는 단어들은 전통적으로 형용사로 불려왔다. 형용사는 보통 구에서 수반 명사를 한정하거나 기술하면서 명사와 함께 나타난다.

형용사의 부가는 아주 상세한 언어적 특징이다. 어떤 언어에서 형용사는 그 자체의 전형적인 굴절을 가지고 있다. 몇몇 영어의 형용사는 *big, bigger, biggest*과 같이 비교급과 최상급으로 굴절된다. 다른 언어에서, 형용사는 동사 또는 명사와 비슷한 유형으로 굴절된다. IZ어에서 많은 형용사들은 동사 상의 접두사와 함께 나타나는 경우도 있다 (2.1.4.2목을 참조). 다른 한편, 스페인어의 형용사는 명사처럼 동일한 굴절을 가지고 있고, 그들이 수식하는 명사와 성과 수가 일치해야 한다.

el libro bueno	*the good book*
los libros buenos	*the good books*
la casa buena	*the good house*
las casas buenas	*the good houses*

2.6. 제한자와 상세화

만일 모두가 아니라면, 대부분의 언어는 지시하는 명사를 제한하거나 상세화하는 하나 또는 그 이상의 형태들이 있다고 말해도 무방할 것이다. 공식적으로 그런 형태는 자립형 (단어)이거나 의존형 (10.2.2.목에서 논의될 접사, 접어)일지도 모른다. 의미론적으로 상술하거나, 한정 또는 부정 사이의 형태를 구별하거나, 지적 (화자 또는 청자에 관계되는 위치를 상술)하는 것일지도 모른다.

　한정과 부정을 구별하는 형태는 일반적으로 **관사**라고 불려진다. 몇몇 언어에서 일련의 관사로부터 하나의 특정한 선택은 그것을 수반하는 명사의 위치에 의해 결정된다. Seri어(멕시코)에서 일련의 정관사는 명사의 물리적 위치표시의 강세 없는 언어 형태로 구성되어 진다. 몇몇 명사들은 본래부터 주어진 자리에 놓이게 되는 것처럼 보인다. 그러나, 다른 것은 발화시에 그것들의 위치에 따라 다양한 관사들을 가질 수 있다. 명사에 정관사를 더하여 구성되는 다음의 구를 고려해 보자.

to:tWxk　kix
cholla-cactus the (seated)

ʔaXš　kiʔ
dog the (neutral,unspecified position)

ʔaXš　kom
　　　the (lying down)

ʔaXš　tintika
　　　the (going, in the distance)

ʔaXš　timoca
　　　the (coming, in the distance)

ʔaXš　kap
　　　the (standing)

　화자나 청자와 관련하여 위치를 지적하고 상세화하는 단어나 의존형태들은 **지시사** (demonstratives) 또는 **지시소** (deictics)[10]라고 불리워지고

---

10) 용어 "지시소"는 발화시와 화자와 청자의 동일시를 포함하는 것으로 확장되었다. 즉 언어의 어떤 상의 "해석은 발화 사건에 관계된다."(Fillmore 1966:220).

있다. 자립형 지시사는 홀로 명사 대치할 수 있거나 명사를 수식할 것이다. 영어와 스페인어에서 동일한 형태들은 명사를 수식하고 주격 또는 목적격 대명사로 사용된다. 영어의 예:

> **This** book is good.
> **This** is good.
> I like **this**.

언어는 지시소 형태들에 의하여 나타내는 위치점의 수에서 달라진다. 영어는 단지 this (화자에 근접해 있는)과 that (화자로부터 멀리 떨어진)을 구별한다. 더 나아가서 세밀한 구별은 몸짓이나 혹은 “that one over there” 같은 구에 의해 결정된다. 다른 언어는 어휘 항목 자체는 보다 세분된 변별을 포함할 수도 있다. IZ어는 3가지 기본적인 형태를 가지고 있다: ndi'(화자 근처의 한 대상), nga (훨씬 떨어진), 그리고 nge (시야에서 멀어진). 또한 ndica'라는 형태를 포함하는데, 이것은 nga와 같은 장소를 언급하지만, 그 장소 안에서 두 대상들을 대조하는 데 사용될 수 있다.

대명사와 형용사의 지시소 형태에 첨가하여 위치부사는 본래 지시적이다. 또한 이러한 자질 때문에 언어는 허용되는 속성의 수에 있어서 다양하다. 영어만이 보다 상세하게 부가하는 구로써 here와 there가 있다. 스페인어, 일본어, Isthmus Zapotec어와 Sierra Popoluca어를 포함해서 많은 언어들은 3가지 위치로 구분된다.

2.7. 양화사

명사를 제한하는 형태의 또다른 범주는 양을 지시하는 것이다. 이것들

은 특정 수사일 수도 있고 (하나, 둘, …) 혹은 '몇몇의, 많은, 거의 없는'
과 같은 일반 양화사일 수도 있다. 명사를 묘사하거나 한정하는 단어나 구
는 7장에서 보다 더 상세하게 논의할 것이다.

*　　*　　*

　　초보적인 언어학도들을 위하여 이 장은 언어에서 발견된 의미범주의 영
역에 대한 간단한 소개를 제시해 왔고, 언어가 이러한 범주를 표시하기 위
해 사용한 형식적 장치의 다양한 견본이 제시되어 왔다.

제3장 변이형태

앞 장에서, 모든 형태소는 단지 하나의 형태 (form)만을 갖는다고 가정했다. 그러나 사실 언어는 더 복잡하다; 형태소는 종종 하나 이상의 형태를 갖는다. 예를 들어, 영어에서 몇몇 동사의 완료시제 접미사는 과거시제 형태와 같다 (divid**ed**, mend**ed**); 반면 다른 동사들의 완료시제형은 접미사 -**en**을 갖는다 (writ**en**, giv**en**). 그리고 *write* /rait/의 어간은 /rit/로 변화되고, 완료시제 접미사와 결합하여 *written*형으로 변화한다.

주어진 형태소의 다양한 형태들을 설명하기 위해, 언어학자들은 **형태** (morph)라고 불리는 가상 형태소의 한 유형을 설정했다. 형태들은 1장에서 논의한 절차에 의해 분리된다. 사실, 정확하게 말한다면 초기 절차에 의해 발견된 각 단위들은 형태소라고 하기보다는 형태라고 불렀어야 했다. 형태는 형태소를 나타내기 위한 것이라고 말할 수도 있다; 형태소는 하나 또는 그 이상의 형태들에 의해 표현될 수도 있다. 하나의 형태소를 나타내는 다양한 형태들은 **변이형태** (allomorph)라 불린다.

3.1. 변이형태의 확인

둘 또는 그 이상의 형태들이 동일한 의미를 가지고 있고 같은 문맥 속에서 대립이 되지 않는, **상보적 분포** (complementary distribution) 속에 있다면 단일 형태소의 변이형태들이다. 이것은 형태소의 확인에서 제기되는 모든 문제를 해결하기에는 너무나도 단순한 기초적인 정의일 뿐이다.

그러나 그것은 하나의 시작이고 거기에 포함된 몇 가지 문제들은 아래에서 논의될 것이다.

변이형태의 상보적 분포는 Isthmus Zapotec어의 다음 자료로 예시된다.

1. ri'ree	*goes out*	7. bi'ree	*went out*
2. ri'bani	*wakes up*	8. bi'bani	*woke up*
3. ri'ǰela	*finds*	9. bi'ǰela	*found*
4. ru'kaa	*writes*	10. bi'kaa	*wrote*
5. ru'žooñe'	*runs*	11. bi'žooñe'	*ran*
6. ru'yubi	*looks for*	12. bi'yubi	*looked for*

위의 형태들을 비교해 봄으로써, ree *go out*, bani *wake up* 등등은 몇 가지 접두사가 각 형태의 첫 번째 CV- (자음-모음 연쇄)에 놓이면서 확인될 수 있다. bi-에 의해 제시된 완료상을 나타나는 형태소는 위 자료에서 단지 하나의 형태만을 가질 뿐이다. 그러나 반복상은 두 개의 다른 형태들 (ru-와 ri-)에 의해 나타내어진다. 이러한 두 가지 형태가 단일 형태소의 변이형태라는 것을 결정하기 위해서는, 그것들이 동일한 의미를 전달하고, 상보적인 분포 속에 있다는 것이 한정되어야만 한다. 이를 바로 검토해 보면, ru-와 ri-는 동일 어간에서는 함께 나타나지 않는다는 것을 알 수 있다. 이것은 간단한 도표를 구성함으로써 증명될 수 있다.

ru-	**ri-**
kaa	ree
žooñe'	bani
yubi	ǰela

이런 도표는 자료가 더욱 광범위할 경우 틀림없이 필요할 것이다. 위의 두 접두사 형태는 다른 환경에서 나타난다; 어간 형태소가 두개의 다른 집

합을 가진 경우에 있어서, 그들의 분포는 서로 상보적이다. 반복상을 나타
내는 형태소에 관한 그 사실들은 다음처럼 표현될 수 있다.

$$\{ \text{ri-} \} \qquad \text{반복상} \rightarrow \begin{cases} \text{ri} & - \\ \text{ru} & - \end{cases} \qquad \text{to be read:}$$

반복상 형태소는 두 개의 변이형태 ri-와 ru-를 갖는다.

이런 유형의 표시법에서, 변이형태 중의 하나는 **명칭형태** (name form)
로써, 그 형태소를 나타내기 위해 대괄호 속에 들어 있다. 한 때 변이형태
를 가진 한 형태소의 명칭형태는 한 언어의 어휘목록 속에 기재되어 왔고,
더 나아가서 형태소는 명칭형태를 사용함으로써 단순히 만들어질 수 있
다.

3.2. 변이형태의 분포

그러나 단지 한 형태소의 변이형태 (variant form)들을 발견하는 것으
로는 충분하지 않다. 또한 각 형태들이 나타나는, 즉 변이형태들의 **분포**를
주목해야 한다. 변이형태들의 분포는 임의적인 부류 목록이나 음운론의
몇 가지 자질에 의해 나타나게 될 수도 있다. 음운론적인 분포는 4장에서
논의할 것이다.

위의 자료에 있어서, 접사 변이형태들은 그것들과 임의적인 어간의 부
류들과의 분포에 의해 결정된다. 한 때 이러한 어간의 하위부류[1]들은, 그
것들은 어휘목록 속에 명세화 되어야만 하고 그 접사의 변이형태에 교차

---

1) 그것들은 구문 안에 분포하는 더 현저한 자질에 기초한 더 큰 부류 안의 하위부류
   이다. 후자 형태의 부류는 뒷 장에서 논의할 것이다.

적으로 참조되어야만 하는 것으로 인식되어졌다. 예를 들어 ri-와 함께 공
기하는 위 자료 속의 어간들은 부류 1로 명세화 될 수 있고, ru-와 함께
나타나는 것들은 부류 2로 명명할 수도 있다.[2] 이런 분포적인 정보는 어
휘부 내의 반복상 접두사를 기술하는 한 부분이다: 부류 1 동사어간을 갖
는 ri-, 부류 2를 갖는 ru-. 이러한 사실들은 다음과 같이 어휘부 속에 나
타날 수 있다.

동사 어간:	bani	vs 1	*wake up*
	ǰela	vs 1	*find*
	kaa	vs 2	*write*
	ree	vs 1	*go out*
	yubi	vs 2	*look for*
	žooñe'	vs 2	*run*

동사 접두사: { ri- }   반복상 → $\begin{cases} \text{ri} - & /\text{vs } 1 \\ \text{ru} - & /\text{vs } 2 \end{cases}$

위 표기는 다음처럼 읽혀져야 한다: 반복상을 나타내는 접두사는 부류
1 동사어간의 ri-형과 부류 2 동사어간의 ru-형을 갖는다.

이런 일련의 자료는 단 하나의 형태소에 교체형태들을 보이는 아주 단
순한 것이다. 그러나 빈번하게도 몇몇 접사 형태소들의 변이형태들을 가
지고 그들의 분포에 의해 일련의 어간을 분류하는 것이 필요하다. 이것은
주어진 위치 부류 속의 몇몇 접사들이 하나 이상의 변이형태들을 갖는 경
우 특히 그러하다. 이런 것은 다음에 부가되는 자료에서 증명될 것으로서,
IZ어에 있어서는 실제적인 경우가 된다.

---

2) 더욱 기억하기 좋은 표는 ri-부류와 r류로 사용되었다. 그러나, ri-류는 표에서 더
   정밀함을 필요로 하는 하위분할을 갖고 있다는 것이 후에 밝혀질 것이다.

<table>
<tr><td>13. ri'za</td><td>walks</td><td>23. ka'bani</td><td>is walking up</td></tr>
<tr><td>14. gu'za</td><td>walked</td><td>24. za'bani</td><td>will wake up</td></tr>
<tr><td>15. ka'za</td><td>is walking</td><td>25. ka'ǰela</td><td>is finding</td></tr>
<tr><td>16. za'za</td><td>will walk</td><td>26. za'ǰela</td><td>will find</td></tr>
<tr><td>17. ri'ni'</td><td>talks</td><td>27. ku'kaa</td><td>is writing</td></tr>
<tr><td>18. gu'ni'</td><td>talked</td><td>28. zu'kaa</td><td>will write</td></tr>
<tr><td>19. ka'ni'</td><td>is talking</td><td>29. ku'žooñe'</td><td>is running</td></tr>
<tr><td>20. za'ni'</td><td>will talk</td><td>30. zu'žooñe'</td><td>will run</td></tr>
<tr><td>21. ka'ree</td><td>is going out</td><td>31. ku'yubi</td><td>is looking for</td></tr>
<tr><td>22. za'ree</td><td>will go out</td><td>32. zu'yubi</td><td>will look for</td></tr>
</table>

첨가된 자료를 조사해보면, 두 개의 새로운 어간: za *walk*와 ni'*talk*, 그리고 두개의 새로운 접두사: 진행형과 미래형을 나타낸다. 이런 상들이 동일한 형태에 의해 항상 나타나는 것은 아니라는 것을 주목하라. 진행형은 ka-와 ku-에 의해, 미래는 za-와 zu-에 의해 표시된다. 또한 거기에는 완성상의 새로운 형태, gu-가 있다. 하나 이상의 접두사들의 변이형들이 있기 때문에, 이런 형태들의 분포와 합성적 어간 부류들을 결정하기 위하여 약간의 심도 있는 절차가 필요하다.

임의의 동사 어간으로 시작하고, 그것과 함께 나타나는 접두사의 형태들을 주목할 수 있다. 두 어간의 부류가 초기 자료의 분석으로부터 얻어졌기 때문에, 이들 부류와 새로운 자료와의 비교는 그 결과를 증명하거나 변화시킬 것이다. 부류 1 어간부터 시작하자면, ree *go out*가 ri- (반복), bi- (완료형), ku- (진행형), 그리고 za- (미래형)와 함께 나타나는 것을 주목하라. 이 어간은 계속해서 부류 1로 명칭을 붙이겠다. 이 부류의 남은 어간들을 검사해 보면 bani *wake up*와 jela *find*의 경우 정확히 동일한 분포를 나타낸다. 그러므로 부류 1은 첫 번째 일련의 자료에 기초를 두었을 때와 같다.

다른 부류에서 한 어간이 선택된다면, kaa *write*는 ku- (진행형), ru- (반복), bi (완료형) 그리고 zu- (미래형)과 함께 나타난다는 것은 분명하다. 보다 더 조사를 해보면 이전의 부류 2의 남은 어간들이 같은 분포를 갖는 것을 알 수 있다. 따라서 부류 2는 kaa *write*, zooñe' *run*와 yubi *look for*로 구성된다. 새 접두사들은 단지 처음의 분류가 올바름을 증명했을 뿐이다. 처음의 조사에서, 새 어간들은 부류 1에 속하는 것으로 보였다. 왜냐하면 그것들이 ri-, ka-, 그리고 za-와 함께 나타나기 때문이다. 그러나 완료형에서 그것들은 다른 형태 gu-와 함께 나타난다. 이러한 차이는 제3 부류라고 불리고, 그것은 ri-, ka-, za-, 그리고 gu-와 함께 나타난다. 이제 어휘목록은 다음처럼 확장되어야만 한다.

동사 어간 :			
	bani	vs 1	*wake up*
	ǰela	vs 1	*find*
	kaa	vs 2	*write*
	ni'	vs 3	*talk*
	ree	vs 1	*go out*
	yubi	vs 2	*look for*
	za	vs 3	*walk*
	žooñe'	vs 2	*run*

동사 접두사 :			
{ ri }	반복상	→	ri –/vs 1, vs 3 ru –/vs 2
ka-	진행형	→	ka –/vs 1, vs 3 ku –/vs 2
bi-	완성상	→	bi –/vs 1, vs 2 gu –/vs 3
za-	미래형	→	za –/vs 1, vs 3 zu –/vs 2

또한 어간들, 그 자체는 다른 환경에서 다른 형태들을 가질 수도 있다. 스페인어는 실제로 어떤 인칭-시제-법의 접미사와 공기할 때 형태를 변화시키는 수많은 동사 어간을 갖고 있다. 동사 *to be acquainted with*는 이러한 불규칙성의 보다 단순한 것중의 하나를 예시한다. 어간 형태 /konos/는 1인칭 직설법 현재에서, 그리고 가정법 현재의 모든 인칭에서 /konosk/로 변한다.

직설법 현재		**가정법 현재**	
1s: conozco	/ko'nosk-o/	conozca	/ko'nosk-a/
2s: conoces	/ko'nos-es/	conozcas	/ko'nosk-as/
3s: conoce	/ko'nos-e/	conozca	/ko'nosk-a/

이러한 불규칙성은 어간을 보다 더 하위분류할 것을 요구하고 어휘목록 안에 표시되어져야 한다. 예, ko'nos (*Pr-Subj, Is-Pr-Ind,* ko'nosk)

3.3. 보충법

어떤 환경에서 완전히 다른 교체형을 갖는 불규칙한 어간을 찾는다는 것은 언어에 있어서 흔한 일이다. 잘 알려진 영어의 예는 어간 go의 형태가 과거시제에서 went로 변하는 것이다. 완전히 다른 어간형태가 발생하는 것을 **보충법** (suppletion)이라 불러 왔다.

매우 흥미롭게도, 많은 언어들은 동사 '가다'의 어간형태에 있어서 불규칙성을 보인다. 이것은 Latin계 언어인 스페인어, 프랑스어 같은 언어들과 다양한 멕시코의 인디언 언어들 속에서 실제로 나타난다. 스페인어에 있어서 어간형태는 현재시제의 vas, va와 불규칙 1인칭 단수 voy에서의 v가 미래형에서는 iré, irás, irá등의 ir로, 과거시제에서는 fui, fuiste, fue등의 fu로 변한다. IZ어에서 '가다'의 어간은 시제보다는 인칭에 따라 변한다.

ri-a-aʔ	*I go.*		ri-uu-du	*We go*
hab-go-1s			*go-1pl*	
ri-e-luʔ	*You go.*		ri-e-tu	*You all go.*
go-2s			*2pl*	
ri-e-be	*S/He goes.*		ri-e-kabe	*They go.*
3s			*3pl*	

위의 어형변화표는 *go*를 의미하는 어간의 세 가지의 다양한 모습 즉 a, uu와 e를 보여준다. 즉, uu는 단지 1인칭 복수에만 일어나고, a-는 1인칭 단수에만, e는 다른 모든 인칭 표시소에서 일어난다.

보충법이란 용어는 영어 명사의 작은 부류에 있어서, 복수를 형성하는 모음의 변화와 같은 반-규칙 변화에 적용하도록 최근에 확장되었다.

1.	foot	/fut/	1a.	feet	/fiyt/
2.	mouse	/maws/	2a.	mice	/mays/
3.	louse	/laws/	3a.	lice	/lays/
4.	man	/maen/	4a.	men	/men/
5.	woman	/wum/-ɨn	5a.	women	/wim/-ɨn

영어 복수화의 주된 유형 (-s, -z, -ɨz)은 4장에서 논의되겠지만, 규칙적인 법칙에 의해 기술할 수 있다. 명사의 이러한 임의적인 부분집합의 교체는 규칙적인 법칙을 따르지도 않고, go:went에서처럼 완전히 변화를 하

는 것도 아니다. 기술 언어학의 역사 속에서 다양한 유형의 분석은 이러한 복수를 위해 제안되었다. 가장 편리한 해결은 과정 (process)이라는 진술을 사용함으로써 그 형식들을 기술하는 것이다 (4장에서 제시되는 규칙과 비슷하다.):

foot의 /u/는 복수형태에서 /iy/ 등등.

몇몇 언어학자들은 이러한 교체를 보충법으로 간주하고, 보충법을 "어떤 규칙으로도 설명할 수 없는 교체"로써 정의해 왔다 (Schane 1973:82).

3.4. 공제

몇몇 언어들은 처음에는 임의적인 일련의 교체로 나타나는 현상으로 보이지만, 유의미한 음소의 소실로써 더 잘 기술된다. 멕시코의 Huichol어로부터 다음 자료를 보자.

1. nepizeiya	*I saw him (and may see him again).*	
2. nepizei	*I saw him (for the last time).*	
3. pïtiuneika	*He danced (and may start again).*	
4. pïtiunei	*He danced (and will not dance again).*	

첫 번째 조사에서, 이런 문제의 해결은 -ya와 -ka가 불완전 형태소의 변이형태라는 점인 듯하다. 그러나 긴 목록의 동사를 검토해 보면 다음 사항을 알게 될 것이다: 1) 가능한 변이형태의 긴 목록, 그리고 2) 이들 음절들이 어간의 일부라는 다른 증거이다. 실제로 완료형은 어간의 마지막 음절을 탈락시킴으로써 형성된다. 그런 형태소들은 -(CV)로써 기호화되고,

-자음과 모음이라 읽힌다. 환언하면, 그것들은 완료형이 마지막 음절을 탈락시킴으로써 형성된다고 기술될 수 있다. Nida(1949:75)는 그런 형태소들을 형태소 공제 (subtractive)라 명명했다.

3.5. 영(零) 변이형태

분석상의 또 다른 특이한 문제는 영어의 구 one sheep와 two sheep의 예로 보여진다. book:books, cat:cats, foot:feet와 같은 쌍들을 본다면, 모든 복수형태들이 상응하는 단수형태들과의 몇 가지 차이점을 보일 것을 예상한다. 그러나 sheep의 경우에 있어서는 어떠한 차이점도 없다. 예상하는 차이점이 나타나지 않는 경우에는 영 (zero)을 사용하게 했다. 이 경우에 영 변이형태를 가정하게 된다. 따라서, 다음과 같은 구조들에서:

```
                    men
                    sheep
      The                          are     there
                    deer
                    dogs
```

복수 형태소는 항상 존재한다. 그러나 sheep와 deer의 경우에는 그 형태소의 영 변이형태가 있다. 부호 Ø는 일반적으로 영을 나타내는데 사용된다.

그러나 어떤 언어학자들은 영을 사용하지 않으려 한다. 예를 들어 Hockett는, "단수나 복수로서 통사적으로 사용되지만 음상에서 아무런 변화도 없는"명사들의 한 예로서 영어 sheep:sheep의 상태를 기술했다 (1958:228).

3.6. 영(零) 형태소

언어학자들은 변이형태뿐만 아니라 형태소를 표시하는 데에도 영의 사용 가능성을 논의해 왔다. 영은 어떤 뚜렷한 형태의 유의미 부재가 있는 경우에 타당한 실체로서 제안되어 왔다. 그러나 의미상의 추이는 음소의 공제를 수반하지 않는다. SP어에서 다음 어형변화표를 보자:

a-nʌkpa	*I go.*
ta-nʌkpa	*You and I go.*
mi-nʌkpa	*You go.*
nʌkpa	*S/He/It goes.*

SP어 자료에서 3인칭 주어는 접사가 없는 어간만으로 표시되기 때문에 명백한 형태의 유의미 부재를 보여준다. 기술상 영 형태소를 이용하게 된다면, 그것들은 이런 유형의 상황에서 설정될 것이다. 3인칭의 뚜렷한 형태의 부재는 Mexico어에 있어서는 매우 보편적이다.

그런 환경에서 영의 사용을 규정하는 준거가 없기 때문에, 몇몇 언어학자들은 영 형태소의 설정에 반대한다. 예를 들면, 영어에서 복수는 뚜렷한 형태가 존재하기 때문에 영 형태소가 단수에 가정될 수 있는가? 따라서 영 형태소의 사용은 셋 또는 그 이상의 형태들이나, 적어도 뚜렷한 표지를 갖는 두 형태에서만 사용할 것을 권장한다. 위 SP어의 예는 이 조건을 만족시킨다.

*　　*　　*

　이 장은 형태소의 형태에서 불규칙성에 관한 실재를 다루었고, 그 결과 어휘목록에서 어간 형태의 하위분류를 포함해야 하는 필요성에 관해 언급하였다.

제4장 음운론적 교체와 형태음소론

3장의 예들에서, 변이형 (변이형태)들의 분포는 완전히 임의적인 것이었다; 한가지 형태는 어떤 일련의 형태소와 공기하고 다른 형태들은 다른 형태소들과 나타났다. 인접한 형태소의 음소 형상 (phonemic shape)에는 그 변이를 설명할 만한 것은 아무것도 없었다.

4.1. 음운론적으로 정의된 교체

그러나 많은 경우에서, 형태소 변이에 대한 설명이 인접 형태소들의 음운적 형태에서 발견될 수 있다. 종종 두 개의 형태소가 하나의 단어나 구에서 함께 나타날 때, 하나의 음소 형상은 또 다른 것의 음소 구성에 영향을 끼친다. 이러한 경우는 Sierra Popoluca어의 다음 자료로 예시된다.

1.	amme·me	*my butterfly*	8.	antʌk	*my house*
2.	ampetkuy	*my broom*	9.	añči·ča	*my net*
3.	ampok	*my gourd*	10.	aññi·wi	*my chili*
4.	ancʌ·ši	*my child*	11.	añtʸa·ka	*my chick*
5.	anhe·pe	*my cup*	12.	añyo·mo	*my wife*
6.	anhon	*my bird*	13.	aŋkawah	*my horse*
7.	annʌ·yi	*my name*	14.	aŋway	*my hair*

이 자료를 조사해보면 *my*를 뜻하는 형태소는 네 개의 다른 형태들로 표현되고 있다: am-, an-, añ-, aŋ-. 접두사의 각 형태와 함께 나타나는

어간들을 도식화하면 다음과 같은 뚜렷한 분포가 나타난다.

am-	**an-**	**añ-**	**aŋ-**
me·me	cʌ·ši	či·ča	kawah
petkuy	he·pe	ñi·wi	way
pok	hon	tʸa·ka	
	nʌ·yi	yo·mo	
	tʌk		

   접두사 형상들을 조사해보면, 그것들은 비강자음의 조음 위치에서만 다를 뿐 매우 유사하다. 각 접두사 형태의 아래에 있는 어간들의 목록은 유사성을 보여준다. am-아래의 모든 예들은 접두사의 비음과 같은 조음 위치인 양순음 (m이나 p)으로 시작한다. an-아래의 예들은 연구개음 (k나 w)으로 시작한다.[1] añ-아래의 모든 예들은 모두 치경구개자음으로 시작한다; an-아래의 예들은 치조자음이나 h로 시작한다. 이러한 음운론적인 사실들 때문에 앞 장의 변이형태들과 마찬가지로, 각 부류의 구성요소들의 자세한 목록을 작성하는 것은 불필요하다. 여기서 각 형태 (즉, 각 변이형태)의 분포는 그 어간의 어두 음소를 안다면 예측될 수 있다.

   am- 양순자음으로 시작되는 어간과 함께 나타난다.
   añ- 치경구개자음으로 시작되는 어간과 함께 나타난다.
   aŋ- 연구개자음으로 시작되는 어간과 함께 나타난다.
   an- 그 밖의 다른 자음으로 시작되는 어간과 함께 나타난다.

---

1) 모음 u와 같이 w는 입 뒤에서, 그리고 입술을 둥글게 해서 발음한다. 다른 언어체계에서는 원순을 강조하는 것과 대조적으로 SP어에서 중요한 것은 후설의 위치이다.

기억해야 할 중요한 원리는, 접두사의 각기 다른 형태와 공기하는 것으로 정의되는 형태소의 부류는 그 부류의 각각의 구성들의 어두 음소의 자질을 진술함으로써 쉽게 기술될 수도 있다는 것이다. 형태에 있어서의 이러한 변이는 **형태음소론적 과정** (morphophonemic process) (또는 **형태음소론적 규칙**)에 의해 더욱 효과적으로 기술된다. 예를 들어, 이러한 교체는 다음과 같은 유형의 공식으로 나타낼 수 있다.

$$\{an\text{-}\} \quad \rightarrow \quad \begin{cases} \textbf{am} \text{-} \ / \ \text{---} \ \text{양순자음} \\ \textbf{añ} \text{-} \ / \ \text{---} \ \text{치경구개자음} \\ \textbf{aŋ} \text{-} \ / \ \text{---} \ \text{연구개자음} \end{cases}$$

해석 : an-은 양순자음 앞에서 am-이 되고, 치경구개자음 앞에서는 añ-이 되며, 연구개자음 앞에서는 aŋ-이 된다.

이런 경우에 한 형태가 "기본형"으로 선택되고, 그것으로부터 다른 형태가 예측될 수 있다. an-형태는 다른 것들보다 더 넓은 분포를 갖는 것 같고, 더욱 단순한 규칙을 가능하게 하기 때문에 기본형으로 선택되었다.

이러한 교체들은, 3장에서 논의된 **형태론적으로** 또는 **어휘론적으로** 정의된 교체들 (morphemically 또는 lexically defined alternations)과는 대조적으로 음운론적으로 정의된 교체 (phonologically defined alternations)라고 기술된다.

4.2. 음운론적으로 정의된 교체의 유형

몇 가지 유형이 이 절에서 기술된다.

4.2.1. 자음 동화

위의 SP어 자료에서, an-이 기본형이라고 가정하므로써, 비강음 n은 후행하는 환경에 더욱 닮기 위해 변한다. 이러한 종류의 변화를 동화라고 부른다. 동화는 다음의 영어 예에서처럼 **조음위치** (point of articulation)에 따를 수도 있고 (SP어 자료에서처럼), 또는 **조음방법** (manner of articulation)에 따를 수도 있다.

English

1.	wok	*walk*		12.	woks	*walks*	
2.	sit	*sit*		13.	sits	*sits*	
3.	ǰʌmp	*jump*		14.	ǰʌmps	*jumps*	
4.	rʌb	*rub*		15.	rʌbz	*rubs*	
5.	beg	*beg*		16.	begz	*begs*	
6.	lowd	*load*		17.	lowdz	*loads*	
7.	kol	*call*		18.	kolz	*calls*	
8.	kʌm	*come*		19.	kʌmz	*comes*	
9.	tʌč	*touch*		20.	tʌčɨz	*touches*	
10.	ǰʌǰ	*judge*		21.	ǰʌǰɨz	*judges*	
11.	paes	*pass*		22.	paesɨz	*passes*	

영어 동사에서 3인칭 단수 현재시제를 의미하는 접미사는 세 가지 다른 형상을 갖는다: -s, -z, 그리고 -ɨz. 위의 자료를 살펴보면, -ɨz는 치찰음 (č, ǰ와 s)으로 끝나는 어간에 오며, -s는 비치찰성 무성 자음으로 끝나는 어간에 오고, -z는 비치찰성 유성음으로 끝나는 어간과 함께 나타난다. 이것은 조음 방법에 따른 동화의 예이다: 무성에 인접한 무성, 유성과 인접한 유성. 두 치찰음 사이에 모음 ɨ가 오는 것 (즉, paesɨz의 s와 z)은 영어 음절에서 cz, jz, sz 자음군이 없기 때문에 인접한 소리를 조정한 것이다.

그 경우는 다음처럼 기술될 수 있다:

$$\{z\} \rightarrow \begin{cases} \text{-s/ 무성 비치찰성 자음 ___} \\ \text{-ɨz/ 치찰성 자음 ___} \end{cases}$$

해석 : -z는 무성 비치찰성 자음 뒤에서 -s가 되고, 치찰성 자음 뒤에서 -ɨz가 된다. 동일한 교체가 명사의 복수형과 소유격 형태소에서 나타나기 때문에, 이러한 형태소들을 기술하는 데 동일한 진술을 할 수 있다.

4.2.2. 모음 배치

모음배치와 관련된 변화들은 동화의 또다른 유형이고, 조음의 위치나 방법에 의한 변화와 비슷하다. 이런 유형의 교체에 있어서, 연속하는 음절의 모음들은 방법면에서 비슷하게 된다. 즉, 혀의 높이, 입술의 둥글기, 또는 혀의 앞-뒤 위치. 이런 자질은 터키어와 헝가리어에 있어서는 광범위하고 체계적이며, 그 언어들에서 그것은 전통적으로 **모음조화** (vowel harmony)로 알려져 왔다.

Turkish

1.	mum	*candle*	1a.	mumlar	*candles*
2.	kuš	*bird*	2a.	kušlar	*birds*
3.	top	*gun*	3a.	toplar	*guns*
4.	ok	*arrow*	4a.	oklar	*arrows*
5.	kibrit	*match*	5a.	kibritler	*matches*
6.	diš	*tooth*	6a.	dišler	*teeth*
7.	ders	*lesson*	7a.	dersler	*lessons*
8.	el	*hand*	8a.	eller	*hands*

　　이들 자료의 복수 형태소는 두 개의 변이형태 -lar와 -ler를 갖는다. 이 변이형태들은 어간말 모음을 기초로 하여 특정한 어간과 함께 분포한다: 어간말 모음 u나 o에는 -lar, 어간말 모음 i나 e에는 -ler이 온다. 터키어의 완전한 모음 목록수는 8개로, 위의 간단한 예들 속에는 단지 5개만 있을 뿐이다. 이 8모음의 구성체계는 다음과 같이 도식화할 수 있다.

	전 설		후 설	
	비원순	원 순	비원순	원 순
고설	i	ü	i	u
저설	e	ö	a	a

　　위 모음들은 세 가지 관점에서 서로 다르다. 즉 전설 대 후설, 고설 대 저설, 원순 대 비원순이다. -lar와 -ler의 모음은 첫 번째 관점으로만 구별된다; 즉, a는 후설이고, e는 전설이다. -lar를 선택한 각 어간의 어간 모음은 후설모음이고, -ler를 선택한 각 어간의 어간모음은 전설모음임을 주목하라. 이러한 현상들은 어간의 모음과 접미사의 모음이 서로 "조화"를 이루기 때문에 모음조화라고 부른다. 이들 형태 중의 하나는 기본형으로 선택될 수 있고, 다음 진술 중의 하나가 성립되어야 한다.

　　　　lar ⟶　　ler / 전설모음의 어간 ＿＿＿＿

　　　　　　　　　　또는
　　　　ler ⟶　　lar / 후설모음의 어간 ＿＿＿＿

　　더 많은 터키어의 자료는 많은 형태소에 있어서 전설-후설 대립만 중요한 것뿐만 아니라 고설-저설과 원순-비원순 대립 역시 유사한 방법으로 중요한 것임을 보여 준다. 게다가, 더 많은 자료는 어간 이외의 형태소를 포함하는 진술의 교체를 요구할 것이다. 즉, 접미사 모음은 선행하는 형태소가 어간이든, 또 다른 접미사든 간에 선행하는 형태소의 모음과 조화를 이룬다.

4.2.3. 성조 동요

음소 목록이 성조 음소들을 포함하는 언어에 있어서, 형태소의 형상은 그것들이 인접 성조에 의해 영향받을 때, 성조에서의 변화에 의해 달라질 수도 있다. 그러므로 San Miguel Mixtec어 (멕시코)에서 *child*라는 단어는 어떤 문맥에서는 súčí (고-고)이고 다른 문맥에서는 sùčí (저-고)이다. IZ어에서 지시 형용사 *that*은 다양한 문맥에서의 분포에 따라 kè (저), ké (고), 또는 kě (저-고 활음)가 될 수 있다. 이러한 동화는 종종 성조동요로 언급된다.

지시 형태소 ke에 적용될 수 있는 것으로 언급된 IZ어의 동요는 다음 자료에서 보다 넓게 예시된다. 이 모음에 대한 성조 표지는 다음과 같다. 즉 저 (low)는 비표지로, 고 (high)는 양음 악센트로, 상승 활음은 발음기호로 표시한다.

1. 'gajě	*seven*	5. 'giʔči'	*paper*
2. 'gaje sǐ	*only seven*	6. 'gaje 'gíʔči'	*seven papers*
3. 'kaajǐ	*some, a little*	7. 'kaaji 'gíʔči'	*some papers*
4. 'kaajǐ ši	*just a little*	8. 'kaaji si 'gíʔči'	*just a few papers*

위 자료에서 네 형태소 모두는 성조의 교체를 보여준다. 다양한 문맥 속에서 각 형태소를 검토함으로써 각각의 변이가 일어나는 환경이 발견될 수 있다. 그 형태들이 고립되어 있을 때, 그들을 고려해 봄으로써 (예, 'gajě, 'kaajǐ, 'giʔči', 와 sǐ)[2], 성조 변화는 다음 규칙으로 예측될 수 있다: 1) 둘 또는 그 이상의 활음이 연속적으로 나타낼 때, 마지막 것은 거의 낮은 성조가 된다; 2) 활음 + 저는 저 + 고가 된다.

---

2) 형태소 si는 단독으로는 결코 나타나지 않지만, 상승활음 성조로의 변이에서는 발화의 마지막 위치에서 나타나기 때문에 기본형으로 간주한다.

4.2.4. 중복

비교적 일반적인 또 다른 유형의 변이형태의 교체에서, 접사는 어간의 일부 또는 전체와 정확히 같은 형태를 가질 수 있고, 또 같은 형태는 음소나 부가한 음소를 덧붙일 수도 있다. 예를 들어, Isthmus Aztec어 (멕시코)의 다음 자료를 보자:

1.	noca	*call*	1a.	nonoca	*counsel, warn, advise*
2.	kalaki	*enter*	2a.	kakalaki	*enter many times*
3.	isa	*be awake*	3a.	iisa	*awaken many times*
4.	i·sk^{w}epa	*turn face up*	4a.	ii·sk^{w}epa	*turn face up many times*

위 자료를 검토하면, 반복성 행위는 둘째 열에 있는 형태들의 일반적인 의미단위로써 확인된다. 이런 의미는 네 어간의 앞에 붙은 세 개의 다른 형태들에 의해 나타난다. 교체형은 no-, ka-와 i-이다. 그것들은 다음과 같은 분포를 갖는다: no-는 no-로 시작하는 어간에 나타나고, ka-는 ka로 시작하는 어간에 나타나고, i-는 i· 나 i로 시작하는 어간과 함께 나타난다. 만일 그 자료가 이렇게 반복성 형태소의 모든 변이형태들을 포함하도록 확장된다면, 그 목록은 매우 어색하게 된다. 사실상, 그러한 목록은 불필요하다. 왜냐하면 접두사는 첫 번째 어간 모음과 그것에 선행하는 자음을 반복하거나 중복하기 때문이다. 다양한 상징들이 기본형으로 제시되어 왔는데, 그 형태들로부터 교체가 단순하게 기술될 수 있다. 여기서 네 가지가 주어진다. 즉, (1) R-, (2) 12, (3) CV, (4) C_1V_1. 그 진술은 네 가지 기호 모두와 똑 같을 수 있다. 즉, R- (또는 네 가지 기호중의 어떤 것)은 첫째 어간 모음과 선행 자음의 형상을 갖는다 (이런 과정의 결과로 나타난 잠재적인 ii·는 ii가 된다.).

Aztec어의 다른 방언에 대한 다음 자료에서처럼, 중복된 음소들은 부가적인 음소를 자주 수반한다.

Sierra Aztec어

1. se	*one*	1a. sehse	*ones/one by one*
2. ome	*two*	2a. ohome	*twos/two by two*
3. eyi	*three*	3a. eheyi	*threes/three by three*
4. makwil	*five*	4a. mahmakwil	*fives/five by five*
5. čikwasen	*six*	5a. čihčikwasen	*sixes/six by six*

복수형 접두사의 여러 형태는 seh-, oh-, eh-, čih-, mah-로 나타나지
만, 그것들은 다음처럼 형태음소적인 기호와 진술로써 기술될 수 있다. 즉,
CVh-는 첫 어간 자음 (어두 자음 어간의)의 형상을 갖는 C와 첫 어간모
음 형상을 가지는 V와 h를 더한 것으로 표시한다.

4.2.5. 이화

이제까지 기술한 모든 과정은 음성이 주위 환경을 더 닮게 되는 일종의
동화였다. 이 과정과 대조적으로 이화라 불리는 보기드문 변화의 유형이
있다. 이화에서 음성은 주위 음성과 다르게 된다. 예를 들면 Huixtec
Tzotzil어 (멕시코)에서 명사 접미사는 모음 + l로 구성된다; 전설 모음에
어간어미가 후행하면, 그것은 -al의 형상을 취하고; 후설 모음에 어간어미
가 후속하면, 그것은 -el의 형상을 갖는다.

4.2.6. 음소 탈락

몇몇 환경에서 형태소의 음소 형상이 동일한 형태소의 다른 형상들보다
도 더 적은 음소를 갖는 것 같다. 대부분 그런 환경들은 음운의 탈락으로
기술될 수 있다. 그 원칙은 다음 고대 그리스어로부터 설명될 수 있다:

1. ero·s	*love*	1a. ero·tos	*of love*
2. adelpote·s	*brotherhood*	2a. adelpote·tos	*of a brotherhood*

3. aisxrote·s	*ugliness*	3a. aisxrote·tos	*of ugliness*
4. neo·ris	*dockyard*	4a. neo·ridos	*of a dockyard*
5. ne·ias	*river nymph*	5a. ne·iados	*of a river nymph*
6. ae·donis	*nightingale*	6a. ae·donidos	*of a nightingale*
7. hris	*nose*	7a. hrinos	*of a nose*
8. akamas	*untiring*	8a. akamantos	*of untiring*
9. gigas	*giant*	9a. gigantos	*of a giant*
10. ornis	*bird*	10a. orniθos	*of a bird*

첫 번째 열에 있는 단어들은 모두 s로 끝나는데, 이것은 다른 자료로 비추어 볼 때, 주격 접미사 -s로 분석할 수 있다. 두 번째 세로줄의 자료와 비교하면 of (속격)를 나타내는 형태소는 다섯 가지의 다른 형상을 취한다고 잠정적으로 결론지을 수 있다: 즉, -tos, -dos, -nos, -nots, -θos. 첨부된 자료는 훨씬 더 많은 변이를 보여준다. 더 간단한 해결책은 속격 접미사는 단순히 -os로, 그리고 그 어간은 하나의 자음이나 자음군으로 끝나는 것으로 간주하는 것이다. 그러면 이런 모든 어간들은 두 개의 변이형태들을 갖는다. 즉 하나는 하나의 자음이나 자음군으로 끝나고, 모음 어두 접미사 (예, -os 같은 것들) 앞에서 나타나는 것이다; 그리고 다른 하나는 그러한 자음군 없이 -s 앞에서 나타나는 것이다. 이런 견해에서 과정에 대한 진술은 그 사실들을 더욱 쉽게 표현한다. 그 변화는 다양한 방법으로 진술될 수 있다: 즉 1) 어간 말 자음들은 s 앞에서 탈락한다. 2) 어간말 자음들은 s에 선행하여 → Ø (영), 3) Cs → s.

4.2.7. 음운 도치

몇몇 언어에서, 형태소의 경계 선상에 있는 음소들은 전위되거나 음운 도치된다. 음운도치는 Zopue어 (멕시코) 자료로 설명할 수 있다.

1. wakas	*cow*	1a. nwakas	*my cow*	1b. wyakas	*his cow*
2. pama	*clothes*	2a. mbama	*my clothes*	2b. pyama	*his clothes*
3. bur:u	*burro*	3a. mbur:u	*my burro*	3b. byur:u	*his burro*
4. kama	*cornfield*	4a. ŋgama	*my cornfield*	4b. kyama	*his cornfield*
5. kenu	*he looked*	5a. kenpa	*he looks, will look*		
6. poyu	*he ran*	6a. popya	*he runs, will run*		

두개의 굴절접사 형태소들은 첫 번째 네 개의 열에서 나타난다: 즉 *my*
는 세 개의 음소형상 n-, m-, ŋ-을 갖고, *his*는 접요사로 간주되는 y-를
갖는다. 마지막 두개의 열에는 과거 접미사 -u와 비과거 접미사 -pa가 있
다. 6a에서는, 어간 y와 접미사 p가 위치를 바꾸는 것으로 나타난다. 이 관
찰은 his를 뜻하는 y의 위치와 관련시키면 몇 가지의 견해가 성립될 수
있다. 첫째, *my*를 의미하는 형태소는 항상 접두사이다. 왜냐하면 *his*는 그
밖의 후행하는 자음을 음운도치한다. 그렇기 때문에 y *his*는 어간 첫 자음
을 음운도치시키는 접두사라고 결론을 내릴 수 있다. 첫 번째 세로줄에서
기본형으로 보이는 어간을 선택하고, n-, y-, -u, -pa를 접사로 확인했다
면, 관찰된 그 변화들은 다음의 진술로 기술된다.

> 1) 형태소의 마지막 y는 후행하는 자음과 음운도치된다.
>   또는 : **yC → Cy**
>
> 2) {n} → $\begin{cases} \mathbf{m} \ / \ \underline{\quad} \ 양순자음 \\ \mathbf{ŋ} \ / \ \underline{\quad} \ 연구개자음 \end{cases}$
>
> 3) 무성 폐쇄음 → 유성 폐쇄음 / 비음 ___

4.2.8. 첨가

이미 아는 것처럼, 변화는 형태소가 함께 공기할 때 자주 일어난다. 어
떤 경우에 있어서는, 두 형태소 사이에 삽입된 하나의 음소는 어떤 형태소

에도 속하지 않는다. 다음 SP어 자료를 보자.

1. se·tpa	*He returns.*		1a. se·tʌ	*Return!*
2. ipoum	*He broke it.*		2a. poʌ	*Break it!*
3. hukpa	*He smokes.*		3a. hu·kʌ	*Smoke!*
4. miñum	*He came.*		4a. mi·ñi	*Come!*
5. pʌ·pa	*He gets fat.*		5a. pʌ·hi	*fat*
6. anakpʌ·pa	*I fatten it.*		6a. akpʌ·hʌ	*Fatten it!*
7. hu·ki	*cigarette*		7a. ʌkši	*shelled corn*
8. wehpa	*He weeps.*		8a. we·hʌ	*Weep!*
9. ukpa	*He drinks.*		9a. u·ki	*a drunk*

이들 자료는 다음과 같은 어간과 접사들을 포함한다.

어간	접미사
se·t	-pa
po	-um
huk/hu·k	-ʌi
miñ	-i
pa·	
akpʌ·	**접두사**
weh	i-
uk/u·k	ø-
ʌks	an-

5a와 6a에서는 음소 h가 나타나지만, 개별적인 형태소의 조사에 의하면 5a와 6a를 구성하는 형태소 내에서는 어떠한 h도 보이지 않는다. 분석가는 h에 관한 문제에 직면하게 된다. 그것은 어간의 일부인가? 아니면 접미

사의 일부인가? 가장 최선의 설명은 그것이 어느 부분도 아니라는 것이
다. h의 출현은 음운론적으로 설명될 수 있다. 모음으로 시작하는 접미사
가 장모음으로 끝나는 형태소를 후행하면, h는 그 둘 사이에서 나타난다.
이런 현상을 첨가라 한다. 그 규칙은 다음과 같다.

$$\emptyset \rightarrow h/V\cdot \_\_ V$$

4.3. 규칙 쓰기에 대한 제안

음운론적인 교체를 기술하는 규칙을 쓸 때, 연구자들은 신중하게 형태
소들의 기본형을 선택하고, 실제로 발음되는 단어들은 그 규칙을 기본형
에 적용함으로써 예측될 수 있는 방법으로 그 규칙을 쓸 것을 제안한다.
위에 제시된 해결책에서, 규칙을 쓰기 위한 근거로서 사용되는 형태의 선
택에 있어 약간의 주의가 요구됨을 주목하라.

몇몇 언어에서는, 하나 이상의 음운론적인 과정이 동시에 발생할 수도
있는데, 각각의 과정은 별도의 규칙을 요한다. 이런 경우에 규칙은 동시에
적용될 수 있는 것으로 가정한다.

이런 점을 설명하기 위해 다음 Fore어 (파푸아 뉴기니아)의 자료를 보
자.

tunte	*my axe*	kayne	*my clothes*	pine	*my shell*
tuka	*your axe*	kayga	*your clothes*	piga	*your shell*
tunkwa	*his axe*	kaywa	*his clothes*	piwa	*his shell*
tute	*our axe*	kayre	*our clothes*	pire	*our shell*

inte	*my bee*	ko'ne	*my bag*	awnte	*my liver*
ika	*your bee*	koka	*your bag*	awka	*our liver*
inkwa	*his bee*	ko'wa	*his bag*	awnkwa	*his liver*
ite	*our bee*	kote	*our bag*	awte	*our liver*

위 자료를 살펴보면 여러 형태소들은 하나 이상의 음운론적인 형상을
지님을 알 수 있다. 문제는 이러한 차이점을 기술하는 것이다; 즉, 기본형
을 찾고 나서 다른 형태들을 예측케 할 수 있는 규칙을 쓰는 것이다.

첫째 단계는 기본형을 결정하는 것이다. 조심스럽게 점검하고 몇 가지
생각을 시도해 본 후에 다음 내용을 제안한다.

어간		접미사	
tut	*axe*	-ne	*my*
kay	*clothes*	-ga	*your*
pi	*shell*	-wa	*his*
it	*bee*	-re	*our*
ko'	*bag*		
awt	*liver*		

만일 이들이 형태소의 정확한 기본형들이라면, 각각의 경우에서 적절한
형태를 예측할 수 있는 규칙들을 공식화하는 것이 가능하다. 음운도치, 탈
락, 동화와 어떤 또 다른 과정이 이들 형태소들과 함께 할 때 작용한다.

제안된 규칙:

1. t + n → nt/ ___ (어떤 환경에서나)
2. t → k/ ___ g
3. ' → k/ ___ g
4. g → ∅ ___ t,'

     5. t → nk/ ___ w

     6. ’ → t/ ___ r

     7. r → ∅ ___ t,’

기본형으로 고려되어야 하는 규칙은 단어들을 형성하기 위해 배합된다
규칙을 적용하면, 그것은 사용된다. 어느 순서로 규칙이 적용되는가는 중
요하지 않다. 모든 규칙들이 기본형에 적용되는 것이지, 이전의 기본형에
규칙을 적용한 결과에 출력되는 것이 아니다.[3]

어떤 상황에서 여러 규칙들은 동시에 적용되어야만 한다는 것을 쉽게
알 수 있다. 가장 적절한 규칙이 어간의 기본형과 접미사의 기본형의 배합
에 적용됨을 확신하기 위해서는 모든 규칙들을 철저히 점검할 필요가 있
을 것이다.

4.4. 형태음소

언어학 연구사를 통틀어 보면, 언어학자들은 특정한 목적을 위해 다른
자모들을 개발시켜 왔다. 예를 들어, 분석가들은 알려지지 않은 언어의 현
장 연구를 시작할 때, 그가 듣는 단어와 구절들을 음성적인 자모로 옮겨
쓸 것이다. 이 자모는 그 언어의 단어, 구, 그리고 원문들을 정확하게 옮겨
쓰는 데 실제로 필요한 것 이상의 더 많은 기호들을 포함할 것이다. 분석
적 기교를 통해, 언어학자는 곧 음소적인 자모에 도달할 것이다. 이 자모
는 아마 음성적인 것의 압축된 설명이 될 것이다. **이중자** (digraphs)와 또

---

3) 대조적으로 많은 언어학자들은, 규칙들은 종종 다른 규칙들의 출력에 적용된다고
   가정한다. 따라서 위의 예에서, 규칙 4는 규칙 2와 3의 출력에 적용되기 때문에 g
   는 k 다음에 삭제된다. 규칙 7은 규칙 6의 출력에 적용되기 때문에, 그 환경에서는
   성문폐쇄음을 갖지 않는다.

다른 유사한 혁신을 가질 수 있는 실제적 철자법은[4] 그 언어의 음소적인
분석에 바탕이 될 것이다. 음소 분석에 근거를 둔 음소적 자모나 실용적인
철자법은 그 언어에서 원문을 기록하고 자료의 해석을 제공하는 데에 가
장 좋은 도구이다. 그것은 언어의 조사자가 작업을 시작할 때, 음성적인
자모로부터 미세하게 변할 수도 있음을 주목한다.

끝으로 그 언어의 문법을 기술하기 위한 목적으로 다른 종류의 자모가
사용될 수도 있다. 그 언어학자는 나타난 형태소의 변이를 설명하는데 도
움이 되기 위해 부가적인 기호를 도입할 수 있다. 이러한 자모를 **형태음소**
(morphophonemic) 자모라 부른다. 그것은 몇 개의 부가적인 기호를 더하
여 음소적인 자모를 구성한다.

이 개념을 설명하기 위해, 다음 SP어 자료를 생각해 보자.

1. petkuy	*broom*	1a. ampetkuy	*my broom*
2. kawah	*horse*	2a. aŋkawah	*my horse*
3. tuŋ	*road*	3a. antuŋ	*my road*
4. he·pe	*cup*	4a. anhe·pe	*my cup*
5. hén	*to scratch*	5a. hénpa	*it scratches*
6. hén	*to scratch*	6a. hénkuya	*scratching instrument*
7. pet	*to sweep*	7a. petpa	*it sweeps*

이 자료들을 주의 깊게 살펴보면, Sierra Popoluca어에는 두 가지 다른
종류의 n이 있다. 즉 하나는 계속 유지되고, 또 한 가지는 그것이 후속하
는 환경에 동화되어 변화한다. 원문과 다른 현장 자료를 전사하는 데에는,
음소적인 자모가 사용되고, 그 단어들은 두 번째 세로줄의 예와 같이 나타

---

4) 필수적인 조정은 일상적인 타이프라이터로 이용가능한 문자와 같은 그러한 실용적
   인 고려뿐만 아니라, 국가어에서 나타나는 기호의 사용도 포함한다.

난다. 그러나, 다른 언어학자들이 사용하기 위해 기술된 문법과 어휘목록
에서 형태음소적인 자모가 사용될 수 있다. 예를 들어, 위 자료로부터 8개
의 형태소들은 다음과 같이 목록으로 나타낼 수 있다.

동사 어간   **명사 어간**

pet   kawah
hén   tuŋ

                                          he·pe

주격 접미사   **동사 접미사**
-kuy   -pa

소유격 접미사
an- (am-, aŋ-과 교체하는)

음소 n은 그것이 나타나는 형태소에 따라서 다르게 활용하기 때문에 두
개의 다른 형태음소로 가정될 수 있다; 변화하지 않는 n과 변화하는 N인
데 의미는 접두사 an-은 aN-으로 쓰여진다는 것이다. 그 변화와 함께, 어
휘목록은 이제 형태음소적인 자모로 쓰이고, 그것은 N를 제외하면 형태음
소적인 자모와 음소적인 자모 사이에 대립이 있다. 다음 규칙은 N의 음소
형상을 기술하고 있다.

$$
\{N\} \begin{cases} \mathbf{m} \ / \ \_\_\_ \text{ 양순자음} \\ \mathbf{n} \ / \ \_\_\_ \text{ 연구개자음} \\ \mathbf{n} \ / \ \_\_\_ \text{ 그밖의 환경} \end{cases}
$$

이런 분석의 장점은 보편적 진술이 개별적인 형태소를 언급하는 대신
기호에 대하여 이루어진다는 것이다.

　　이런 보편적 원리의 또 다른 설명은 f로 끝나는 어떤 영어 명사에서 찾아볼 수 있다.

wayf	blʌf
fayf	kʌf
nayf	pʌf

　　복수형 형태소가 부가되면, 이들 중 몇 개의 어간에서 f는 v로 변화하는 대신에 다른 것은 그렇지 않다.

wayvz	blʌfs
fayfs	kʌfs
nayvz	pʌfs

　　그러므로 SP어 N의 경우에서처럼 영어에서는 다른 두 종류의 f를 가정할 수 있다. 즉 v로 바뀌는 f는 F로 쓰고, 변화하지 않는 것은 f로 쓴다. 그 규칙은 다음과 같다.

$$\{F\} \quad \begin{cases} v \,/\, \underline{\quad} z \\ f \,/\, \text{그 밖의 환경} \end{cases}$$

어휘목록에서 그 형태들은 다음과 같다.

wayF	blʌf
fayf	kʌf
nayF	pʌf

4.5. 음운론적으로, 형태소적으로 정의된 교체

어떤 형태소의 특정한 교체는 형태음소론적 과정과 임의적인 어휘의 조건화 양쪽의 결과이다. 예를 들어, 영어의 명사 복수 형태소는, 4.2.1.절에서 제시된 것처럼, 동사에서 3인칭 단수 표시와 동일한 규칙에 의해 기술될 수 있는 교체를 포함한다. 그러나 부가에서의, 임의적인 어간의 목록으로 기술될 수 있는 불규칙적 복수형을 취하는 몇 가지 명사들이 있다. 다음 단수-복수의 쌍을 보자.

ox — oxen (복수 -**in**)
child — children (어간 변이형태와 복수 -**rin** 또는 -**in**)
datum — data (대치, -**im** → -**i**, 또는 **m**의 탈락)
sheep — sheep (ϕ 변이형태)

복수 형성의 주요한 유형은 형태음소론적인 규칙으로 기술할 수 있기 때문에 oxen, children, data와 sheep 같은 형태들은 불규칙 복수 형태들로서 어휘목록에서 개별적으로 제시되어야 한다.

Isthmus Zapotec어 동사의 접두사들은 어휘적이고 음운론적인 조건의 다소 다른 배합을 나타낸다. 주요한 유형은 임의적인 것이고, 소수의 유형은 음운론적인 조건에 의해 예측할 수 있다. 3장의 자료에 더 부가하여 다음 자료를 보자.

1. 'riaapa'	*is cared for*		1a. 'ziaapa'	*will be cared for*	
2. 'riete	*goes down*		2a. 'ziete	*will go down*	
3. ri'ree	*goes out*		3a. za'ree	*will go out*	
4. ri'ziidi'	*learns*		4a. za'ziidi'	*will learn*	

앞서의 자료는 미래형 접두사의 두 개의 어휘적으로 정의된 변이형태들을 포함했다; 즉 zu-와 za-; 또한 반복상 접두사는 ru-와 ri- 두개의 변이

형태들을 갖는데, 그것들은 zu-와 za-의 분포와 조화를 이룬다. 앞서의 어
간-부류의 분석의 견지에서 접두사 za-는 1a와 2a의 형태에서 예측된다;
대신에, 거기에는 새로운 형태 zi-가 있다. 3과 4의 예들과는 대조적으로
1a와 2a 예들의 어간 형태소들은 자음 대신에 모음으로 시작한다. 그러므
로 za-와 zi- 사이의 교체는 어간 형태소의 음소 형상에 의해 조건되어
지는 듯하다. 이 경우의 완벽한 진술은 다음과 같다.

$$
\{fut\} \longrightarrow \begin{cases} zu - \ / \ 부류\ 2 \\ za - \ / \ 부류\ 1,3 \\ za \rightarrow zi - \ / \ \_\_\_어간 - 어두\ 모음 \end{cases}
$$

*　　　*　　　*

　　이 장은 형태소의 음운론적 환경으로부터 예측 가능한 다양한 유형의
형태소 교체를 제시했다.

제5장 단문과 문법적 기능

인간 언어에 있어서 중요한 사실은 의미부분인 형태소들이 단순히 실에 구슬을 꿰듯이 엮어져 있는 것이 아니라, 집단으로 뭉치려 한다는 것이다. 이런 하나의 집단은 보통 상위 구조의 한 단위로서 기능하게 될 것이다. 이런 단위들 혹은 **구문** (construction)들은 **계층적**으로 더욱 더 포괄적인 구문을 형성하기 위해 배합한다. **형태소**들은 **단어**로, 단어들은 **구**로, 구들은 **단문** (simple sentences)으로 배합한다. 각 단계에서 모든 구문은 **구성요소들** (constituents)로 이루어지는데 - 형태소들이나 형태소들의 의미있는 집합 - 그것은 그 구문 내에서 다양한 **기능**을 갖는다. (그 용어의 기능은 5.5.절에서 더 논의된다.)

예를 들어, 아래 영어의 복문에서는 구성요소들이 묶음으로 표시되고, 구조의 층위들이 번호로 매겨지게 된다.

1. The boys worked and the girls played.

2. The boys worked and the girls played.

3. The boys worked and the girls played.

4. The boy s work ed and the girl s play ed.

"최고" 층위인 1단계에서, 복문이 세 개의 구성요소를 갖는다: 즉, 두 단문이 and로 연결된다.

2단계에서, 두 단문이 각각 두개의 구성요소를 갖는다: 즉, 주어 명사구 와 동사.

3단계에서, 명사구는 두 단문에서 각각 주어로서 기능한다: 즉 the boys 와 the girls. 이 구들은 차례로 머리 (head) 명사와 수식하는 관사 the로 구성된다.

구조의 가장 낮은 층위인 4단계에서, 단어 boys, worked, girls, played 등이 각각 두 형태소로 구성된다 (어근+접사).

1-4 장에서는 전통적으로 **형태론** (morphology)이나 **형태소론** (morphemics) 이라 불리는 단어구조에 관한 연구에 중점을 두었다. 이제 전통적으로 **통사론** (syntax)이라 부르는 문장에 관한 연구에 관심을 돌린다.

주지하다시피, 통사론에 관한 연구는 문법적인 구조에서 가장 중심이 되거나 기본 단위가 되는 단문을 고찰함으로써 시작하는 게 최선이다. 단 문은 구나 단어와 같은 보다 작은 단위들로 구성된다. 그러나 그것 자체가 하나의 단위로서 기능할 때는 다양한 방법으로 보다 복잡한 구조들을 배 합한다 (등위 관계나 또 다른 문장 속에 하나의 문장을 내포하는 것); 이 것들은 단락, 담화, 또는 대화를 형성하기 위해 번갈아 배합한다.

문장은 그것들의 의미, 혹은 음운론적인 특성에 의해서, 또는 그들 구성 요소의 부분에 의한 문법적인 단위로서 보여질 수 있다. 여기에서는 이들 가능성 중 마지막에 강조를 둘 것이다.

5.1. 의미 단위로서의 문장

의미론적으로, 단문은 일반적으로 어떤 종류의 주제와 그 주제에 대한 평언을 포함하는 명제 (proposition) 또는 술어 (predication)이다. 가장 일반적으로 주제는 그 문장의 문법적 주어로서 기능한다.[1] 평언은 동사어나 동사구, 그리고 그 동사를 한정하거나 기술하는 다양한 요소들을 포함한다. 몇몇 언어에서, 명제는 상술을 수반하는 평언으로서 간주될 수 있다. 동사나 동사구는 평언으로서 기능하고 수반하는 어떤 명사는 상술로서 기능한다. 각 경우에 문장은 전통적으로 의미상 "완전한 사고" 또는 문법상 "주술구문" (subject-predicate construction)으로 기술되어 왔다.

5.2. 음운론적 단위로서의 문장

위에서 기술한 의미론적 단위인 문장은 빈번하게 어떤 음운론적 자질: 억양 곡선, 휴지 등등에 의해 인식된다. 영어의 예를 들면[2]

^{2}It's ^{3}ten o'^{3}clock^1. ^{2}I want to go ^{3}home^1.

두 개의 음운론적인 문장들은 이렇게 연속해서 발화되어 왔다; 둘 다 동일한 억양곡선을 갖는다. 이러한 음운론적인 단위들은 두 개의 문법적인 단문들과 정확하게 일치한다.

---

1) 이 일반화에 대한 예외는 뒤에서 논의될 것이다.
2) 억양 곡선의 수는 Hockett(1958)에서 유래한다. 더 높은 수들은 더 낮은 음조 (pitch)를 가리킨다. 따라서 1은 가장 낮고, 3은 가장 높다. 우리는 구두점 표지(다음의 전통적 철자법 기호)를, 휴지를 나타내기 위하여 지시에 덧붙일 수 있다: 더 긴 가능한 휴지에 마침표, 더 짧은 휴지 또는 부재에 콤마, 마지막 음절의 상승 음조와 함께 더 긴 휴지를 위한 의문표지.

화자는 또 다음과 같은 일련의 다른 음운론적 자질을 사용할 수 있다.

²It's ³ten o'³clock², ²I want to go ³home¹.

이들 예에서, 발화는 아마도 하나의 단일 (합성) 문장으로 생각될 수도 있다. clock 뒤의 숫자 2는, 그 음조가 앞의 예만큼 낮지 않다는 것을 나타낸다. 콤마는 더 짧은 휴지나 휴지가 전혀 없음을 암시한다. 따라서 동일한 연쇄는 하나 또는 두 개의 음운론적 단위 - **음운론적 문장** (phonological sentence) - 가 될 수 있다.

문법적인 단위와 억양곡선과의 관계에 대한 또 다른 예는 이질적인 억양곡선으로 발화된 문장에서의 가능 의미의 대조를 이루는 것이다. 다음 예를 대조해 보자.

²It's ³ten o'³clock¹.
²It's ³ten o'²clock³?

clock에 상승 억양이 있는 두 번째 발화는 의문을 나타내지만, 첫 번째 것은 진술을 나타낸다.

영어의 많은 예들이 문장 전체에 적용되었을 때, 음운론적 자질 내에서 변화를 수반하는 의미상의 차이를 제시해줄 수 있다.[3]

영어와 같은 언어에서는 억양이 문장을 확인하는 데 있어서 중요한 역

---

3) 동일한 대조가 완전한 발화로서 사용된 하나의 단어들에서 발견될 수 있다. 예를 들어, *yes*라는 단어는 다양한 음조로 발음될 수 있다. 따라서 대조적인 화자의 태도를 나타낼 수 있을 뿐만 아니라, 진술에 대응함으로써 의문을 나타낼 수도 있다.

할을 수행한다. 그러나 이런 언어에서조차도 문법적인 문장들 (5.3)은 문법적 단위의 중간에 있는 마지막 억양곡선과 휴지를 포함하여 때때로 음운론적으로 해체된다. 중국어와 Isthmus Zapotec어와 같은 성조어의 경우, 억양곡선 (성조자질 무시)과 의미상 문법적인 문장의 해체나 차이 사이에는 상호관계가 있다 하더라도 매우 드물다. 따라서 두 종류의 문장 단위가 개별적으로 연구되어야 함을 제안한다. 그러면 음운론적 문장을 문법적 문장단위와 비교해 볼 수 있고, 유사성과 차이점도 기술될 수 있다. 이 책에서는 단지 문법적 문장의 기술만을 연구할 것이다.

5.3. 문법적 단위로서의 문장

5.1.에서 제시한 것처럼 문장이란 전통적으로 문법적인 개념에서 주어와 술어를 구성하는 단위로써 기술되어왔다. 주어의 용어는 5.4.1.에서 논의된다. 전통적으로 주어가 아닌 모든 문장을 술어라 불러왔다. 그러나, 많은 언어에서 이러한 "술어"는 항상 불연속적인 것이 될 수 있다. 예를 들어, 동사가 문장의 처음에 오는 언어는 주어가 바로 따르고 나서 목적어가 온다 (VSO언어). 그러므로 분석적인 절차를 시작함으로써 목적어와 부사적인 요소들을 동사로부터 분리된 실체로서, 그리고 더 큰 동사구의 층이나 부분이라기 보다는 대등한 단위로서 간주할 것을 제안한다. 주어진 어떤 언어에 대하여 더 심화된 분석을 하게 된다면, 문장을 주어와 술어로 이원적 (두 부분)으로 분할하는 것이 적합한지, 혹은 어떤 요소만 동사구 속의 동사로 모여져야 할 것인지를 결정할 것이다. (7.8.1항).

5.4. 문장 구성요소의 개관

이제 단문 속에 나타나는 구성요소들과 그 기능들에 대해 개략적으로
살펴보자.

이 구성요소들은 두 개의 일반적인 유형: **핵심적** (nuclear)인 것과 **주변
적** (peripheral)인 것이 있다. 핵심적 혹은 중심적인 문장의 구성요소들은
보통 주어, 술어와 목적어가 있다. 8장에서 논의되겠지만, 그것들은 다양
한 문장 유형을 식별하는 데 포함된 구성요소들이다. 또한 그것들은 그 구
문에 보다 더 **의무적** (obligatory)인 것 같다 (적절한 문장의 어떠한 예도
이런 특정의 구성요소가 없이는 형성될 수 없다.).

나머지 구성요소들은 어떤 문장 유형과 함께 나타나고, 그 구문에 매우
빈번히 **수의적** (optional)으로 (의무적이 아니라) 나타나는 주변적인 부연
이다.

5.4.1. 주어

주어란 용어는 만족스럽게 정의를 내리기가 쉽지 않다. Charles N. Li
는 *Subject and Topic* (Li 1976: ix)의 서문에서 다음과 같이 지적했다.
"이 연구로부터 얻을 수 있는 명확한 결론은 어떤 보편적인 정의가 없다
는 것이다. 예를 들면, 그것은 한 언어에서 ... 주어를 ... 확인할 수 있는
발견 절차이다." 그러나, Donald Frantz (1981:1)는, "주어진 언어에서 상
급학생들이 경험해 왔던 어떤 언어학적인 모델을 사용해서라도 비교적 간
단한 일련의 타동사와 자동사절을 기술하라고 요구했을 때, 그들은 주어,
직접목적어, 간접 목적어와 같은 명사 상당어들을 분류하는데 제법 일관
성이 있다."고 진술한다.

초급 학생들의 경험은 Frantz의 경험과 유사했다. 영어를 사용하는 학생들은, 다른 많은 언어들로부터 얻은 제한된 자료의 문제점이 있음에도 불구하고 그 문장의 주어를 지적하는 것을 그리 어려워하지 않는다. 주어는 기본적으로 형식적, 문법적 (혹은 통사적인) 기능이라는 사실에도 불구하고, 그것은 또한 어떤 기본적인 의미 개념으로 연합된다고 결론지을 수 있다.

빈번하게 주어는 어떤 평언의 화제이거나, 동사의 행위를 수행하는 실재를 지시하거나 주목해야 할 실재를 가리킨다. 일반적으로 주어는 뭔가를 하거나, 그것에 대한 몇 가지의 평언이 이루어진다. 뒤에 가서 알겠지만, 화제와 주어는 항상 동일한 것이 아니다. 주어는 행위의 수행자라기보다는 수령인으로서 기능할 수도 있다. 하지만, 하나의 절차를 시작하면서, 주어는 공식적으로 행위자, 대리인, 또는 사건의 경험자이거나 (10.4절), 평언 혹은 기술의 화제라고 생각할 것이다.[4]

그러나, 가능하면 빨리 분석가는 주목을 받는 언어에 있어서 문장의 주어를 결정하는 형식적인 기준을 세우는 데 노력해야 할 것이다. 예를 들어, 영어에서 주어는 보통 동사와 목적어에 선행한다; 3인칭 단수 현재시제에서, 주어와 동사의 일치가 있다; 그리고 대명사가 사용될 때는, 그것이 주어로서 기능하든지 목적어로서 기능하든지 그 형태를 나타낼 것이다.[5]

John builds houses. (현재 시제의 동사 s는 3인칭 단수 주어를 지시한다.)
He is tall. (He는 대명사의 주어형이다.)
They are tall. (They는 대명사의 주어형이다.)
I am tall. (I는 대명사의 주어형이다.)

---

4) 수반된 문제들의 보다 자세한 논의는 Li(1976)와 Dixon(1979)을 보라.
5) 모든 인칭에 대해 동사 접사와 함께 주어를 표시하는 언어에서 문장주어와 동사주어의 일치는 보다 확대된다.

　　주어가 행위자가 아닌 수동문 (8.1.2.1 목)에서조차 이런 형식적인 기준은 여전히 어느 항목이 주어인가를 지시한다.

　　John **is** loved by his parents.
　　They **were** robbed by their neighbors.

　　Isthmus Zapotec어에서 다른 형식적 기준이 주어와 목적어를 표시한다. 주어는 보통 동사 뒤에 오고 목적어 앞에 온다. 대명사가 주어나 목적어로써 기능하면, 주어는 의존형이고 - 접어형 (clitic form) - (10.2.2.항에서 논의된다); 그 목적어는 자유형이다.

　　na'ǰii-be lii　　　　*S/He loves you.*
　　[*love-3s you*]

　　na'ǰii-lu 'laabe　　　*You love him/her.*
　　love-2s him/her

　　몇몇 언어에서, 명사 표지는 동사와 관련지어 그 명사의 기능을 나타낸다. 이러한 체계를 격 (case)체계라 부른다. Zoque어[6] (멕시코)에서 명사의 접미사는 타동사의 주어를 나타낸다.

　　te' pɨ'n-is čɨhku　　　(suffix - **'is** on **pɨn** man)
　　[*the man-S do-past*]
　　The man did it.

　　격체계는 10.3절에서 보다 상세하게 논의될 것이다.

---

6) William. L. Wonderly의 자료(1951:246).

Sierra Popaluca어에서, 주어와 목적어를 확인하는 형식적인 준거를 찾는 것이 항상 쉬운 것이 아니다. 어떤 타동사문에서는 어순, 주어-동사 일치, 혹은 격표시의 형식적인 기준이 유용하지 않다. 예를 들어, 다음의 발화는 각각 'Mary가 John을 사랑한다' 혹은 'John은 Mary를 사랑한다'는 것을 의미한다.

i-tʸoy-pa šiwan malia
[3:3-love-inc John Mary]

접두사 i-는 주어와 목적어 모두가 3인칭임을 지시한다. 그 문맥의 상황이나 어떤 도움이 될 만한 언어적 문맥이 주어진다면, 청자는 그 발화를 적절히 해석할 수 있다. 그렇지 않으면 청자는 그 애매모호성을 해결하기 위하여 화자에게 질문을 해야만 한다.

영어에서 주어의 기능은 일반적으로 명사, 명사구, 대명사, 어떤 동사형태, 심지어는 절에 의해서도 나타난다 (9장):

John ran.
The little old man ran.
She ran.
Running is good exercise.
That John runs often is obvious.

이와 유사하게 우리는 다른 언어에서도 이런 항목들이 주어로서 기능하리라고 예측할 것이다.

5.4.2. 동사 또는 술어

보통 능동문의 구문은 주요 구성요소 중의 하나로서 하나의 동사나 동사구를 포함한다. 많은 언어에서 예를 들면, 스페인어와 여러 미국의 인디언어들에서 동사는 문장의 유일한 필수적인 역할을 하는 중심적인 구성요소이다.

> *Spanish:*　　**Voy.**　　I am going.
> *SP:*　　**anʌkpa**　　I am going.

이 예들에서 주어의 인칭은 동사로 표시된다. 그러므로 자립 명사나 대명사는 필수적이지 않다.

물론 동사란 용어는 단어들의 한 부류의 명칭이다. 명사와 같이 이런 부류는 어떤 전형적인 기능을 갖는다. 뒤에서 명사들이 기능하는 몇 가지 방법들이 논의될 것이다.

보통 동사가 한 문장에서 가지는 기능을 술어라고 부른다. "Mary holds the cat."이란 문장에서 Mary는 주어로 기능하고, holds는 술어로 기능한다. 그리고 the cat는 목적어로 기능한다.

술어란 용어의 용법은, 술어가 주어를 제외한 모든 것을 포함한다는 전통 문법에서의 용법과는 다르다는 것을 주의하라. 술어란 용어를 다른 부류의 동사적인 기능이나 동사의 기능을 위한 것으로 지정해 둔다.

보통 많은 언어학적 용어에서 단문을 이루는 세 가지 주요 구성요소는 주어, 동사, 목적어로 언급된다 (축약해서 SVO). 그러나 때때로 단문은 어떤 동사도 가지지 않을 수 있다. 형용사나 명사와 같은 다른 부류의 단어로서 채워지는 동사적 기능이 그것이다 (8.4.1항에서 논의된다). 그러므로 여기서는 문장에서 동사적인 기능을 하는 것은 술어란 용어를 사용하고,

보통 술어로서 기능하는 단어의 부류는 동사란 용어를 사용할 것이다. 논의과정에서 술어란 용어를 생략하고 단지 동사란 용어만을 이야기할 수도 있다. 그러나 그것은 그 문장 내에서 동사의 술어적인 기능이 이러한 경우에 함축된다는 것을 이해해야만 한다.

5.4.3. 목적어

목적어 (또는 간접 목적어에 대한 직접 목적어)는 보통 동사로 지시되는 행위를 받는 대상이다. 실제적인 암시는 종종 특정한 문장 안에서 목적어를 설정하는데 도움이 된다. 예를 들어, 목적어는 동사의 행위의 목표 지향점과 관련된 의문 *who(m)?* 이나 *what?*에 대한 대답으로 확인될 수도 있다. 따라서 "Jim이 깃발을 흔들었다."라는 문장에서, 우리는 목적어를 확인하기 위하여 '*무엇을 흔들었는가?*'라고 물을 수 있을 것이다. 그 질문에 대한 어떤 적절한 대답이 없다면, 진술된 목적어는 없다. 예를 들어, "고양이가 나무 뒤로 달아났다."라는 문장에서 '*무엇이 달아났는가?*'라는 물음에 적절한 대답은 없다. '*나무 뒤로*'는 그 질문의 대답이 아니다. 그러므로 그 구는 목적어로도 기능하지 않고, 이런 특수한 문장에서는 어떤 목적어도 없다.

주어와 마찬가지로 영어의 목적어는 명사, 대명사, 명사구, 명사류절, 그리고 어떤 동사형태들로 표현된다:

> I know **Bill**.
> I know **him**.
> I saw **the big plane**.
> I know **that he came early**.
> I like **running**.

5.4.4. 간접 목적어

"John은 Mary에게 책 한 권을 주었다." 라는 문장을 생각해 보자. '*무엇을 주었는가?*' 라는 질문에 대한 대답은 목적어 (또는 직접 목적어)를 설정하는 반면, '*누구에게 주었는가?*'라는 질문의 대답은 간접 목적어를 나타낸다. 위의 예시에서 Mary는 간접 목적어이다.[7] 영어에서 어떤 동사 (예- give, feed, throw, sell 등)는 그것과 결합되는 세 개의 명사 구성요소를 갖는데, 그것은 주어, 목적어, 그리고 (보통) 간접 목적어가 될 것이다.[8] 일반적으로 간접 목적어가 나타나면, 직접 목적어는 또한 나타나거나 함의될 것이다.

5.4.5. 수혜

어떤 행위의 수혜를 입는 참여자는 때때로 목적어를 나타내기 위해 사용되는 것과 똑같은 구문으로 표현된다. 스페인어의 다음 예시를 보자.

El **me** hizo una silla.   *He made me a chair.*
[*he me made a chair*]

동일한 구문이 영어로 쓰여질 수도 있는데, 더 일상적인 구문은 for에 의해 유도되는 전치사구이다.

He made a chair **for me**.

멕시코의 여러 언어들은 동사 접사로서 수혜 개념을 나타낸다. Sierra Popoluca어에서는 접미사 -áy가 이런 의미를 표현한다.

---

7) 그것은 **의미론적으로**는 직접 목적어이다. 몇몇 언어학적 모형에서 이러한 문장에 있는 단어 Mary는 문법적으로는 직접목적어로서 기능하고 있다.
8) 다음 항에 있는 수혜를 보라.

he awadáy   tum ko·ñkuy
[*he made-it-for-me a chair*]

5.4.6. 도구

도구적 기능이란 어떤 행위가 이루어질 경우 수반되는 물건을 가리킨
다. 영어에서 도구를 나타내는 명사는 보통 전치사 with, by 때로는 on을
포함한 전치사 구에서 발견된다.

The boys broke the window **with a ball**.
They came **by car**.
John went to town **on horseback**.

SP어에서 도구적 명사는 접미사 -mʌ와 함께 나타난다.

ikka hém hon ka·p-**mʌ**   *He killed the bird with an arrow.*
[*killed the bird arrow-with*]

5.4.7. 수반

수반 기능은 동사의 행위에 참여할 수는 있으나, 주어나 목적어 *per se*
그 자체에는 포함되지 않는 사람들을 가리킨다. 영어에서 전치사 with는
수반 기능을 하는 명사 앞에서 나타난다.

John went **with Mary** to the store.
Yesterday I saw Jack **with Jill**.

수반 기능은 주어나 목적어의 확장으로 간주할 수도 있지만, 그것은 이
들 구성요소의 실제적인 일부는 아니다. 이와 똑같은 보편적인 생각이 (그

러나 가능한 의미의 차이를 가지면서) 복합구에서 주어나 목적어의 일부로 표현될 수는 있다.

> **John and Mary** went to the store.
> **John and his dog** ran around the house.
> I saw **Jack and Jill**.

5.4.8. 시간

시간 기능은 행위나 관찰이 일어나는 (특정 혹은 관련) 시간을 정한다. 상당히 많은 언어에는 보편적인 시간 (즉, – 과거, 현재, 미래)이 동사에 결합된다. 그러나 이런 언어들에서도 더 정확한 시간은 그 문장 내에서 특정 시간어 (temporal word)나 시간구에 의해 표현된다.

> I came home **yesterday**.
> **Tomorrow** John will be ready.
> Jim was here **a few minutes ago**.

5.4.9. 위치

위치 (장소나 방향) 기능은 행위나 관찰이 어디에서 일어나는지, 어디를 향해 움직이고, 어디로부터 오는지를 상술한다. 영어에서 이런 기능은 어떤 위치 명사– in, under, on, behind와 같은 전치사에 의해 유도되는 전치사구 또는 지시대명사에 의해 나타난다.

> This year he stayed **home**.
> Jim hid the money **under the rug**.
> I found it **there**.

어떤 동사들은 그 문장의 필수적이거나 핵심적인 부분으로서 위치어나 위치구를 요구한다 (직접 목적어를 요구하는 특정 타동사와 비슷하다). 예를 들면, "She put the book **on the table.**" 이들 동사는 8.1.1항에서 더 논의할 것이다.

5.4.10. 양태

양태 기능은 보통 행위가 수행되는 방법을 지시한다.

> John went there **repeatedly**.
> Marry **hurriedly** cooked the dinner.
> Jim **quickly** closed the door.

이런 방법으로 기능하는 형태들을 보통 **양태 부사** (manner adverbs) (혹은 양태구)라 부른다. 앞에서 논의한 수반 기능이 주어나 목적어의 확장으로 생각할 수 있는 것과 같이, 양태기능은 동사의 확장이라고 간주될 수 있었다. 양태 부사가 항상 동사의 다음에 나타나는 언어들에서, 부사가 더해진 동사는 동사구로 여겨질 수도 있다 (7.8.1항).

5.4.11. 다른 주변적 기능들

앞에서 명명된 구성요소들 모두는 의미론적으로 동사에 관련되거나 어떤 방법으로든지 그것을 한정하는 것 같다. 구성요소의 또 다른 유형은 대체로 전체 문장에 더욱 밀접하게 관련된다. 즉 하나의 문장을 다른 문장에 연결하는 것 (13장에서 논의된다), 그 문장의 **주제** (topic)를 부여하는 것 (8.5.1항에서 논의된다), 화자의 태도나 방향을 지시하는 것 등등이다. 이들은 접속어나 부사 (때론 **문장부사** (sentence adverbs)라 부른다), 구, 심지어 더 큰 문장 속에 포함된 하나의 문장 (9장에서 논의된다)일 것이다. 영어의 예를 들면,

연결: nevertheless, however, at this point, when he arrived
화제: as for me, speaking of Jimmy, that one over there
화자의 태도: fortunately, probably, frankly, briefly, seriously, it seems

목적 (purpose), 이유 (reason), 또는 원인 (cause)의 기능 또한 동사 자체보다는 대체로 전체 문장에 더 필연적으로 관련되는 것 같다. 이것들은 종종 내포 문장으로 표현된다. 영어의 예들은 다음을 포함한다: in order to finish, so that he could finish, because of that, because he wanted to, due to poor health, for reasons unknown to us.

5.5. 기능과 부류

짐작컨데, 언어 분석자가 습득해야 하는 중요한 통찰력 중의 하나는 기능과 부류 사이의 차이점에 대한 인식이다. 언어의 구조에 접근해보면, 한 구문의 각 구성요소는 그 구문에서 -어떤 기능을 수행하는- 특정한 목적에 기여한다. 이것은 명사의 경우에 있어서 아주 명백한데, 그것들은 문장에서 주어, 목적어, 간접 목적어 등으로 다양한 기능을 수행하기 때문이다. 또한 우리는 다른 문장 층위의 기능, 즉 술어, 위치, 도구 등에 관해서도 논의해 왔다. 구의 연구에서, 명사 같은 특정 단어들은 **머리어** (head words) (예를 들어, 구에서의 핵)로서 기능하는 것을 알 수 있었다. 반면에 다른 것들은 몇 가지 방법으로 머리어를 수식하는 기능을 한다. 명사의 수식은 소유 (his, Jane's), 묘사 (big, white), 또는 한정성 (the, this)과 같은 기능을 포함한다. 단어들 속에서 주어의 인칭, 목적어의 인칭, 시제, 수, 그리고 소유같은 기능을 주목해 왔는데, 이것들은 단어의 머리나 핵심부분을 수반 (수식)하므로 어간으로 분류되었다.

앞에서 살펴본 것처럼 명사는 다양한 기능을 갖는다. 동사와 형용사를 포함한 또 다른 주요 부류들 또한 여러 가지 방법으로 기능한다. Apinaye 어 (브라질)는 명사를 수식하는 부류를 갖는다. 그러나 이와 동일한 부류가 문장의 양태 구성요소로서 기능하면서 또한 동사를 수식한다. 이런 예에서는 두 개의 다른 부류라기보다는 두 기능을 갖는 하나의 부류가 있다는 것을 인식하는 것이 중요하다. 그러나, 만약 명사 수식어 중의 어느 하나만이 양태어로서 기능한다면, 양쪽 부류에 모두 속하는 구성요소는 하위 부류를 포함한 두 부류 (형용사와 부사)로 인식될 수 있다.

다른 단어의 부류들은 단 한가지 방법으로 기능한다. 예를 들어, 영어에 있어서 the와 a 형태는 명사를 한정하는 작은 부류 (관사)의 구성요소들이다. 그것들은 다른 기능은 갖지 않는다. 또 다른 작은 부류는 동사의 시제를 지시한다. 즉 -d '과거', -n '과거분사'를 나타내는데, 그것은 이들 부류의 유일한 기능이다.

또한 단 하나의 기능이 하나 이상의 형태 부류로 밝혀질 수 있다는 점을 주목해야 한다. 예를 들어, 명사는 형용사의 수식을 받아서 명사구가 될 수 있다고 가정해 보자. 그렇지만, 대명사는 결코 수식을 받지 못하거나, 명사와 비교해서 매우 제한된 방법으로 수식을 받는다고 가정해보자. 이런 경우, 주어는 명사구나 대명사에 의해 나타난다는 점에 유의해야 한다. 게다가 어떤 동사의 형태들 또한 주어로써 기능할 수 있다는 것을 고려해 보라. 예를 들면, "Walking is good exercise."같은 것이다. 따라서 주어의 유일한 기능이 세 가지 다른 형태의 부류, (즉 명사구, 대명사, 특정 동사의 형태)에 의해 나타난다는 것을 알게 되었다. 또한 하나의 부사 (then, there)나 전치사구 (in the afternoon, on the table)에 의해 명시될 수 있는 시간이나 위치 같은 문장의 구성성분들을 생각해보라. 여기서 다시 두 부류의 형태는 각 구성성분의 경우에 단 하나의 기능을 나타낸다.

부류와 기능 사이의 차이점을 인식하는 것에 대한 중요성을 역설해 왔지만, 언어의 기술에 있어서 그것들 사이를 식별하는 것이 항상 필요한 것은 아니다. 하나의 부류가 단 한가지 방법으로 기능한다면, 부류와 기능을 분류하는 것은 그리 중요한 것은 못된다. 한 부류가 다양한 방법으로 기능한다면, 그 변별은 더욱 중요한 것이 된다.

그러나, 비록 한 가지 부류가 다양한 방법으로 기능하더라도, 이런 기능들을 공공연하게 논의할 필요는 없다. 예를 들어, 명사구에서의 명사는 수식어가 수반된 구의 머리로서 기능한다. 이런 구성에서 명사의 기능은 정상적으로 언급되지 않는다. 왜냐하면 "명사구"라는 바로 그 이름엔 그 구의 머리로서 기능하는 명사가 있다는 것을 함의하기 때문이다. 마찬가지로 형용사, 지시사, 소유어 등등의 수식어 기능을 공공연히 논의할 필요는 없지만, 단순히 이들 부류와 그 구 안에서 그들의 일치를 기술할 필요는 있을 것이다.

그러나 기능과 부류 사이의 변별은 늘 가능하고, 그렇게 하는 것이 중요할 때가 있다는 것을 다시 주목해야 한다.

*　　　　*　　　　*

이 장에서는 단문이라 불리는 구조의 다양한 특성을 고찰했다. 그러한 구문이 포함하는 몇몇 주요 문법 기능들이 개관되었으며, 그 부류에 대한 기능의 관계에 대해서도 논의하였다.

제6장 단문에 관한 부연

5장에서 단문에 대한 논의를 시작하면서, 그것들의 기능을 명확히 하는 그런 단위들과, 몇 가지 형태부류들의 요소로서 일반적으로 나타나는 다양한 기능들을 지적하였다. 이 장에서는 분류의 추가적인 양상들을 다루고, 언어구조의 이런 층위에 적용할 만한 분석방법을 제안하기로 한다.

6.1. 분류

언어 분석의 일부는 언어형태들을 분류하는 것이다. 부류들은 두 개의 다른 기준 중에 하나 혹은 둘 다에 의하여 인지될 수 있다. 즉, 내적 **합성**과 외적 **분포**이다.

문장은 술어의 유형과 그 문장의 술어와 다른 구성성분간의 상호관계 등의 합성에 따라 분류된다. 내적인 차이는 대화나 독백담화의 더 큰 단위에서 분포를 달리하는 것과 자주 서로 관련이 있다. 그렇지만 이 원문에서의 논의 목적을 위해, 합성은 주요한 기준이 될 것이다.

구 또한 일반적으로 그것들의 합성에 따라 분류된다. - 즉, 그 구성의 머리나 핵심이 되는 단어의 종류와 그것이 포함할 수도 있는 수식어의 유형이다. 전치사구는 다소 다른 분류의 문제를 도입한다. 이것들과 다른 구 유형은 7장에서 상세히 논의한다.

단어는 합성, 분포 혹은 둘 다에 의해 분류될 수 있다. 합성이란 한 단어가 포함할 수 있는 어간과 접사의 특별한 집합을 말한다. 많은 아메리카 인디언어의 경우, 단지 합성에 근거한 분류는 세 가지 유형밖에 없다. 즉, 명사, 동사, 첨사 (전혀 굴절되지 않는 형태이다). 그러나 분포의 기준은 명사와 동사를 더욱 한정시킬 수 있고, 다양한 부류로 첨사를 분리할 수 있다. 결과로 나타난 부류들은 다음을 포함한다: 형용사 (명사를 수식), 부사 (위치, 시간, 방법 등으로써 그것들이 분포함에 따라 다양한 유형의), 전치사 (구 유형에 따라 더 세분할 수 있다. 각각의 특정 전치사는 시간, 위치, 양태를 유도한다.) 지시사 (this, that 같은 명사 수식어) 등등.

주요 부류들은 또한 하위분류를 필요로 한다. 그 범주는 그들의 합성이나 분포를 각각 근거로 하여 결정된다. 동사는 빈번히 상응하는 일련의 접사에 의해 결정되고, 문장 유형에서의 분포와 상관이 있는 하위부류로 나뉘어진다 (8장에 더 논의한다). 명사는 문장 내에서 위치의 구성성분을 명시하는 작은 하위부류를 포함할 수 있다. 예를 들면, 영어의 home. 또는 주어진 언어가 고유명사 (특정한 사람을 언급)와 일반명사 (일반적인 언급) 사이를 구분해 줄 수도 있다. 전통적인 용어로 부사는 실제로 시제어, 위치어, 양태어 부류의 떼를 나타내는데, 이들은 문장 내에서 동사의 의미를 수식한다는 단 하나의 토대 위에서 하나의 부류로 통합되어 나타난다. 이와 마찬가지로는, 전통적인 용어 대명사는 분포에 의해 결정되는 다양한 부류를 나타낼 수 있다. 즉, 주어나 목적어로서 명사를 대신하는 것들, 소유자로서 행동을 나타나는 것들, 전치사구 속에 나타나는 것들이다. 이런 일련의 형태들은 이런 다양한 기능들을 위해 동일하게 쓰일 수도 있고, 다른 일련의 형태들이 쓰여질 수도 있다. 예를 들어, 영어에서는 하나의 집합이 주어로 쓰이고 (I, he 등); 다른 집합은 동사나 전치사구의 목적어로, (me, him 등) 그리고 주어나 목적어로서 단독으로 나타나는 소유자 (mine, yours 등)로 다른 일련의 형태들이 쓰인다.

3장에서는 하위분류의 또다른 유형을 포함하였다. 즉, 어간의 저 층위의 하위분류는 접사의 변이형태와 함께 나타나는 어간의 분포에 기초를 두었다.

단어의 부류에 이름을 붙이는 데 있어서, 되도록이면 전통적인 용어법의 사용 (2장에서 제안된 명사, 동사, 형용사 등)을 권장한다. 새로운 용어는 전통적인 용어가 맞지 않거나, 이미 다른 부류에 사용되어버린 경우에만 첨가해야 한다.

영어와 대부분의 언어에서, 명사는 합성과 분포 모두에 걸쳐 동사와 구별된다. 합성에 있어서, 명사는 복수일 때 굴절되지만, 동사는 시제나 상에서 굴절될 것이다. 분포로 보면, 명사는 전형적으로 주어와 목적어로서 기능을 하지만, 동사는 문장의 술어로 기능을 한다. 한편, 형용사는 동사나 명사와는 다른 굴절의 가능성과 다른 기능을 갖는다. 영어에서 발화의 나머지 부분들은 명사, 동사와 형용사만이 굴절 접사를 갖기 때문에 분포를 기초로 해서만 결정된다.

Sierra Popoluca어에서, 명사가 인칭의 소유자일 때 굴절되지만, 동사는 주어와 목적어의 인칭과 상일 때 굴절된다. 형용사는 명사와 비슷하지만 명사와는 구별된다. 다른 단어류들은 구와 절에서의 분포에 의해 결정된다.

Isthmus Zapotec어에서는, 오직 동사만이 진정한 접사인 구속형을 포함한다. 다른 모든 부류들은 구나 문장 속에서 동사의 분포에 따라 정의되어야 한다.

몇몇 언어는 명사나 동사로부터 변별되는 형용사류의 단어를 갖지 않는다. 예를 들어, Seri어 (멕시코)에 있어서는, 명사의 수식어가 관계절이나 명사화 동사의 부류로 표현된다. 왜냐하면 형용사로 분리된 부류가 없기 때문이다.

중국어와 같은 언어에서는 굴절접사를 거의 갖지 않기에, 단어류는 주로 분포를 근거로 해서 결정된다.

단어류들은 합성과 분포뿐만 아니라 의미 자질에 의해 자주 인식된다. 2.3절에서 언급한 것처럼, 명사는 일반적으로 사물들을 명명하고; 동사는 사건이나 상태를 표현하며; 형용사는 명사를 묘사하고; 관사는 명사를 한정하고 특정화한다.

6.2. 단문 구조의 예시와 분석

이 절에서는 Isthmus Zapotec어의 자료로써 몇 가지 문장의 기능을 예시하고 분석적인 절차를 제안한다.

Isthmus Zapotec어 자료

1. 'biiya ma'ria huan   *Mary saw John.*
   [*saw Mary John*]

2. ye'ne huan ma'ria   *John took Mary.*
   [*took John Mary*]

3. ri‑u'kwaagu ngiiu 'ležu   *Men go hunting for rabbits.*
   [*go‑hunt man rabbit*]

4. ke‑'ruuya 'ležu ngiiu   *The rabbits don't see the men.*
   [*not‑see rabbit man*]

5. bi'čiiči 'ba'du-ka ti-gu'naa   *The child made a woman angry.*
   [*angered child-the a-woman*]

6. gu'laǰi gu'naa-ka 'ba'du-ka   *The woman chased the child out.*
   [*chased-out woman-the child-the*]

위 자료는 각 발화들이 세 개의 단어를 포함하고 있음을 보여준다. 각 단어들을 영어로 번역해 놓은 것과 비교해보면, 첫 번째 단어는 항상 영어의 술어와 일치하는 것을 주목한다. 두 번째 단어는 행위자인 주어에 일치하고, 세 번째 것은 그 행위의 목적이나 목표가 되는 것에 일치한다. 따라서 이 문장들은 다음과 같이 도표로 나타낼 수 있다.

술어	주어	목적어
1. 'biiya	ma'ria	huan
2. ye'ne	huan	ma'ria
3. riu'kwaagu	ngiiu	'ležu
4. ke'ruuya	'ležu	ngiiu
5. bi'čiiči	'ba'duka	tigu'naa
6. gu'laǰi	gu'naaka	'ba'duka

이런 기능을 나타내는 단어의 부류는 확인할 수 있다. 전통문법의 용법에 따르면, 주어와 목적어로 기능하는 단어는 명사라고 부를 수 있다. 이제까지 주어진 자료는 명사만을 포함한다. 그러나 더 많은 자료를 가지게 되면, 명사구와 대명사 또한 주어와 목적어로서 기능하는 것을 발견할 수 있다. 그러나 주어 대명사와 목적어 대명사들은 이질적인 집합이 된다.

따라서 다른 문장의 기능을 예시하기 위해 더욱 많은 자료가 위에 제시된 자료에 첨가될 수 있다.

7. num'ba 'biiya ma'ria huan ra-'ri'

   [*while ago saw Mary John at this*]

   A little while ago, Mary saw John here.

8. ye-'ne huan ma'ria ra-'liji-be

   [*went with John Mary to house her*]

   John went with (or took) Mary to her house.

9. wa'šinni ri-u'kwaagu ngiiu 'ležu ra-'ke

   [*night go hunt man rabbit at that*]

   Men go hunting for rabbits out there at night.

10. 'neege bi'čiiči 'ba'duka tigu'naa

    [*yesterday*]

    The child made a woman angry yesterday.

11. 'orake gu'laji gu'naa-ka 'ba'du-ka

    [*then*]

    Right then the woman ran the child out.

문제의 초기 자료를 가지고 검토하는데 사용된 것과 동일한 절차를 되풀이한다면, 앞의 도표는 첨가된 자료를 포함하기 위해 확장될 수도 있다. 여기서는 두 개의 부가적 기능인 **시간과 위치**가 덧붙여졌다. 따라서 도표를 다음과 같이 증가시킬 수 있다.

시간	술어	주어	목적어	위치
7. num'ba	'biiya	ma'ria	huan	ra'ri'
8. ——	ye'ne	huan	ma'ria	ra'lijibe
9. wa'šinni	riu'kwaagu	ngiiu	'ležu	ra'ke
10. 'neege	bi'čiiči	'ba'duka	tigu'naa	——
11. 'orake	gu'laji	gu'naaka	'ba'duka	——

주어와 목적어로서 기능하는 단어류를 명사라고 부르는 것은 이미 제시된 바이다. 이런 분석의 단계에서 시간 기능을 갖는 단어의 부류는 **시제부사** (temporal adverbs) **시제** (temporals) 또는 **시간어** (time words)로서 명명한다. 위치 기능을 갖는 부류는 **위치부사** (location adverbs), **위치격** (locatives), **위치어** (location words)라 부른다. 전통 문법에서, 이들 두 부류는 단일 부사류로 연결되어질 것이다. 그러나, 분석의 초기 단계에서는 그것들을 분리시키는 것을 제시했다.

따라서 IZ어 문장에서는, 위의 도표에서 지시된 순서로 나타나면서 다섯 가지의 다른 기능들이 확인되었다. 그것들은 네 가지 단어류에 의해 명시된다. 최소한 두 개의 부류는 그들과 함께 나타나는 다른 굴절 접사에 의해 또한 구별될 수 있다. 동사들은 다음과 같이 상에서 굴절한다, 예:

ri-u'kwaagu	*goes hunting*
bi-'kwaagu	*hunted*
ru-'čiiči	*angers*
bi-'čiiči	*angered*

명사는 수와 지시적 기능에서 굴절하는 듯하다.[1]

ka-'ngiiu	*men*
ka-gu'naa	*women*
ka-'baʔdu	*children*
'ngiiu-ka	*that man*
gu'naa-ka	*that woman*
'baʔdu-ka	*that child*
ti-gu'naa	*a woman*

---

1) 이러한 "접두사"와 "접미사"는 사실상 단어로서보다는 구의 부분으로서 더 정확히 기술되는 접어이다. 접어는 10.2.2항에서 논의된다.

위의 도표는 분석적인 목적을 위해서는 유용한 **연구 도표** (workcharts)
이다.2) 이러한 도표는 그 자료에서 나타난 구성요소들의 종류와 그들의
상대적 순서와, 그리고 어느 것이 의무적이고, 어느 것이 수의적이고, 어떤
형태의 부류가 각 기능을 명확히 하는 데 사용될 수 있는가를 분명하게
그림으로 보여준다. 위 IZ어의 자료로부터 다음과 같은 결과를 얻을 수 있
다.

1) **최소** (minimum)문은 다음과 같은 세 가지 부분을 갖는다: 술어 동
사, 다음엔 주어, 다음엔 목적어. 이런 세 부분은 현재의 자료에서는 의무
적이고, 문장의 **핵**으로 간주될 수 있다.

2) **확장** (expanded)문은 핵을 앞서는 시간과 핵을 뒤따르는 위치의 수
의적인 구성요소들을 포함한다. 그 기본 자료가 교재의 수백 페이지에 달
하도록 확장된다면, 시간과 위치의 구성요소가 순서를 바꿀 수도 있다는
것은 분명하겠지만, 그 둘은 그 핵의 동일한 쪽에서는 좀처럼 나타나지 않
는다. 위치의 구성요소가 문장 처음에 나타날 때, 그것은 강조되는 것이다.
핵 자체는 이런 부사적 구성소들에 결코 방해받지 않는다. 물론, 이러한
관찰은 모든 언어에 적용되는 것은 아니지만, Isthmus Zapotec어에 대해
서는 주목할 만한 중요한 특징이다.

3) 동사는 상에 굴절되는 단어들의 한 부류이다. 주어와 목적어 형태는
굴절하지 않는 고유명사이거나, 복수와 지시적 자질에 굴절하는 보통 명
사이다. 일련의 시간어는 일련의 위치어와는 변별된다. 위의 자료에서 위
치어는 모두 접두사 ra-로 시작한다.

---

2) 연구도표가 이 장의 IZ어 자료로서의 제한과 초기 분석의 실제에 할당된 문제들을
   제한하는 자료로서는 불필요하게 생각된다. 그러나, 분석가는 이러한 도구의 사용
   에 있어서 필요한 조사를 얻기 위해서 연구도표를 만드는 습관을 발달시킨다. 그
   런 기교는 보다 복잡한 자료의 분석에 필수적이다.

6.3. 견본 기술

6.2절의 마지막에서 일련의 IZ어 자료에 대한 다양한 사실들을 언급했다. 언어에 관심있는 다른 사람들에게 그런 사실이 얼마나 유용한 것이 될 수 있는지를 또한 고려해야 한다. 이런 생각을 하는 것은 다음과 같은 어려움이 있다. 즉, 어떤 식으로 접근해야 하는가? 누가 가능한 청중인가?

11장에서, 다양한 가능 청중과 각각에 적합한 문법 기술의 유형이 논의될 것이다. 실제 문제들을 분석할 준비가 된 초보 학생들의 편의를 위해, 지금까지 주어진 IZ어 자료는 아주 단순한 **지시문법** (reference grammar) 형태로 제시되었다.

Isthmus Zapotec어 문법

1. Isthmus Zapotec어의 단순한 서술적 타동사 문장[3])은 3개의 구성요소로 이루어진 핵을 포함한다. 즉, 서술어, 주어, 목적어 순이다. 이들 핵은 시제가 수의적으로 선행하고 위치어가 뒤에 온다. 예를 들면,

최소형 (핵):

'biiya ma'ria huan   *Mary saw John.*

[*saw Mary John*]

확장형:

num'ba 'biiya ma'ria huan ra'ri'   *A little while ago, Mary saw*

[*while-ago saw Mary John here*]   *John here.*

---

3) 8장에서 다양한 유형의 문장들이 논의될 것이다: 타동문 대 자동문, 감탄문 대 명령문 또는 의문문 등. 여기서 이런 유형의 명칭은 더 복잡한 기술에서 그것의 순위를 나타낸다. 게다가 완벽한 기술은 언어에 대한 일반적인 요약 진술과 함께 시작한다.

'neege bi'čiiči 'ba'du-ka ti-gu'naa   *The child made a woman angry*
[yesterday angered child-that a-woman]   *yesterday.*

교체 순서:

시제는 핵을 따를 수도 있고, 위치격은 그것에 앞설 수 있다; 그러나 그
것들이 핵의 앞에 오거나 혹은 뒤에 오든지 간에 좀처럼 병치되지는 않는
다. 문장이 시작할 때, 위치격은 그 위치에 강조를 둠을 암시한다. 예를 들
어,

'biiya ma'ria huan num'ba'   *Mary saw John a little while ago.*
[saw Mary John while-ago]
ra-ri 'bi'ya ma'ria huan 'neege' *Mary saw John **here** yesterday.*
[at-this saw Mary John yesterday]
bi'čiiči huan gu'naa-ka yana'ji   *John made the womam angry today.*
[angered John woman-that today]

공식 요약:

이런 문장들의 구조는 다음과 같이 단순한 공식으로 나타낼 수 있다:
(괄호는 수의적인 구성요소를 지시한다)
　(시간)　술어 주어 목적어 (위치)

교체 순서:

　(위치 강조)　술어 주어 목적어 (시간)

2. 단어류

동사의 어간은 어휘목록 속에서 *vt* (타동사), *vi* (자동사), 또는 *vbt* (이
중타동사, 수여동사)[4]로 확인된다. 타동사와 자동사의 굴절은 동일하고,

---

4) 비록 이 장의 모든 문장은 타동사를 포함하지만, 모든 언어구조의 견지에서 더 사

다음과 같다.

부정격	시제-상 접두사	어간
ke-	bi- *completive* ru- *habitual* (ect.)	čiiči *anger*

(잉여: 이용할 수 있는 자료가 동사의 완전한 분석에는 충분하지 못하다)[5]

명사는 시제나 위치격으로 기능하는 하위부류와 함께 주어와 목적어로 기능한다. 고유명사 (*prop-n*으로 어휘부에 표시된다)는 굴절되지 않는다. 보통명사는 다음과 같이 수와 지시관사에 굴절된다.

(수)	어간	(지시사)
ti- *one* ka- *pl.*	ngiiu *man* gunaa *woman* (etc.)	-ka *the, that* -ri² *this* -ke *that (distant)*

시간어는 ta (시간부사) 또는 tn (시간명사)로서 어휘목록 속에 나타난다. 시간부사는 굴절되지 않는다. 시간명사들은 주어와 목적어의 명사들처럼 굴절된다. 예를 들어, ti-wa'šinni *one night*, wa'šinni-ka *that night*.

실적인 기술을 위해서 이러한 진술을 부가한다.
5) 분석의 서두에서, 실제적인 문제점과 더 확장된 자료에 있어서, 용어 잉여의 사용은 어떤 불완전한 분석의 잔존물로 여겨진다. 분석가는 기술의 완벽을 요구할 때까지 자료유형이 관계하는 앞으로의 연구에 주목해야 한다.

위치부사는 위치표지 ra-와 위치명사 (In) 어간 (예; 'liji *home*) 또는 화자에 관련되어 위치를 지시하는 의존 지시형으로 구성된다. 즉, -ri' *this.* -ke *that*; 이런 식으로: ra'ri' *here*, ra'ke *there*.

3. 어휘목록[6]

동사 어간   **명 사**

'čiiči *vt* anger   **ma'ria**   *propη* Mary   **'ba'du'**   child

                            huan   *propη* John   **gu'naa**   woman

                            ngiiu   man   **wa'šinni** in night

                            'ležu   rabbit   **'liji**   In home

시간 부사

'neege'   *yesterday*

num'ba'   *while ago*

'orake   *then*

*   *   *

이 장은 분류의 원리를 다루었고, 예비로 문장분석과 기술의 예시를 제공했다.

---

6) 단지 비굴절어와 굴절어의 어간은 어휘목록에서 포함된다. 작고 세분된 접사류는 단어의 도표나 기술에 포함된다. 실제 언어기술에서, 접사는 산문적 진술 또는 도표에 의해 문법에서 논의되고, 완전한 단어는 분리 사전에 있다(12장).

제7장 구

5장에서 살펴본 것처럼, 단어는 일군의 단위로서 기능하려는 경향이 있다. 문장을 이루지 못하는 단어의 모임을 **구** (phrases)라 부른다.

7.1. 구의 정의

하나의 구는 두 개 또는 그 이상의 단어들이 잠재적으로 구성된 한 단위이지만, 문장의 명제적 특성을 지니지 않는다. 구는, 항상은 아니지만, 전형적으로 문장의 요소로서 기능한다. 이 정의에서 다양한 자질이 주목되어야 한다. 첫째, 구는 항상 두 개 또는 그 이상의 단어로써 구성된 것으로 정의되지 않고, 두 개 또는 그 이상의 단어로써 잠재적으로 구성된 것으로 정의 내려진다. 그래서 구는 단어들의 실제적 연쇄이거나 또는 단어들의 연쇄를 이루기 위해서 수식어가 수의적으로 첨가되는 하나의 단일어일 수 있다. 예를 들어서, 만약 big boys라는 연쇄가 자료 내의 한 장소에서 나타나고 boys라는 단어가 그 밖의 다른 장소에서 홀로 나타난다면, 그 모두는 수의적 형용사를 지닌 명사구 NP로서 분류되고 공식 (Aj)N으로 표시된다. 자료 내의 단일 명사는 두 단어의 연쇄로 확장될 수 있기 때문에 NP범주에 포함된다. 이 때 주어 또는 목적어 성분은 N/NP가 아닌 NP에 의해 명시됨으로써 기술된다.

"문장의 명제적 특성을 갖지 않는다"라는 해석의 정의항은 명제의 주어-행위 또는 화제-평언의 특성은 물론, 구에 포함된 의미적 기능도 다룬다.

문장이 전형적으로 행동, 상태, 주어, 목적어, 위치 등과 같은 내적 기능을
포괄하는 반면에, 구는 머리어와 질, 수량, 소유, 확대,부정 등을 지시하는
다양한 수식어를 지닌 것으로 특성지어진다.

7.2. 영어에서의 구 예시

구는 형식상 아주 다양하다. 예를 들면, the big house와 같은 명사구는
in the house와 같은 전치사구와 구문상 다르고 문장에서 다른 기능을 나
타낸다. 다음의 영어 자료에서 다양한 구를 주시하라.

1. Mary went to the park.
2. Sally played in the street.
3. The girl went to the park in the morning.
4. The little girl is playing under the tree.
5. Mary had been playing there.
6. Sally had gone there earlier.
7. The little girl's hair was combed very nicely.
8. A very small baby was crying.
9. His mother comforted him.
10. The nice little girl washed the doll's dress.
11. She washed it well.

문장의 관점에서 자료를 분석한다면, 도표는 다음과 같이 구성된다.

주어	술어	(위치)	(시간)	(양태)
1. Mary	went	to the park	——	——
2. Sally	played	in the street	——	——
3. The girl	went	to the park	in the morning	——
4. The little girl	is playing	under the tree	——	——
5. Mary	had been playing	there	——	——
6. Sally	had gone	there	earlier	——
7. The little girl's hair	was combed	——	——	very nicely
8. A very small baby	was crying	——	——	——

주 어	술 어	목적어	(양태)
9. His mother	comforted	him	——
10. The nice little girl	washed	the doll's dress	——
11. She	washed	it	well

위 문장에서 확인된 각각의 구성성분은 단일어와 구를 나타낸다. 여러 종류의 구는 자료 내에서 예시된다.

첫째, 수식 명사구 (modified noun phrases)가 있다. 여기서 포함된 실례들은 다음과 같은 유형들이다.

1) 명사를 수식하는 한정사 (a, the)와 한 개 또는 두 개의 기술 형용사:
   the girl, the nice little girl
2) 소유자[1])에 의해 수식된 명사, 소유대명사 (his) 또는 소유구 (the doll's dress) 중 하나.

둘째, **소유구** (possesive phrases)가 있다. 이것은 수식어의 하나로서 수식 명사구의 범위 내에 포함된다.

이러한 소유구는 the little girl과 같은 수식명사구에 접미사 -s를 붙여서 이루어진다: the little girl's (hair).

위 문장에는 비록 포함되지 않았지만, 영어에서는 소유격을 표현하기 위한 다른 유형의 구가 있다. 이는 소유구에 의해 후행되는 보통의 수식 명사구를 포함한다. 이 소유구는 소유대명사 (예를 들면, mine) 또는 통상 명사에 선행하는 소유구 (예를 들면, the farmer's)와 같은 유형에 전치사 of를 붙여서 구성된다:

> that big book of mine
> a friend of his
> two friends of Bill's
> two friends of the farmer's

셋째, **수식 형용사구** (modified adjective phrase)가 있다. 이것은 very small의 예와 같이 부사에 의해 수식된 형용사로 구성된다. 소유구와 같이 이러한 구는 수식 명사구 내에서 한 단위로 나타난다.

넷째, **수식 부사구** (modified adverb phrase)가 있다. 이것은 very에 의

---

1) 이 영어 구는 수식 명사구로서 목록화된다. 그러나 몇몇 언어에서는, 소유 수식어가 다른 수식 명사구와는 완전히 다른 유형을 보여줄 수 있다.

해 수식된 형용사 (예를 들면, very small)로 구성된다. 소유구와 같이, 이러한 구는 수식 명사구의 범위 내에서 한 단위로 나타난다.

다섯째, **동사구** (verb phrase)가 있다. 이것은 본동사에 한 개 또는 그 이상의 조동사를 붙여서 구성된다. 예를 들면 is playing, had been playing, had gone, was comfored, was crying등이다.

마지막으로 **전치사구** (propositional phrase)가 있다. 이것은 전치사에 수식 명사구를 배합함으로써 구성된다. 예를 들면, to the park, in the street, in the morning 등이다.

여러 예에서, 한 개의 구가 독립 층위로서 다른 구 내에 포함된 것을 주목하라. 관련된 원리는 **직접 구성성분** (immediate constituents, 보통 ICs로 약어된다)의 원리이다. 두 개의 구성성분 이상을 포함한 주어진 구문 내에서, 두 개 또는 그 이상의 이 구성성분은 각기 다른 구성성분[2]과 동등하게 존재하기보다는 오히려 하나의 단위로서 배합된다. 위의 예를 들면, IC구조의 기술을 따른다.

수식 명사구는 그 자체 내에 소유구 (the girl's), 또는 형용사구 (very small)를 지닌다. the little girl's hair라는 구의 ICs는 the little girl's + hair이다. a very small baby의 ICs는 a + very small + baby이다.

전치사구들은 자체 내에 수식 명사구가 있다. 예시에서 전치사구의 ICs는 다음과 같다:

---

2) 단어 "또는 그 이상" 을 포함함으로써, 우리는 ICs를 매우 드문 예외를 지닌 이분법으로 인식하는 언어학적 전통에서 벗어난다. 우리의 관점은 ICs가 일반적으로 오직 두 개의 구성성분으로 구성되어 있으나, 때때로 구문을 만족하게 분석하기 위해 두 개 이상의 구성성분이 필요하다는 것이다.

> to + the park
>
> in + the street
>
> in + the morning
>
> under + the tree

다시 말해서, 이러한 구들은 a + very + small + baby 또는 in + the + park와 같은 동등한 요소의 연결체로 구성되지는 않는다. 오히려 the park는 그 밖의 다른 방법으로 (예, "The park is flooded with water"에서 주어로서) 기능하는 구 단위이다. 명사구는 in이 선행된 단위를 형성해서, 그 결과로 명사구 자체와는 아주 변별되게 기능하는 다른 구문을 형성한다. 이러한 단어의 모임은 구의 형성에서 중요하다.

위의 논의는 일군의 단어는 구를 형성하고, 더 큰 구조에서 단일어[3]로서 기능한다는 사실을 설명한다. 대부분의 언어는, 여기 영어로 예시된 몇 가지 유형뿐 아니라 다른 가능성들도 포함할 것이다. 그러나 몇몇 언어에서는 단어구조와 구구조 사이의 변별이 중요하지 않을지도 모른다. 이제 우리는 언어들에서 발견되는 다양한 유형의 구를 고찰하기로 한다.

7.3. 수식 명사구

다음의 목록은 명사구에서 발견되는 가능한 수식어들을 포함한다.

7.3.1. 수식사, 기술사

명사는 아마도 고려중인 대상에 관한 더 많은 상술을 하기 위해 수식되

---

3) 물론 다른 구문 내에 한 구문의 포함을 지니는 ICs 원리는 구에만 한정되지 않는다. 10장에서 단어 안의 단일한 핵의 위치를 명시하는 형태소의 배합을 논의할 것이다. 몇몇 언어에서는, 접사 또한 하나의 단위로서 배합할 수 있다. 그리고 9장에서, 한 문장이 다른 문장 내에 나타나고 그 결과, 더 큰 구문의 직접구성성분 배치가 일어나는 것을 볼 것이다.

거나 또는 기술될 수 있다. 수식사나 기술사는 보통 형용사이다. 예, big, blue, pretty, fierce. 대부분의 언어에서 형용사는 그들 스스로 변별적인 굴절을 지니는 다수의 단어류를 구성한다. 그러나 일반적으로 제일 중요한 특성은 명사를 수식하는 것이다.

그러나, 형용사만이 명사를 수식하는 단어류는 아니다. 때로는 한 명사가 다른 명사를 수식한다. 영어에서는 명사 사이에 표현되는 많은 다른 의미적 관계를 지닌 명사─ 명사구의 풍부한 관례가 있다. 약간의 예를 실으면: china cup (중국산 컵), china closet (중국컵을 얹는 찬장), glass house (유리로 만든 집), glass factory (유리 제조공장), tin can (주석으로 만든 깡통), garbage can (쓰레기통), machine shop (금속부품으로 기계를 만드는 공장), machine language (이진법 단위에서 컴퓨터와의 통신에 쓰이는 언어). 괄호 속의 부연설명은 수식명사와 머리명사간에 가능한 관계 유형의 견본을 제공한다.

몇몇 언어에서는 다른 명사를 수식하는 명사를 좀처럼, 또는 결코 허용하지 않는다. 스페인어에서 명사─명사구는 매우 드물다. casa de vidrio (유리로 된 집, 또는 유리를 판매하는 상점), fábrica de vidrio (유리제조공장), bote de ojalata (주석깡통), bote pala la basura (쓰레기통)에서처럼, de (of, from 등)와 같은 전치사를 사용하는 것이 더욱 보편적이다. Isthmus Zapotec어에서는 'ba'du 'skuela ([*child school*]의 생도,학생), yoo 'skuela [*house school*] (교사)같은 오직 제한된 수의 명사─명사구가 있다.

어떤 언어에서는 동사도 역시 명사 수식어로의 역할을 한다. 영어에서, 명사를 수식하는 동사는 진행형 접미사 -ing, 또는 과거분사 -d/en으로 끝난다: the running water, the climbing vine, the broken doll, the computerized office, the educated populace.

7.3.2. 양화사

　　모든 언어는 일반적으로 양, 또는 some, many, one, two 같은 특정한 수를 나타내는 몇 종류의 명사 수식어를 갖는다. 영어와 스페인어에서, 양화사는 그들 각각 명사의 단수 또는 복수의 속성을 갖는 수에 일치한다. 예는 다음과 같다: un caballo *one/a horse*, dos caballos *two horses*, unos caballos *some horses*. IZ어에서, 복수표지는 양수사에 일치해서 일어나기보다는 오히려 그것을 대신한다.

ti-'mani?	one/a horse
ka-'mani?	the horses
'tapa 'mani?	four horses
'kaaǰi 'mani?	some horses

7.3.3. 소유자

　　소유자는 보통 소유대명사 (또는 형용사), 명사, 또는 명사구이다. 위에서 본 바와 같이, 영어의 소유자 명사구는 소유격 접미사 -s를 붙인다 (Mary's, the little girl's). 소유 명사와 그 소유자의 어순은 언어마다 다양하다. 언어에 따라서, 소유자 표현은 모두 머리명사에 선행하거나 또는 모두 후행한다; 또는 다른 유형의 소유자에 대한 다른 분포일 수 있다. 이 어순의 특성은 언어의 유형학을 연구하는 데 중요한 분류기준으로써 인용된다. 영어에서, 명사와 대명사 소유자는 명사 앞에 온다 (Dick' dog; my dog). 스페인어에서, 대명사적 형용사 소유자는 명사 앞에 오지만 (su perro; *his dog*), 명사나 자립대명사 소유자는 명사 뒤에 나온다.

el perro de Ricardo	*Dick's dog*
[*the dog of Dick*]	
ese perro mío	*that dog of mine*

[*that dog mine*]

Sierra Popoluca어에서, 명사 또는 대명사의 소유자는 소유 명사에 소유 접두사와 공기한다.

ʌč añ-čimpa   *my dog*
[*I 1s-dog*]

šiwan i-čimpa   *John's dog*
[*John 3s-dog*]

Isthmus Zapotec어에서는 명사 혹은 한정대명사의 소유자 중 하나는 명사에 후행한다.

bi'šoze-luʔ   *your father*
[*father-2s*]

bi'šoze 'beto   *Bob's father*
[*father Bob*]

2.3.4절에서 언급한 바와 같이, 소유를 표현하는 형태는 고유적으로 소유 명사와 수의적으로 소유 명사 (양도 가능 소유와 양도 불가능 소유)를 구별하는 분류체계에 따라서 다르다. 양도 불가능 소유에서, 소유자는 필수적으로 표현되는 반면, 다른 유형에 대해서는 임의적이다.

7.3.4. 한정사

몇몇 수식어들은 머리명사를 제한, 상술, 특정화하거나 또는 한정한다고 말해진다. 때때로 지시사 (7.3.5)는 한정사라고 언급되지만, 이것들은 일반적으로 관사 (즉, 영어의 the, a/an과 같은)로 언급된다. 많은 언어에서 관사들이 부정관사에 대비되는 정관사라면, 구의 구조 또는 용법에 있어서 중요한 변별성이 있다. 예를 들면, 영어에서 정관사인 the는 단수, 복수명사 (the book, the books)에 다 사용된다. 그러나 부정관사는 단수명사에만 쓰인다 (a book). 복수명사에서의 부정은 관사없이 표현된다 (books). 보통 쓰이는 것처럼, 정관사는 이미 언급된 명사가 다시 언급되거나 또는 어떤 면에서 화자나 청자 모두에게 공통된 지식임을 함축한다: "I finally saw **the** building you told me about." 새로운 항목이나 참여자는 일반적으로 부정관사에 의해 유도되어진다. "Once upon **a** time there was **a** haunted house which was guarded by **a** dragon".

7.3.5. 지시사, 지시소

이러한 명사수식어류는 고려중인 명사를 가리키거나 초점을 맞추는 데 소용된다. 영어에서 이런 부류는 this, that, the other와 같은 것으로 구성된다.

관사와 지시사는 같은 구에서 함께 나타나기보다는 서로 자주 대치된다. 그런 경우에서, 그것들은 수식어의 단독 부류로 여겨진다. IZ어에서 one이나 a의 의미를 나타내는 ti-의 형태가 있는데, 이는 명사보다 앞에 온다. 또 다른 형태 (-ka)는 명사 뒤에 오고, -ri' *this*와 -ke *that* (원칭, distant)를 포함하는 지시사의 부류에 속한다. -ka 형태는 또한 the로 번역된다. 영어의 the와 정확하게 똑같은 형태는 없다. 따라서 명확한 관사류는 없다. 한정사, 제한자, 특정사라는 용어는 종종 이들 관사와 비슷한 작용을 하는 수식사로 언급되는 것으로 교환하여 사용된다.

7.3.6. 분류사

몇몇 언어는 명사의 특수한 임의적 부류를 표시하기 위해서 명사에 수반되는 첨사 (또는 어떤 경우에는 접두사)를 지닌다. Jacaltec어 (과테말라)는 명사구에 그런 항목을 포함한다.

hun naj lujwum
[*one male-class fisherman*]

hun teʾ yumteʾ
[*one plant-class club*]
(i.e., a club which is of the plant classification)

위의 명사수식어의 범주 목록은 완벽한 것으로 간주되지 않고, 오히려 다양한 언어에서 그 가능성을 암시한다.

7.3.7. 어순과 제약

주어진 언어에서 명사구 분석의 중요한 부분은 다양한 유형의 수식어의 어순과 그들 출현에 대한 어떤 제약을 주목하는 것이다. 대다수의 언어에는 수식사, 양화사, 소유자, 한정사, 또는 지시사에 대한 공기의 제법 엄격한 순서가 있다. 스페인어의 양화사와 특정사는 명사 앞에 오지만, 대부분의 기술형용사는 명사 뒤에 온다. 명사 앞에 오는 스페인어의 기술형용사는 다소 다른 내포를 부여하고, 가끔 형태상 다음과 같이 축약된다; un gran hombre *a great man* 대 un hombre grande *a big man.*

7.3.3항에서 언급한 바와 같이, 스페인어의 소유자는, 만약 소유형용사에 의해 표현된다면 명사 앞에 온다. 그러나 대명사 혹은 소유명사구로서 기능을 한다면 명사 뒤에 온다. IZ어에서는 명사 앞에 오는 양화사만 있다. 그리고 다른 수식어는 모두 명사 뒤에 온다.

čupa ʾlibru ʾwiini ʾstiuʾ -ke   *those two little books of yours*
[*two book little your-that*]

한편, 영어는 명사 앞에 대부분의 수식어를 둔다. 단지 관계절 (9.2.1 항) 과 어떤 소유구 (7.2절에서 기술된 바로서…… of)는 후치된다.

마찬가지로 많은 언어는 어떤 주어진 구에서 명사에 수반되는 수식어의 수에 관한 제약이 있다. 아마도 영어는 a big, black, burly bear 또는 a cute, little, skinny, black dog[4]와 같은 수식사의 긴 연결체를 허용하는 데 있어서 색다르다. 어떤 언어는 단일한 구에 4개의 기본 수식어 (양, 질, 소 유자, 지시사)조차 허용하지 않는다. 관계절의 포함이나 또는 약간의 수식 어를 이끄는 독립된 문장과 같은 조정이 만들어짐에 틀림없다: 예를 들면, "those two my dogs which are big" 또는 "those two my dogs, They are big"등이다. 방금 인용한 서투른 직역은, 영어 또한 소유자가 숫자 혹 은 지시사와 결합될 때 어순과 형태에 있어서 변화가 생긴다는 사실을 설 명한다: those two big dogs of mine.

7.3.8. 일치

성에 의해 명사를 분류하는 언어에서는 수식어가 명사의 성과 "일치"되· 는 표지를 포함한다. 성표지가 없는 언어조차도 명사와 그것의 양 혹은 지 시사, 수식어 사이에 수의 일치를 표현할 수 있다. 다음의 영어 명사구에 서 수의 일치를 고려해 보라

one book
two books
three books
this book
these books

---

4) 그러나 수식 형용사의 연결체에서는 일정한 어순의 제약이 있다. 영어 명사구의 완 전한 기술서인 Fries(1970)을 보라.

스페인어는 명사구에서 성과 수의 일치 모두를 포함한다. 명사는 성에서 남성 혹은 여성 중 하나이고, 관사, 지시사, 그리고 기술 형용사는 수와 마찬가지로 성에서도 명사와 일치한다.

1.	la mujer alta	*the tall woman*
2.	la casa blanca	*the white house*
3.	el hombre alto	*the tall man*
4.	el libro blanco	*the white book*
5.	las mujeres altas	*the tall women*
6.	las casas blancas	*the white houses*
7.	los hombres altos	*the tall men*
8.	los libros blancos	*the white books*
9.	esta mujer alta	*this tall woman*
10.	este hombre alto	*this tall man*
11.	estas casas blancas	*these white houses*
12.	estos hombres altos	*these tall men*

관사 *the*는 두 개의 형태, 즉 여성명사에서는 la, 남성명사에서는 el을 갖는다; 마찬가지로 지시사 *this*도 여성명사에 esta, 남성명사에 este 두 가지를 갖는다. 형용사는 여성명사에서는 -a로, 남성명사에서는 -o로 끝난다. 복수는 명사5)와 형용사에 대한 접미사 -s (또는 -es)에 의해 표시된다. 남성 관사의 복수형은 los이다; 지시사의 복수형은 여성엔 estas, 남성은 estos이다. 스페인어에서 명사구의 기술은 수식어가 수와 성에서 명사와 일치되는 상황뿐 아니라 다양한 형태의 명사와 수식 접사에 대한 확인을 포함해야 한다.

---

5) 명사에 분리적인 성 형태소가 있는지 없는지는 논의될 것이지만, 그 문제는 현재의 논의와 밀접한 관계가 있지 않다.

7.4. 수식 형용사구

7.2절에서 우리는 very small과 같은 영어의 수식 형용사구의 예를 보았다. 전통적으로, 형용사의 수식어는 부사라고 부른다. 그 의미적 영향은 very small, extremely busy, exceptionally large처럼 형용사를 수식하거나 증강하는 것이다. Sierra Popoluca어 또한 이런 종류의 소수의 구가 있다: agi háynŋ pʌšiñ *very* many people, agi poʼpo hém yootʸi the shirt is *very* white. 영어에서 의미적으로 유사한 구는 머리어로서 수식동사를 갖는다: the *slowly opening* door, the *carefully closed* window.

7.5. 비교 형용사 구문

언어는 형용사의 비교급을 나타내기 위한 다양한 장치가 있다. 아마도 가장 일반적인 것은 영어의 **형용사 -er** (adjective + -er) + than과 유사한 구이다 ("This house is **bigger than** that one"; "I want a house **bigger than** the one I have now"). 그러나 어떤 언어에서는 구보다는 두 개의 병치 절로서 비교를 나타낸다: "This house big; that house little". 예를 들어, 브라질의 Hixkaryana어에서 비교를 나타내는 세 가지 방법을 고려해보라 (Derbyshire 1979. 67).

1. kawohra naha Waraka. kaw naha Kaywerye
   [*tall-neg he-is Waraka. tall he-is Kaywerye*]
   Waraka is not as tall as Kaywerye or: Kaywerye is taller than Waraka.

2. ohxe naha meku. ohxe nyhe naha yayhɨ
   [*good it-is monkey. good more it-is tapir*]
   Tapir is better than monkey.

ohxe rmahaxa naha honyko
[*good very-much it-is peccary*]
Monkey is good, tapir is better, and peccary is really good.

3. kratxatxa yoho naha tukusu
[*grasshopper bigger-than it-is hummingbird*]
The hummingbird is bigger than the grasshopper.

Mandarin Chinese어에는 비교의 유형, 즉 우등, 열등, 동등에 따라 달라지는 일련의 첨사가 있다. Li와 Thompson (1981:564-5)에서 다음의 세 예시를 주목하라. 비교 첨사는 획이 굵은 활자체이다.

tā **bǐ** nǐ **gāo**
[*3s compare you tall*]
S/He is taller than you are.

tā **méi** (yǒu) nǐ (**nème**) gāo
　　　　buru
[*3s not you (that) tall*]
S/He is not as tall as you are.

tā **gēn** nǐ **yíyàng** gāo
[*3s with you same tall*]
S/He is as tall as you are.

7.6. 수식 부사구

종종, 부사는 수식될 수 있는데, 그 결과 부사구를 이룬다. 영어의 예는 rather quickly, very unhappily, somewhat indifferently를 포함한다.

7.7. 전치사구

7.2절에서 제시된 영어의 예는 in the park와 to the street 구를 포함했다. 이 구들은 in 또는 to와 같은 관련어 (relator word)에 명사구를 붙여서 구성된다. 위에서 지적한 바와 같이, 이 구들은 to + the + street 같은 동등요소의 연결체가 아니라, 관련어에 명사구를 붙인 두 부분의 구문이다.

전치사구라는 용어는 관련어들이 명사 앞에 온다는 사실에서 기인된다. 그러나 어떤 언어에서는 관련어가 후치 되는데 이것들은 **후치사** (postpositions)라 부르는 것이 좋다. **부치사** (adposition)라는 용어는 종종 전치사, 후치사를 모두 일컫는 용어로서 쓰인다.

몇몇 언어에서는 관련형태소가 사실상, 자립어 대신 접사이다. SP어는 접미사인 후치사를 갖는다.

ka·m-ho·m	*cornfield-in*
tʌk-ho·m	*house-in*
tʌk-kʌʌm	*house-at*
me·sah-yukmʌ	*table-on*
me·sah-kukʌʌm	*table-under*

7.8. 동사구

동사를 머리어로 지닌 구는 다양한 부사적 수식어 및 명사 목적어를 포함하거나 또는 그 어느 한 쪽을 포함한다.

7.8.1. 부사적 수식어

언어 연구의 초기단계에서는 위치, 시간, 양태 등과 같은 문장요소가 동사의 수식어로 여겨지기보다는 주어, 동사와 같은 수준의 요소로서 여겨져야 된다고 제안되었다. 그러나 주어진 언어에서 보다 면밀한 연구를 한다면, 이 분석법에서는 동사의 직접수식어로서 몇 개의 이러한 부사적 요소가 포함되고, 그 결과 부사구가 되는 것으로 변화되는 이유를 밝힐 수 있다. 그러한 변화의 기준은 동사와 문장의 다른 요소들과 관련하는 부사의 위치이다. 만약 대부분의 문장 요소들 (주어, 목적어, 몇몇 부사어)이 동사와 상호간에 관련하여 위치가 바뀌지만, 한 특별한 형식의 부사는 항상 동사에 인접해야 한다면, 이것은 문장 구성성분 대신에 동사구 구성성분으로 분석될 수 있다. 빈번히 양태부사는 다른 부사보다는 동사에 더욱 긴밀하게 맺어지는 듯이 보인다.

7.8.2. 다른 수식어

대부분의 언어에서 부정, 반복, 양상조동사, 동작조동사 등과 같은 수식어는 동사와 더욱 긴밀하게 맺어진다.

6.2절에서 예시했던 것같이, Isthmus Zapotec어에서는 시간, 위치 그리고 양태부사조차 다양한 위치에서 일어난다. 그래서 문장 구성성분으로 여겨진다. 그러나 항상 동사에 인접하는 얼마 안되는 형태부류들이 있다. 집단은 **확대사** (augmentatives)라 불리는 한 집합과 부정형태소를 포함한다.

       ke 'z-o-be   *S/He won't eat.*
       [*not fut-eat-3s*]

       'karu 'g-o-be   *S/He hasn't eaten yet.*
       [*not-yet pot-eat-3s*]

ma gu-'do-be   *S/He already ate.*
[*already comp-eat-3s*]

na'be 'r-o-be   *S/He eats very heartily.*
[*very-much hab-eat-3s*]

Chicahuaxtla Trique어 (멕시코)는 동사구의 요소로서 반복형태소를 지
닌다.

ga$^{?5}$ na$^{?15}$ yun^2 maestru
[*will-return again teacher*]

이것의 분포는 영어, 스페인어 또는 IZ어에서 *again*을 의미하는, 자유롭
게 이동할 수 있는 단어나 구의 분포와는 다르다. IZ어에서 예를 들면:

'sti-'tiru 'bi'ni-be-ni or 'bi'ni-be-ni 'sti-'tiru
[*another-time did-3s-it*] [*did-3s-it another-time*] *S/He did it again.*

영어에는 부정형과, 긴밀하게 맺어진 동사구를 이루기 위한 do와 같은
공단어 (empty words)를 매우 복잡한 방법으로 배합시키는 일련의 양상
조동사가 있다. 예로서 will go, will have gone, would not have gone,
hasn't gone, doesn't go[6])가 있다. Sierra Popoluca어는 동사 앞에 오는 양
상조동사 wʌʌp *might*가 있고, *reversal* (역)의 형태소인 id^{y}ʌk가 있는데
이는 동사 뒤에 온다.

wʌʌip a⁻nʌk⁻pa   *I might go.*
[*might 1s⁻go⁻inc*]

---

6) 영어 동사구의 문법소 기술에 관해서는 Pike and Pike(1982:204)를 보라.

a⁻nʌk⁻pa idʸʌk   *I was going to go but didn't.*
[*1s⁻go⁻inc reverse*]

7.8.3. 목적어 통합

대개의 미국 인디안 언어에서는 문장 안에서 목적어로서 달리 기능하는 명사는 동사구나 또는 수식어와 같은 단어에 통합될 수 있다. IZ어는 많은 신체-부분 목적어에 이런 유형의 구를 수의적으로 사용한다. 주어가 다른 사람의 손을 씻을 때와 자신의 손을 씻을 때의 어순의 차이점을 주목하라.

za-'giibi-be 'na 'baʔduʔ
[*fut-wash-3s hand child*]
S/He will wash the child's hands. (verb-subject-object)

za-gibi-'na-be
[*fut-wash-hand-3s*]
S/He will wash his/her (own) hands[7].(verb-object-subject)

영어에는 baby-sit, house-keep, house-hunt와 같은 동사구 또는 복합어를 야기하는 목적어 통합에 관한 약간의 실례가 있다. 이러한 구의 몇몇은 의미론적으로 "동결되어" 원래의 의미요소를 상실하게 되었다. 예를 들어, "I **baby-sat** the dog for my friend"를 들을 수 있다. 한편, 이러한 구는 더욱 생산적이어서, 또한 "I'm **house-sitting** this week", 혹은 "I am **dog-sitting** today"를 듣는다.

---

7) 위의 주어진 형태가 가장 보편적이다. 그러나 za'giibi-be'na-be라 말하는 것 또한 가능하다.

7.8.4. 문장으로서의 동사구

수의적인 명사류 주어와 목적어를 갖는 SP어와 같은 언어에서, 동사구
는 또한 완전한 문장, 즉 최소 단문이 된다:

    i-kút-pa   *He will eat it.*
    [*3:3-eat-inc*]

7.9. 동격구

언어는 두 단어나 구가 단순히 나열되는, 일반 의미에서 한 쪽이 다른
한 쪽을 수식하기보다는 다른 쪽의 의미를 더욱 한정시키거나 명확하게
하는 구를 자주 사용한다. 영어에서 이런 유형의 구문은 my friend, Mr.
Jones; my neighbor, the little old man; Marion's house, the one next
door 등으로 예시된다. SP어는 다양한 동격구를 나타내는데, 이중의 하나
는 명사에 접미사 -pʌk을 지닌 형용사를 붙여서 구성한다. 이런 접미사를.
지닌 형용사는 명사를 직접 수식하지 않고, 명사와 동격이 된다.

    hém pʌ·šiñ hém yagac-pʌik   *the tall man*
    [*the man the tall*]

유사한 동격구가 명사화 절과 함께 형성될 수 있다.

    hém pʌ·šiñ hém oy-wʌʌp huumʌ   *the man who went far away*
    [*the man the went-nom far*]

7.10. 등위구와 연속구

등위구는 and 혹은 or 같은 접속사로 결합된 두 개의 유사한 머리 구성 성분으로 이루어져 있다. 그러한 구성성분들이 두 개 이상으로 결합된 등위구는 **연속구** (serial phrase)라 불려질 수 있다.

등위구의 구성성분은 다양한 형태의 다른 구일지도 모른다. 혹은 등위구는 또 하나의 구 안에 포함될 지도 모른다. 몇 가지 영어 예:

1. Jack and Jill
2. big Jack and little Jill
3. two oranges and three very big bananas
4. the pink roses, the red carnations, or the violets
5. to the store and the gas station
6. the weary and worn hikers
7. old men and women
8. very slowly and very deliberately
9. (Don) works hard and plays very little

예 1-3은 모두 등위 명사구이다. 그것들은 접속사로 연결된 두 개의 핵 (머리) 구성성분 (고유명사나 명사구)들을 포함한다. 첫 번째 예는 그렇다 치고, 핵 구성성분의 각각은 수식 명사구를 포함하는 것을 내포한다. 예 3에서, 심지어는 이 수식 명사구가 수식 형용사구를 포함한다. 이 구들은 다음과 같이 간단한 공식 형태로 기술될 수 있다:

PN/NP Conj PN/NP
in which **PN** = proper noun and **NP** = noun phrase

예 4는 단순한 등위구와 비슷하지만 세 개의 핵 NPs를 포함하는 연속구이다. 영어에서 그런 구들은 보통 한 접속사만을 가진다. 우리는 다음 공식에서 이 예를 첫 번째 세 개에 결합시킬 수 있다.

PN/NP (PN/NP) Conj PN/NP

즉, 세 개의 가능한 핵 구성성분들이 있는데, 그것 중의 하나는 수의적이지만 오직 하나의 접속사만이 포함된다. 실제로 연속형태의 구는 세 개의 명사류 구성성분 이상으로 확장될 수 있다.

예 5는 전치사구 안에 등위 명사구를 포함한다. 이 구의 ICs는 다음과 같다:

Prep CoorNP
to the store and the gas station

예 6은 수식어같은 등위 형용사구를 갖는 수식 명사구이다. 이 구의 ICs는 다음과 같다:

Art   CoorA_iP   N
the weary and worn hikers

예 7은 모호하다. 그것은 늙은 남자들과 모든 여자들을 언급하는가, 혹은 모두 늙은 남자들과 늙은 여자들을 언급하는가? 그래서 이 구는 두 개의 가능한 IC구조를 가진다.

1) **NP   Conj NP**
   old men and women

(이 경우에 NP는 old men and young women으로의 확장가능성을 지니고 있기 때문에 세 구성성분으로 쓰여진다.

    2) **QualAj   CoorNP**
       old   men and women

예 8은 각각의 핵 구성성분들이 수식 부사구인 등위 부사구이다.

    AvP   Conj   AvP
    very slowly and very deliberately

예 9는 각각의 핵 구성성분들이 수식 동사구인 등위 동사구이다. 두 번째 구성성분에서 동사는 부사구에 의해 차례로 수식된다. 첫 번째 구성성분 또한 이러한 구문 (예, works very hard)을 가질 수 있다고 가정한다면, 동사구의 IC구조는 다음과 같이 분석된다.8)

    ModVP   Conj   ModVP
    works hard and plays very little

7.11. 구의 기술

문장의 구조처럼 구의 구조는 산문으로 기술될 수 있고 그 구성성분들의 기본순서를 요약하는 간단한 공식이 뒤따를 수 있다. 구의 기술은 모든 문장 유형의 기술 이후에 진술될 수 있다.

예를 들어, Mezquital Otomi어 (멕시코) 문장 유형의 기술이 이전의 자

---

8) 교체 분석은 이 구문을 복합문으로 간주하는 데 (9.3.1항), 주어는 두 번째 부분에서 부터 삭제된다.

료를 근거로 하였다고 가정하면, 그 구구조의 기술은 그 절을 따를 수 있고 다음의 자료를 바탕으로 할 수 있다.

1. kuwi ra fani	*Chase the horse!*
2. tæni ri miši	*Follow your cat!*
3. pëhë ma catyo	*Rescue my dog!*
4. kuwi ri t'ïka fani	*Chase your little horse!*
5. pëhë ra data miši	*Rescue the big cat!*
6. tæni ma t'aša catyo	*Follow my white dog!*
7. kuwi ma catyo	*Chase my dog!*
8. pëhë ra fani	*Rescue the horse!*
9. tæni ma tǐka catyo	*Follow my little dog!*
10. kuwi ri t'aša miši	*Chase your white cat!*
11. tæni ri fani	*Follow your horse!*
12. kuwi ma data fani	*Chase my big horse!*

부분 기술:

1. 문장유형...

2. 명사구는 의무적 제한자와 수의적 수식형용사가 선행되는 머리명사를 포함한다.

공식 요약:

Lim (QualAj) N

예:

최소 명사구:	**ri miši**	*your cat*
확장 명사구:	**ri t'aša miši**	*your white cat*

(나머지: ra *the*와 소유자 (ri 또는 ma)가 동일 구에서 함께 나타날 수 있는가?)

3. 단어류들...
4. 어휘항목...

첨가한 예에서처럼, 영어 전치사구의 가능한 기술이 뒤따른다.

영어의 전치사구는 수식 명사구가 후행하는 전치사로 구성된다. 명사구에서 특별한 부류의 명사와 때때로 전치사의 선택은, 문장에서 구가 갖는 기능과 상호관련이 있다. 예를 들면:

in the big house	(위치구)
in an hour	(시간구)
at the neighborhood store	(위치구)
at night	(시간구)
for his son	(수혜구)
with ease	(양태구)
with Carmen	(수반구)
with a knife	(도구구)

구에서의 다양한 위치를 기술하기 위해 주로 단어류 용어를 사용한다는 것이 주목될 것이다. 왜냐하면 대부분의 경우, 같은 용어는 기능과 부류 모두를 기술하기 때문이다. 예를 들어서, **수량** (quantity)의 기능은 **수량** 단어에 의해 표시된다. 만약 이 위치가 단지 수 단어를 포함했다면, 그것은 수량 대신 **수** (number)라는 명칭을 붙일 수 있다.

그러나, 만약 구에서 주어진 위치 (예를 들어, 수식 위치가 바로 머리명사를 뒤따르는)가 한 단어류 이상을 포함한다면, 공식에서 그 사실을 지시할 필요가 있다. 이것은 이 위치에서 어떤 단어류가 나타나는 지에 관한, 평범한 설명을 지닌 **수식어**와 같은 일반적 기능 용어에 의해서나 그렇지 않으면, 아래에서처럼 "또는"을 나타내는 사선을 사용함으로써 표시될 수 있다.

NP = Noun (Aj/Verb)...

*   *   *

이 장은 구 구문의 개관과 구 구문의 기술방법을 진술하였다.

제8장 단문의 종류

5장에서는 술어, 주어, 목적어를 포함하는 여러 가지 가능한 단문의 구성성분들에 대해 논의하였다. 한 문장에서 동사의 유무는 다른 문장유형으로 귀착한다.

동사가 없는 문장들은 8.2절에서 논의된다.

8.1. 식별 자질로서의 동사

다른 유형의 단문에 대한 고찰을 위한 기초지식으로는 동사를 다시 살펴보는 것이 유용할 것이다. 2장에서, 동사굴절의 몇 가지 유형이 고려되었다. 이 장에서는 문장에 있어서 동사의 역할에 중점을 둔다.

문장의 대조자질은 다른 문장 구성성분들의 유무와 함께, 특정 동사 어근, 또는 동사-단어 구문 유형의 상호관계에 근거를 두고 있다. 동사 또는 문장 분류에 적용할 수 있는 한가지 주요인은 타동성-동사의 발생이 목적어를 갖는 것에 의해 결정되는 동사의 유형-이다.

8.1.1. 타동사와 자동사

타동사라는 용어가 어떻게든 목적어의 출현과 관련이 있는 데 반해, 자동사라는 용어는 목적어의 결여에 관련하는 것으로 사용된다. 그러나 문장에서 명사류 목적어의 우연한 선택이라는 문제가 제기된다. 어떤 언어에서 동사는 그것을 수반하는 명백한 (명사류) 목적어가 있든 없든 형태

에서 타동사이다. Sierra Popoluca어와 Aztec어는 이러한 유형의 언어들
이다. 그런 언어에서, 거의 모든 동사 어근들은 그것들이 필요로 하는 일
련의 접사에 근거를 둠으로써 타동사 또는 자동사 중의 하나로서 분류될
수 있다. SP어는 자동사의 주어를 상술하는 접두사의 한 집합과, 타동사
의 주어와 목적어를 가리키는 다른 집합을 갖는다. Aztec어는 다른 유형
의 주어에 대한 하나의 접두사 집합을 갖지만, 타동사는 목적어를 가리키
는 부가적인 일련의 접두사가 포함됨을 필요로 한다. 그러나 어떤 언어도
문장에서 명사류 (주어나 또는 목적어 중의 하나)를 필요로 하지 않는다.
이런 유형의 언어에 대해서, 타동사를 포함하는 문장은 명사류 목적어가
나타나지 않을 때조차도 타동사문이라 결론지을 수 있다. Orizaba Aztec
어에서 예를 들면:

o-se- k- kʷa-ya   *We were eating it.*
[*pst-1plS-3sO-eat-imp*]

o-se-k-kʷa-ya támalli   *We were eating tamales.*
       [*tamales*]

  그러나 영어, 스페인어, Isthmus Zapotec어는 다른 유형의 선택을 나타
낸다. 그것들은 동사 단어에 목적어를 위한 표지가 없다. 그러므로 타동사
는 다만 명사류 목적어의 유무와만 관련된다.

  어떤 동사들은 문장에서 오직 하나의 명사류-주어만을 허용한다. 그것
들은 결코 목적어를 취하지 않는다. 이것들은 명백히 자동사문에서의 자
동사들이다. 영어의 예로 chuckle, cluck, creep, fall 등이 있다. 다른 동사
들은 두 개의 명사류를 요구한다. 문장에서 이것들은 항상 한 개의 목적어
를 포함하여 나타난다. 이것들은 명백히 타동사문에서의 타동사들이다.

영어의 예로, use, do, put, crown, chase, like, filter 등이 있는데, 예를 들면:

He uses good illustrations.
* He uses.

그러나 여전히 다른 동사들은 하나 또는 두 개의 명사류를 허용한다. 즉 그것들은 수의적인 목적어를 가지고 공기한다. 이러한 유형의 영어 동사들은 eat, play, chop, whistle 등이다. 예를 들면:

The patient is eating well today.
Johnny ate all of his spinach.

Billy played by himself all day.
Jack is playing chess this evening.

He chopped hard all day.
He chopped a whole cord of wood

He whistles every morning.
He whistles only happy tunes.

이러한 유형의 동사들은 분류상 문제가 된다. 목적어를 포함하지 않는 문장들은 타동사문인가 또는 자동사문인가? 동사 그 자체로는 타동사인가? 언어학자들은 다양한 방법으로 이런 문제들에 접근해 왔다. 우리는 다음의 관점을 채택할 것이다. 일정한 동사로 수의적인 목적어를 허용하는 언어에서, 만약 그 문장이 목적어를 포함하면 타동사문이고, 그렇지 않으면 자동사문이다. 그러나 동사가 하나의 목적어를 필요로 한다면 타동사이고, 하나의 목적어를 허용하지 않으면 자동사이다. 그리고 만약 수의적인 목적어를 허용한다면 타동사와 자동사 양자, 즉 두 부류의 일원이 된다. 어휘목록에서, 위에 실린 영어 단어들의 몇 가지 문법적 명칭들은 다음과 같다.

        chuckle   *vi*
        do   *vt*
        eat   *vi, vt*

그러나, 몇 개의 영어 동사들은 자동사문과는 대조적으로 타동사문에 쓰일 때 다른 의미를 갖는다. 예를 들면:

        My neighbor runs each morning. (자동사)
        My neighbor runs his business well. (타동사)

그런 동사들은 어휘목록에서 개별 목록을 필요로 한다.

        run1   *vi*
        run2   *vt*

타동사의 하위범주는 직접목적어 뿐만 아니라 간접목적어와 공기하는 부류이다. 이들 동사는 **이중타동사** (bitransitive 또는 ditransitive)로 불린다.

몇 가지 영어 예로 give, show, take, bring, hand가 있다. 그러나 이 집합 안에서도 똑같은 선택의 문제가 발생한다. 어떤 이중타동사는 하나 또는 두 개의 목적어를 삭제할 수도 있다. 그래서 둘 또는 세 부류에 속하게 된다. 다음 영어 문장들을 주목하라.

He gives generously. (자동사)
He gives a lot of money. (타동사)
He gives a lot of money to charity. (이중타동사)

He showed his pictures last night. (타동사)
He showed his pictures to us last night. (이중타동사)
*He showed.

이러한 두 동사들은 아래와 같이 분류된다.

give   *vi, vt, vbt*
show   *vt, vbt*

그럼에도, 동사의 또 다른 특별한 하위부류는 대부분의 동사에서는 수의적인 구성성분-위치격을 요구하는 것으로 구성되어 있다. 이들 하위부류는 자동사와 타동사 양자를 포함한다. 예를 들면, 영어에서 자동사 to be (*to be located*의 의미를 지닌)는 위치격 구성성분을 필요로 한다.

The book is on the table.
* The book is.

마찬가지로 타동사 put과 place도 위치격을 요구한다.

He put the book on the table.
* He put the book.

이런 의무적인 위치격 구성성분은 수의적인 **외부 위치격** (outer locatives) 과 대조적으로 내면 위치격 (inner locatives)이라 명명되었다. 이 유형의 동사들은 *vi-loc, vt-loc*로서 하위분류할 수 있다. 타동사 대 자동사 그리고 문장들의 분석은 결코 완전하지 않다. 약간의 하위부류의 첨가를 갖는 그러한 이분법적 구분은 지나치게 단순화한 것이다. 실제로 타동성은 이분법보다는 연속체로서 고찰될 수 있다. 동사들은 목적어에 대한 그 친화력의 강도에 의해서, 또는 목적어 없이 나타나는 문맥에서, 이 연속체에 따라 여러 위치에 놓여진다. 이에 관한 철저한 논법과 타동성의 다른 양상에 관해서는 Cranmer (1976), Hopper and Thompson (1980), Tuggy (1981)를 보라.

8.1.2. 비기초 용법

여태까지는 오직 동사 어근의 기초 용법들과, 다른 구성성분들과 관련한 그것들의 분포만이 고려되어 왔다. 그러나 어근의 상태는 일정한 접사나 또는 구 구성성분들의 첨가에 의해 변화를 받아야 한다. 그러한 변화의 범주에 포함되는 것은 **수동태** (passives)와 **능동태** (causatives)이다.

8.1.2.1. 수동태

앞서의 예에서 사용된 문장들은 모두 능동문이었다. 즉 그 문장에서는 주어가 행위자, 대행자 혹은 행위의 개시자이다. 반대로 수동문에서는 주어가 행위의 목표이거나 수령인 (또한 "수동자" 또는 "경험자"라 불리는)[1]이 된다. 능동문에서 주어가 되는 형태는 삭제되거나 "대행자"로 표현된다.

영어에서 수동문의 술어는 주동사의 과거완료 형태를 첨가한 조동사로 구성된 동사구이다. 대행자는 일반적으로 수의적이다.

Jill polished the floor today. (능동)
The floor was polished today (by Jill). (수동)

---

1) 이들 용어는 10.4절에서 좀더 논의된다.

SP어에서, 접미사 -ta·는 목적어가 주어가 되는 형태를 산출하기 위하
여 타동사 어근에 첨가된다.

> a-kóc-ta·-p   *I am being hit.*
> [*1s-hit -inc*]

> kút-ta·-p   *It is eaten.*
> [*eat -inc*]

영어의 수의적 대행자와는 대조적으로 대행자의 표현이 SP어에서는 허
용되지 않는다.

8.1.2.2. 사역

많은 언어들은, 자동사를 타동사로, 타동사를 이중타동사로 변화시키는
것과 같은 행위의 사역자를 가리키는 접사를 갖는다. 즉, 많은 언어들은
문장에서 또다른 명사류 구성성분의 가능성을 부가한다. SP어의 접두사
ak-는 그런 사역형태소이다.

> a-nʌk-pa   *I go.* (자동사)
> [*1s-go-inc*]

> an-ak-nʌk-pa   *I cause him to go.* (타동사)
> [*1:3- -go -inc*]

> aŋ-kút-pa   *I eat it.* (타동사)
> [*1:3-eat-inc*]

> an-ak-kút-pa   *I cause him to eat it.* (이중타동사)
> [*1:3- -eat-inc*]

비록 위의 예들이 오직 동사 형태로만 구성되었으나, 각각 문장에서 명사류를 수반한다.

ʌč an̄-ak̄-nʌk̄-pa šiwan   *I send John.*
[*I 1:3- ̄go ̄inc John*]

ʌč an̄-ak̄-kút̄pa aŋ̄-kawah mok   *I cause my horse to eat corn.*
[*I 1:3- ̄eat̄inc 1s̄horse corn*]

ʌč petoh an̄-ak̄-čii̇̄-ba šiwan tumiñ   *I cause Peter to give money to John.*
[*I Peter 1:3- ̄givēinc John money*]

마찬가지로, 접두사 ak-는 이중타동사문을 우리가 **삼중타동사** (tritransitive) 라 명칭붙이는, 즉 네 개의 가능 명사류를 갖는 것으로 바꿀 수 있다.

an̄-čii̇̄-ba   *I give it to him.* (이중타동사)
[*1:3̄givēinc*]

an̄-ak̄-čii̇̄-ba   *I cause him to give it to him.* (삼중타동사)
[*1:3- ̄givēinc*]

IZ어 또한 자동사문을 타동사문으로, 그리고 타동사문을 이중타동사문으로 변화시키는 사역형태소 (다양한 변이형태를 갖는 접두사 si-)를 갖는다.

bi-'česa 'beto   *Bob jumped.* (자동사)
[*comp̄jump Bob*]

bi-si-'česa 'beto naa   *Bob made me jump.* (타동사)
[*comp- jump Bob me*]

bi-’ene ’beto-ni   *Bob understood it.* (타동사)
[*comp-understand Bob-it*]

bi-si-’ene ’beto-ni naa   *Bob explained it to me.* (이중타동사)
[*comp- -understand Bob-it me*]

SP어와 IZ어의 사역구문은 **형태론적 사역형** (morphological causatives)으로 단어구조에서 표지된다. 두 가지 다른 종류는 **어휘적** (lexical) 사역형과 **통사적** (syntactic) 사역형이다. 어휘적 사역형은 단어쌍 kill과 die로 설명될 수 있는데, 즉 *to cause to die*는 kill의 **어휘부** (lexical component)로서 고려된다. 이런 특수한 의미쌍은 IZ어와 SP어를 포함한 많은 언어들에서는 형태론적 사역형이다.

예를 들어, 통사적 사역형은 make 혹은 cause 같은 사역동사들을 사용한 문장이다.

I made him go.
I caused him to do it.

8.1.3. 비인칭 동사

앞에서 지적했던 것처럼 자동사적 동사는 오직 하나의 명사류-주어만을 허용한다. 그러나 많은 언어에 있어서는 주어 명사류조차도 허용하지 않는 자동사들이 있다. 이러한 동사들은 **비인칭 동사** (impersonal verbs)라고 불린다. 기후조건을 기술하는 **포위문** (ambient sentence)은 비인칭 동사문의 한 유형이다. 어떤 포위문은 주어를 허용하지 않으나, 다른 포위문은 주어를 허용하는 언어들이 있다. 예를 들면, 스페인어에서 *to be cloudy*는 연계동사 *be*를 갖는 수의적 주어를 허용한다.

(El cielo) está nublado.   *It's cloudy.*
[*the sky be-3s clouded*]

그러나 비와 눈은 주어를 갖지 않는 비인칭 동사이다.

Llueve mucho aquí.   *It rains a great deal here.*
[*rain-3s much here*]

Está nevando   *It's snowing.*
[*be-3s snowing*]

형태소 주석에서 지적된 것처럼 이들 동사들은 3인칭 주어로 표지된다. 다른 인칭 표지는 이 구문에서 사용되지 않는다.

IZ어 또한, 본래의 자동사를 사용하는 명사류 주어를 포함하는 약간의 포위문과 명사류 주어를 포함하지 않는 포위문을 갖는다.

ka'yaba nisa'gie   *Rain is falling, or It's raining.*
[*is-falling rain*]

nuu bi   *There is wind, or It's windy.*
[*be wind*]

뜨거움이나 차가움에 관한 표현들은 단지 주어 없이도 표현된다. 예를 들면:

na-n'da' *It's hot.*
[*be-hot*]

    na-'nanda   *It's cold.*
    [*be-cold*]

이것은 *be hot*의 의미를 갖는 동사의 다음 용법과 대조된다.

    na-n'da'nisa   *The water is hot.*
    [*be-hot water*]

    na-n'da'-ni   *It (some inanimate object) is hot.*
    [*be-hot-3sInan*]

웨일즈어에서는 포위동사들이 3인칭 여성주어로 표지된다.

    y mae HI yn glawio   *It is raining.*
    [*she rain*]

    y mae HI yn bwrw eira   *It is snowing.*
        (자료는 A.S.D. Smith 1925:62)

　위의 의역 (free translation)으로 주목될 것처럼, 영어에서 포위문은 필수적 주어에 대해 예견되는 영어형을 채우기 위해 "대역"주어 it를 갖는다.

8.2. 상태문

문장 유형들 사이의 더욱 다른 대조는 행위 (action) 보다는 상태 (state)

의 의미 자질의 대립이다. 어떤 경우에, 이러한 의미적 대립은 형식적 자질-다른 종류의 구성성분-과 서로 관련된다. 존재의 상태를 가리키는 문장들은 보통 **상태문** (statives)이라고 불린다. 그러한 문장의 술어들은 주어[2]를 확인하거나, 찾아내거나, 기술한다.

많은 언어들에서, 상태문은 세 가지 구성성분, 즉 주어와 영어에서의 be와 become 동사에 비교할 수 있는 특수동사, 그리고 **보어** (complement) (또는 **술어명사류** (predicate nominal)나 **술어형용사** (predicate adjective), 명명된 요소를 포함한다. 이들 언어에서, 많은 언어학자들은 동사를 시제, 상, 인칭 등의 표지를 "수반"하는데 필요하나, 능동동사가 하는 것처럼 문장의 중심 의미를 지니지 않는 단순히 문법적인 요소로만 고려한다. 이러한 분석에 따르면, 보어 구성성분은 문장의 술어이지만, 동사는 단지 주어와 술어 사이의 **연계사** (copula) 혹은 **연결사** (link)이다.[3]

다른 언어들은 오직 두 가지 구성성분, 즉 연결동사조차 없이 주어와 명사류 또는 형용사적 술어만으로 상태문을 표현한다.

다양한 의미 개념들은 상태문의 술어 내에 포함될 지 모른다. 이들은 분리되어 기술할 것이지만, 언어는 이러한 개념들의 형식적 표상에서 크게 다를 것이라는 경고를 갖고 기술한다. 어떤 것들은 하나의 단독 형태로 두 개 또는 그 이상의 개념을 표현할 것이며, 또 어떤 다른 것들은 각각의 의미에 서로 다른 형태를 가질 것이다.

---

2) 행위 대 상태의 이러한 이분법은 지나치게 단순화된 것이다. 실제로 여기에서 자동사 혹은 타동사로 분류된 많은 동사들은 의미론적으로 행위보다는 상태이다. 예를 들면, 영어 동사 like, love, think. 그러나 여기에서 고려 중인 것은 바로 문장의 의미에서가 아니라 문장의 형식적 구조에서 어떤 면에서 다른 문장의 부류이다.

3) 동사 to be의 기능에 대한 충분한 논의는 Lyons(1969: 7장)를 권한다.

8.2.1. 시간과 공간에서의 존재

어떤 항목의 존재에 대한 사실은 특수동사에 의해서거나, be동사를 수
반하는 몇 가지 특수한 형태에 의해 표현될 수 있다. 영어는 연계동사를
수반하는 형태 there (역사적으로 위치부사 there에서 나온)를 사용한다.

> There is a shortage of gasoline.
> There were three books on the table.
> A long time ago, there was a man who lived in the forest.

IZ어는 존재를 지시하는 동사 nuu를 가지고 있다.

nuu 'žuba'	*There is corn.*
pa'bia' nuu [*how-much is*]	*How much is there?*
nuu 'stale [*is much*]	*There's lots.*

유사한 양식으로, 스페인어는 조동사 haber를 사용하는데, 즉 현재시제
에 hay *there is* , 그리고 과거시제에 había *there was*를 사용한다.

Hay leche.	*There is milk.*
Había tres hombres.	*There were three men.*

SP어에서 존재는 동사 it'로 표현된다.

it^y mok   *There is corn.*
it^y lʌ·pi   *There is firewood.*

8.2.2. 분류-확인

상태는 다른 것과 관련하여 어떤 실체를 확인하거나 또는 분류할 수 있다. 그것은 부분-전체의 관계를 언급하거나, 또는 단순히 확인을 언급할 것이다. 영어는 두 개의 구성성분을 연결하는데 be동사를 사용한다.

She is my friend.
Ralph is a soldier.
Clowns are circus performers.
That man is Ralph.

SP어와 IZ어는 이들 개념을 두 개의 명사의 병치나 혹은 하나의 명사와 대명사의 병치-하나는 주어로서 기능하고 다른 하나는 주어에 대한 술어로서 기능하는-에 의해 표현한다. SP어에서 술어명사는 자동사에 사용된 인칭표지와 함께 굴절된다.

SP어의 예:

šiwan soldaho   *John is a soldier.*
[*John soldier*]

ʌč a‑pʌ·šiñ   *I am a man.*
[I *ls‑man*]

IZ어의 예:

ǰu 'laabe   *He is a soldier.*
[*soldier he*]

ǰu 'ngiiu-ka   *That man is a soldier.*
[*soldier man-that*]

'meža nga   *That is a table.*
[*table that*]

8.2.3. 기술

다른 상태문들은 주어를 기술하거나 특성화하는 술어를 가지고 있다. 영어와 스페인어의 주어와 기술형용사들은 다른 상태문에서처럼 하나의 동사에 의해 연결된다. 그러나 스페인어는 두 개의 다른 동사들이 있는데, 그것들의 용법은 기술 상태의 영속성에 달려 있다.

Esta pintura es bella.   *This painting is beautiful.*
El cielo está bonito hoy.   *The sky is pretty today.*

몇몇 언어들은 연결동사를 포함하지 않는다. 대신, 형용사가 전체 술어 기능을 수행한다. 그러한 언어들은 수식 명사구와 기술문을 구별하는 방법에서 각기 다르다. Pinotepa Mixtec어 (멕시코)에서 기술문은 능동문과 같은 어순을 가지고 있다. 즉 주어명사류가 술어에 후행한다. 예를 들면:

ka'nu we'e   *The house is big.*
[*big house*]

반대로 같은 구성성분들을 갖는 명사구는 형용사를 명사 다음에 배치한다.

we'e ka'nu   *the big house*
[*house big*]

SP어 또한 문장 표현 기술을 위해 명사와 형용사를 병치한다.

> hém šiwan ca·m mʌh   *John is very big.*
> [*the John very big*]

> wʌ hém tʌk   *The house is good.*
> [*good the house*]

이러한 구문은 후자가 동격으로 명사화 형용사를 덧붙인 머리 명사로 구성된다는 점에서 명사구와 다르다.

> hém šiwan (hém) mʌhpʌk   *big John*
> [*the John (the) big-one*]

> hém tʌk (hém) wʌ·bʌk   *the nice house*
> [*the house (the) good-one*]

IZ어의 다른 언어 중에서 기술이 특정 일반 동사에 상태 접두사 na-에 의해 표현되는 예이다.

예:

> bi-'guundu-ni   *It wilted.* (능동)
> [*comp-wilt-it*]

> na-'guundu-ni   *It is wilted.* (상태)
> [*sta-wilt-it*]

> bi-'soo-be   *S/He grew tall.* (능동)
> [*comp-tall-3s*]

na-'soo-be   *S/He is tall.* (상태)
[*sta-tall-3s*]

여전히 다른 언어들은 기술을 나타내기 위해 일반 동사들과 규칙동사 부가를 사용한다. Copala Trique어 (멕시코)는 그 예이다.

rã^{3}n žnii^{3}n   *The boy is sick.*
[*sick boy*]

girã^{53}n žnii^{3}n   *The boy will be sick.*
[*will-get-sick boy*]

girã^{3}n žnii^{3}n   *The boy was sick.*
[*was-sick boy*]

언어들은 기술을 표현하기 위해, 하나의 문장유형 이상을 사용한다. 예를 들어, IZ어는 형용사가 명사에 병치되는 소수의 유형을 가지고 있다. 그렇게 사용된 형용사는 주로 스페인으로부터 들어온 차용한 것 같다.

ga'lan 'ba'du-ka   *That child is pretty.*
[*pretty child-that*]

'pobre 'laabe   *S/He is poor.*
[*poor s/he*]

8.2.4. 위치

여전히 다른 상태문은 주어의 위치를 확인한다. 다시 영어와 스페인어에서 그러한 문장들은 동사 to be를 사용한다.

Mamá está en la casa.   *Mother is in the house.*

IZ어와 SP어는 존재문에서와 마찬가지로 같은 동사를 사용한다.

IZ어의 예:

nuu hñaa 'ndaani yoo   *My mother is in the house.*
[*is mother-ls in house*]

SP어의 예:

it^y šiwan   *Is John here?*
[*is John*]

그러나 Zapotec어 계통에 속하는 어떤 언어들은 위치 혹은 존재를 나타
내는 꽤 광범위한 동사들의 목록을 가지고 있다. 그 선택은 주어명사류의
위치 (또는 추정되는 정상 위치)에 의존한다. 예를 들면, Texmelucan
Zapotec어는 *inside, elevated position, upright* (또는 *seated*) 위치를 가
리키는 동사들을 포함하는 일련의 위치류 동사들을 가지고 있다. 또한 각
각의 위치는 단수주어와 복수주어로 형태를 바꾼다.

ri tub bel lo nis   *There is a fish in the water.*
[*be-in (s) one fish face water*]

yu' bel lo nis   *There are fish in the water or The fish are*
[*be-in (pl)*]   *in the water.*

ta' laž lo yag　　　*There are oranges on the tree.*
[*be-elevated (pl) orange face tree*]

ngwaa yu' gyedz　　　*There are houses in the town.*
[*be-upright (pl) house town*]

8.2.5. 소유

몇몇 언어에서, 소유의 개념은 영어에서처럼 타동사를 갖기보다는 동사 to be를 갖는다거나 또는 몇 가지 특수한 형태에 의해 표현된다 (예, "*I have two books*"). Texmelucan Zapotec어는 위에서 언급한 위치동사들 중 하나를 사용한다.

yu' cigud ne　　　　*I have cattle.*
[*be-inside cattle of/to me*]

동사 *to have*를 사용하는 영어의 문장구문과 유사한 문장구문에 부가하여, SP어는 소유의 술어로 기능하는 특수 접미사 -ʌy로 명사내에서 소유 구문을 갖는다.

an-nait^y kʌ·pi　　　　*I have firewood.*
[*1:3-have firewood*]

šiwan kʌ·pi-·ʌy　　　　*John has firewood.*
[*John firewood-poss*]

Mayan어 계통의 일원을 포함한 많은 언어들은 *exist*를 의미하는 동사로 소유를 표현하는데, *exist* 다음에 with를 의미하는 단어에 후행한다. 후자의 단어는 인칭접두사에 의해 굴절된다. Central Pocomam어 (과테말라)의 예를 들면 다음과 같다.

wile w-uu'	*I have*
[*exist is-with*]	
wile aw-uu'	*You have*
[*2s*]	
wile r-uu'	*S/he has*
[*3s*]	
wile q-uu'	*we have*
[*1pl*]	
wile aw-uu'-ta	*you (pl) have*
[*2pl- -2pl*]	
wile k-uu'	*they have*
[*3pl*]	

8.3. 양상 자질

또한 문장의 차이는 화자의 의도를 반영한다. 화자는 사실을 주장하거나, 어떤 이에게 무언가를 하도록 명령하거나, 또는 질문에 답하기를 원할지 모른다. 의도에 있어서의 의미 차이는 대체로 동사에서, 또는 문장전체에서 형태의 차이에 상호관련이 있다.

8.3.1. 서술문

지금까지 대부분의 문장은 서술적이었다. 즉 서술하거나, 주장하고 진술한다. 이 문장들이 명령과 질문에 필요한 일정한 변화를 갖는, 기본적인 것 또는 정상적인 것임을 고려할 것이다.

8.3.2. 명령문

명령문은 명령과 주문을 표현하는 것들이다. 이러한 명령들은 종종 다음과 같은 방법에서 서술문과 하나 이상의 차이점이 있다. 명령문은 보통 더 짧다 (즉, 거의 조금밖에 부사적 확장을 허락하지 않는다). 동사들은 종종 특수한 명령적 굴절을 나타내며, 주어는 종종 수의적으로 또는 필수적으로 생략된다.

SP어에서 접미사 -ʌ는 명령을 나타내며 어떤 동사와도 함께 공기한다.

ʌč a-nʌk-pa   *I am going.*
[*I 1s-go-inc*]

nʌk-ʌ   *Go!*
[*go-imp*]

he i-kút-pa wíkkuy   *S/He is eating food.*
[*s/he 3:3-eat-inc food*]

kuut-i wíkkuy   *Eat food!*
[*eat-imp*]

스페인어에는 명령문을 위한 동사의 특수한 형태가 있다.

Voy al centro.   *I'm going downtown.*
[*go-1s to-the center*]

¡Ve al centro!   *Go downtown!*
[*go to-the center*]

영어에서는 명령을 위한 동사의 특수한 형태들이 없다. 접사 없이 단일
어간이 사용된다.

Go ahead!
Come here!
Run along!

명령적 개념과 가장 가까운 것이 **권고** (hortatory)의 문형인데, 이것은
훈계, 충고, 또는 부드러운 명령이라는 특징이 있다. 이 개념은 자주 명령
적 형태와 다르게 표현된다. IZ어에서는 규칙적인 서술문과 마찬가지로
동일한 일반적 형태를 가지고 있지만, 동사에 잠재적인 접두사를 가지고
있다.

gu-'ka'-nu   *Let's write.*
[*pot-write-1plincl*]

gu-'kaa-lu'   *You should write or I'd like you to write.*
[*pot-write-2s*]

gu-'kaa-be   *S/He should write.*
[*pot-write-3s*]

언어들은 명령의 효과를 부드럽게 하는 그것들의 체계 속에서 변화한다. 위의 IZ어의 번역에 의해 알 수 있는 것처럼, 영어는 "should...," 또는 "I'd like you to..." 형태를 사용할 수 있다. 영어에서 쓰이는 또 하나의 체계는 "Would you like to shut the window?" 혹은 "Could you shut the window?"와 같은 질문의 형태에 요구를 삽입하는 것이다. 어떤 언어에 있어서 그 반응은 그 행위의 수행보다는 직접적으로 "no", 혹은 "yes"로 나타날 것이다. 언어 학습자들은, 특별한 관습이 그들의 새로운 언어에 내재하고 있음을 발견할 필요가 있다.

8.3.3. 의문문

질문에는 두 가지 형태가 있다. "예"나 "아니오"의 대답을 기대하는 것과 그 반응으로 어떤 만족할 만한 정보를 기대하는 것이 그것이다.

8.3.3.1. 예/아니오 의문문[4]

"예" 혹은 "아니오"의 대답을 기대하는 질문은 단지 억양이 있거나 또는 덧붙여진 형태이거나, 문장구조에 있어서 다른 변화에 의한 진술과는 다르다. 영어는 양쪽 모두의 자질을 포함한다. 예를 들어, 진술 억양의 실재 (낮은 어조로 끝나는) 또는 질문 억양 (상승어조로 끝나는)은 서술문과 의문문 사이의 차이를 만든다. 예를 들면:

> Alex left yesterday.
> Alex left yedterday?

한편, 문장형태에 변화를 나타내면,

> Did Alex leave yesterday?

명백히 다른 억양으로 질문을 나타낸다.

---

4) 또한 "진리-가 의문문"이라 명칭붙인다.

  몇몇 언어에 있어서, 예/아니오 의문문은 문장의 단어들 중 하나에 첨사
나 접사를 첨가함으로써 만들어질 수 있다. 이러한 구조의 유형은 멕시코
인디언 언어에 있어서 아주 흔하다. Huave어는 문장 끝의 요소에 접미사
-e를 첨가한다.

> miteat altinden-e   *Is your father in the house?*
> [*your-father in-the-house-Q*]

Tarascan어는 동사에 접미사 -i를 갖는다.

> tsɨtask-i huanu imeri kuaračičani   *Did John lose his sandals?*
> [*lost-Q John his sandals*]

Tojolabal어는 문장의 첫째 구성성분에 접미사 -ma를 덧붙인다.

> yila-ma ha kerem ha huani   *Did John see the boy?*
> [*saw-Q the boy John*]

> ha'-ma kerem yila ha huani   *Was it the boy John saw?*
> [*the-Q boy saw John*]

  Tojolabal어와 관계가 있는 Chol어는 문장의 첫째 구성성분에 유사한
접미사 -ba를 덧붙인다.

> tsa'-ba ik'ele ts'i' hini huan   *Did John see the dog?*
> [*tense-Q see dog John*]

him-ba ts'i'tsa'bɨ ik'ele huan   *Was that the boy John saw?*
[*that-Q dog past that saw John*]

IZ어는 예/아니오 의문문을 만들기 위해 서술문에 수의적인 형태 ñee와
필수적인 후치 형태 la를 첨가한다.

(ñee) nuu 'žuba la   *Is there any corn?*
[*Q exist corn Q*]

(ñee) ma če-u' la   *Are you leaving already?*
[*Q already go-you Q*]

Mandarin Chinese어는 예/아니오 질문을 지시하는 문말 첨사 ma를 갖
는다 (Li and Thompson 1981:521).

nǐ hǎo ma   *How are you? (Literally: Are you well?)*
[*you well Q*]

어떤 언어들에 있어서, 긍정적 또는 부정적 대답의 기대를 함축하는 예/
아니오 질문의 특수한 형태들이 있다. 영어에서 이러한 함축들은 **부가의
문문** (tag questions)에 의해 다루어지는데, 그것은 단문의 부정적 또는 긍
정적 진술의 역을 포함한다.

He's going tomorrow, isn't he?
He isn't going tomorrow, is he?

의문문의 가능 자질은 전체적인 명제보다는 개개의 구성성분에 관한 질

문이다. 이들 변화된 강조들은 다른 어순, 다른 억양, 다른 구문, 또는 의문
첨사나 접미사의 다른 배치에 의한 결과이다. IZ어는 다음의 정상적인
VSO 어순 대신, 문두위치에 (즉, 수의적인 nee 다음에) 강조된 구성성분
을 놓는다.

> ñee 'maksimo če kon'greso la
> [Q Max   go congress Q]
> *Is **Max** going to the congress?*

> ñee kon'greso če maksimo la
> [Q congress go Max Q]
> *Is it the **congress** Max is going to?*

> ñee 'maksimo 'biiya-lu la
> [Q Max   saw-2   Q]
> *Was it **Max** you saw?*

　영어는 질문된 구성성분 위의 강조적 강세 억양이나, 또는 항상 강조적
강세도 같이 포함하는 특수한 초점 구문을 사용한다.

> Is **Max** going to the congress? / Is it **Max** who is going to the congress?
> Is Max going to the **congress**? / Is it the **congress** Max is going to?
> Is Max going **tomorrow**? / Is it **tomorrow** Max is going?

8.3.3.2. 내용-정보 의문문
　질문의 다른 유형은 "예"나 "아니오"의 단순한 진술보다는 상세한 정보
를 주는 반응을 기대하는 것이다. 영어 분석자들은 이러한 유형을 의문사
문 (question-word sentences) 혹은 WH-의문문 (WH-question)이라 명명

하고 있는데, 그것은 일련의 의문사가 서술문에서 다른 단어를 대치하기 때문이다. 즉 who, what은 명사와 대명사를, which는 형용사, when은 시간 표현, where는 장소, how는 방법, why는 이유를 대치한다. 많은 언어들에서 의문사는 문두에 나타난다. 다른 언어에서는 의문사는 그것이 대체하는 단어의 위치를 고수한다. 영어에서 의문사는 보통은 문두에 있으며, 어떤 의문 형태는 대역동사 do를 포함한다.

> Who went?
> What do the men say?
> Which book did you bring?
> When did the man leave?
> Where did he go?
> How did he get away?
> Why did he go?

Mandarin Chinese어에서, 의문사는 문장안에서 똑같은 문법적 기능의 비의문사가 나타나는 자리와 동일한 위치에서 나타난다. 목적어 기능을 갖는 what을 의미하는 의문사가 목적어의 정상적 위치인 동사 뒤에 나타남을 주목하라 (Li and Thompson 1981:522).

> nǐmen zuò shénme   *What are you doing?*
> [*you do what*]

8.4. 타동성과 양상 자질의 요약

지금까지 설명해 온 문장의 다양한 유형은 타동사로 시작하고 명령형으로 끝나는 상호 배타적인 문장유형의 단일 목록으로 고려될 수 없다. 게다가 주요 상관자질인 타동성과 서법이 있다. 아마도 그 관련성은 하나의 축 위에 타동성을 갖고 다른 축에 서법을 갖는 모형에서 가장 잘 보여진다. 그 관련성은 영어의 예로 예증된다.

서법 ⇒ 서술문	의문문	명령문
타동성 ⇓ 타동사 He lifted the weight.	Did he lift it? Who lifted it?	Lift it!
이중타동사 He handed it to me.	Did he hand it to me? Who handed it to me?	Hand it to me!
자동사 He ran.	Did he run? Who ran?	Run!
상태동사 He is generous	Is he generous? Who is generous?	Be generous!

8.5. 어순 변형

우리는 기본 문형의 변형이 수동문과 다양한 서법으로 귀착하는 것에 대해 논의해 왔다. 그러나 다른 요인들은 단문 유형 안의 어순의 변화에 포함될 것이다. 그러한 변화들과 그것들의 의미에 대한 기술은 **유표적** (marked) 순서 즉, 어떤 특수화된 의미나 분포를 갖는 것들을 설명하기 위한 것으로부터 기초적, 정상적, **무표적** (unmarked) 어순의 존재를 함축한다. 어떤 언어들에서는, 어순이 가장 근본적이라고 결정을 내리기는 어렵다. 예를 들면, Sierra Popoluca어에서 그 요소들은 하나의 연속이 다른 연속보다 좀더 기본적인 것으로 고려될 수 없는 그러한 자유어순 내에서 발생한다. 그것의 다양한 접사적 범주를 갖는 동사는 하나의 완전한 문장이다. 즉 명사류 구성성분들이 첨가될 때 그것들은 매우 자주 동사 뒤를 따른다. 그러나 그 구성성분들 사이에 상당한 이동의 자유가 있다. 5.4.1항에서 지적하였던 것처럼 문장은 어느 명사류가 주어이고, 어느 명사류가 목적어인지 모호할 수 있다.

그러나, 대부분의 언어들은 대개는 초점 또는 주어진 구성성분의 강조, 그 문맥 내에서의 문장의 위치나 구성성분 자체와 관련하는 어떤 특정한 조건과 같은 다양한 요인들에 의존하여 변화를 갖는, 무표적인 기본 어순을 갖는다.

8.5.1. 주제와 초점 변형

변형의 한 가지 유형은, 특정한 구성성분을 강조하기 위해 구성성분의 순서에 또는 특수한 구문의 도입에 변화를 포함한다. 그러한 구문의 화용론은, 화자가 특별한 경우에 그것들을 쓰겠지만 보통 대화나 독백 담화등의 문맥과 관련된다. 예를 들어, 만약 한 사람이 또 다른 사람에게 왜 그렇게 많은 사탕을 먹었냐고 묻는다면, 그 두 번째 사람이 "내가 먹은 것은 사탕이 아니라 과자였다"라고 대답할 것이다. 이 경우, 영어 문장의 목적어는 문장의 앞에 오게 되고, 반대로 특별한 연계동사 구문에 배치된다. 이러한 영어 구문은 몇몇 언어학자에 의해 **초점** (focus) 구문이라 불려진다. **주제화** (topicalization)는 "As for Max, he's out of town" 또는 "Max, he just left"와 같은 구문을 위한 명칭이다.

교차언어 적용을 위한 이 두 가지 용어를 명확하게 정의하는 것이 여기서는 시도하지 않았다. 언어는 그러한 구문들의 구조와 용법에서 크게 다르며, 언어학자들도 용어의 사용에 있어서 다르다. 모든 담화와 관련된 고려들이 포함되며, 이러한 유형의 분석에서 아직도 이루어져야 할 것이 많다.

주제란 용어는 문장에서 정상적 위치로부터 문두의 위치로 어떤 구성성분의 전치 (fronting)에 원칙적으로 적용되어 왔다. 그러나 어떤 언어에서, 특히 Mandarin Chinese어에서 **주제-평언** (topic-comment)의 구문은 주어-술어 구문보다 좀더 기본적인 것처럼 보인다. 사실상 Mandarin어의 주어-술어 구문은 종종 평언 구성성분 내에서 발생한다 (Li and Thompson 1976 : 468, 469).

Nèike shù yèzi dà
[*that tree leaves big*]
That tree (주제), *the leaves are big.*

Nèi kuài tián daòzi zhǎngde hěn dà, suǒyi hěn zhìqián
[*that piece land rice grow very big so very valuable*]
That piece of land (주제), *rice grows very big, so it is very valuable.*

주제-평언 문장은 Mandarin어에서는 통상적, 무표적인 (즉, 수반되는 강조가 없는) 문장유형이다. "주제-평언 언어"와 "주어-술어 언어"의 대조에 대한 많은 논의에 대해서는 Li and Thompson (1976, 1981)을 보라.

Mandarin어와 다르게, IZ어의 정상적인 문장어순은 수의적으로 부사류 요소가 수반되는 VSO인데, 주제 명사는 포함되지 않는다. 그러나 확실한 담화나 목적을 강조하기 위하여 명사류 요소나 보통 핵심 구성성분에 후행하는 부사 중의 하나가 전치된다. 전치된 구성성분들은 종종 철자법의 콤마와 유사한 방식에서의 주제화 (여기에서 TOP으로서 동일시된)로서 그것을 분할하는 첨사 la에 의해서 뒤따르게 된다. 예를 들면:

1) či-'ke   na'beza ti-'ba'du 'ndaani ti-'giǰi 'wiini'
   [*day-that   live a-child   in   a-town   little*]

2) 'ba'du-ri la. 'napa 'stale 'bi'ku'
   [*child-this TOP has many dog*]

Once upon a time there was a boy who lived in a little village.
This boy had many dogs.

위 예에서, 주제로서 기능하는 전치된 주어는 담화에서 두 문장을 연결
한다. 이야기는 계속된다.

3) 'peru bi'zaana-be la, ke 'gapa 'bi'ku'   *But his sister didn't have any*
   [*but sister-3s   Top, no have dog*]   *dogs.*

세 번째 문장의 주제는 앞서는 참여자와의 대조를 강조한다. 이야기는
종결된다.

4) 'orake (la) bisi'ga'de-be laa 'tobi   *Then he gave one to her.*
   [*then TOP   gave-3s   her one*]

여기서 시간부사 'orake (*then*)는 담화의 이전 사건과 그 이상의 연관을
만들어낸다. 이 문장에서 la는 수의적이다.

주제표지 la에 부가하여, 여기서 IZ어는 FOC로 동일시하는 초점표지인
것처럼 보이는 첨사를 갖는다. 부가적으로 명사류 구성성분은 초점을 나
타내기 위해서 전치될 수 있다.

'bi?ni 'kike-ni   *Henry did it. (normal order)*

[*did Henry-it*]

'kike (nga) 'bi?ni̩-ni   *It was Henry who did it.*

[*Henry (FOC) did-it*]

중국어와 IZ어 구문에 대한 논의는 주제화와 초점5)에 대한, 단지 간단한 소개와, 이 영역에서 기대될 수 있는 구문의 단순한 제안을 제시한다.

8.5.2. 어순 변형의 다른 요인들

특별한 강조 효과를 위한 구성성분의 전치에 부가하여, 다른 요인들은 문장에서 요소들의 어순변화에 포함될 수 있다.

영어에서 명사류의 어순은 간접목적어를 표시하는 전치사의 존재 여부에 따라 다양하다. 우리는 "He gave me a book" 또는 "He gave a book to me"라고 말한다. 그러나 우리는 통상 "He gave to me a book"이라 하지 않고, *"He gave a book me"라고는 절대 말하지 않는다.

수의적으로나 의무적으로 언어는 매우 복잡한 구성성분들의 관련 위치를 자주 변화시킨다. 그러한 구조들은 **과중구조** (heavy structures)와 위치의 결과적 변화인 **과중추이** (heavy shift)라 명칭붙여 왔다. 예를 들어서, 위에서 인용된 드문 문장 "He gave to me a book"은 "He gave to me one of the rare books he had inherited from his great grandfather"에서처럼 직접목적어가 긴 표현일 때 더욱 정상적인 것처럼 들린다.

---

5) 초점이라는 용어는, 또한 필리핀어에서는 아주 다른 구문에 적용되어 왔다. 소위 "초점"의 체계는 대단히 발전되었고, 그 동사와 명사류 구성성분 양자에 표지를 포함하는 점에서 전체 문장에 영향을 준다. 어떤 구성성분은 화자의 견해에서 항상 "초점이 있다". 이러한 규칙적인 자질에 첨가하여, 강조를 부가해 주는 전치의 과정이 있다.

많은 언어에서, 동사에 관계하는, 또는 명사류 서로에 관계하는 명사류의 어순은 그것이 한정 명사류인지 아니면 불한정 명사류인지에 따라 좌우된다. 몇몇 체계에서, 명사류는 영어의 *the*와 *a*에 상당하는 형태소를 가지고 한정성이나 또는 불한정성을 표시한다. 그래서 어순변화는 예측할 수 있다. 다른 언어들, 예를 들어 Mandarin Chinese어는 표지가 없다. 어순 자체는 한정 대 불한정의 내용을 변별한다. Mandarin어 (또한 다른 언어 기술에 관련하여)에서의 이러한 자질은 Li and Thompson (1975)에서 기술되었다.

8.6. 문장 조각들

어떤 언어에서, 대화는 억양과 완전한 문법적 문장이 아닌 음운론적 문장의 휴지 자질을 수반하는 몇 가지 발화를 포함한다. 몇 가지 전형적인 영어의 대화들을 고려해 보자.

    1) Coffee, sir?

       No, thank you. Just water, please.

    2) When is Max coming?

       When he gets ready, I guess.

       And Ruth?

       Tomorrow.

       Really? Tomorrow?

언어의 문법에 대한 완벽한 기술은 비록 완전한 문장은 아니지만 완벽한 발화로서 나타날 수 있는 형태소나 구문에 대한 진술들을 포함한다. 그리고 그것은 어떠한 환경 아래에서도 가능하다. 다음 IZ어의 부가적인 자료를 살펴보기로 하자.

   1) 질문 : raka'la'j -u ndi la   *Do you want this?*
                     [want-2s this Q]

   2) 응답 : raka'laj-e'   *(Yes) I want (it).*
                   [want-1s]

   3) 교체 응답 : u'na' *Which?*

   4) 교체 응답 : 'ndi la   *This?*

설명: 보통은 목적어를 요구하는 타동사는 똑같은 동사를 포함하는 질문에 대한 응답 (2)에서 목적어 없이 나타날 수도 있다. u'na'와 같은 형용사들은 응답 (3)에서 처럼 홀로 쓰일 수 있다. 예/아니오 의문문은 완전히· 문법적인 문장 (1)이나, 응답 (4)에서 사용되어진 문장 조각들 중 하나에 전접어 la를 덧붙임으로써 표현된다. 결코 완전한 문장이 아닌 반응의 부류는 단일 단어와 구 모두를 포함한다.

8.7. 기술의 확장

첨가된 문장유형과 구성성분들의 몇 가지 다양한 명시에 비추어서, 일정한 조정이 6.3절에서 제시했던 견본기술로 만들어진다.

본래 그것들의 중심 구성성분들 (술어, 주어, 목적어, 보어)에 의해 달라지는 단순한 서술문들은, 이러한 대조적 구성성분들에 의하여 첫째로 기술되어진다. 그 뒤에, 모든 다양한 문장유형과 같은 수의적인 구성성분들이 반복없이 하나의 단위로서 기술될 수 있다. 어느 한 구성성분의 복합적 명시는 그 구성성분의 처음 언급에 따라 기술될 수 있다.

따라서 6.3절의 IZ어 기술은 미리 주어지지 않았던 자질들을 포함하는 것으로 변화된다.

1. IZ어의 단순한 서술문은 타동사, 자동사 그리고 여러 가지 상태유형들을 포함한다. 이러한 유형 중에 핵심 구성성분들은 다음과 같다.

1.1 타동사문은 세 가지 구성성분 : 술어, 주어, 목적어의 순서로 이루어진다. 서술어는 타동사이다. 주어는 고유명사나 명사구이다. 목적어는 고유명사, 명사구 또는 대명사이다. 예:

> 'biiya 'nansi 'lino   *Nancy saw Ursilino.*
> [*saw Nancy Ursulino*]

> 'biiya 'nansi naa   *Nancy saw me.*
> [*saw Nancy me*]

> 'biiya 'čupa 'ba'du 'čupa 'benda   *Two children saw two fish.*
> [*saw two child two fish*]

1.2 자동사문은 두 개의 구성성분 : 서술어와 주어 순으로 이루어진다. 서술어는 자동사이다. 주어는 타동사문의 주어와 똑같다. 예:

'beeda 'nansi   *Nancy came.*   'beeda 'čupa 'ba'du' *Two children came.*
[*came Nancy*]   [*came two child*]

1.3 상태문은 네 가지 유형으로 구성된다: 확인적 기술, 존재적 기술, 동사적 기술, 그리고 비동사적 기술.

1.3.1 확인문은 두 개의 구성성분으로 이루어진다: 주어와 술어 명사류. 주어는 소유나 인칭적 특성을 가리키는 명사들의 하위부류이다. 술어는 고유명사, 명사구 또는 대명사이다. 예:

'maistru 'ngiiu-ke   *That man is a teacher.*
[*teacher man-that*]

'ba'du 'laabe   *S/He is just a child.*
[*child s.he*]

1.3.2 존재문...[6]

2. 모든 서술문의 수의적 구성성분은 시간과 장소이다. (6.3절의 기술과 예문들을 보라.)

3. 의문문은 두 유형이 있다: 예/아니오 의문문과 정보 의문문.
· · ·

4. 명령문은 두 유형이 있다: 단순형과 복수형.
· · ·

---

6) 이런 견지으로부터, 단지 주 개요점들이 채워질 필요가 있는 부분을 나타내는 삭제 기호(...)로 주어진다. 구문들의 몇 가지는 앞장 IZ어 자료에 의해서 예증될 수 없었던 개요를 포함하고 있다.

　5. 주제화와 초점.

　　　　　. . .

　6. 구는 다음과 같은 유형이 있다.

　　　　　. . .

　7. 단어류 (6.3을 보라)

　　　　　*　　　*　　　*

　이 장에서는, 분석자들이 언어에서 발견되기를 기대하는 다양한 단문들을 소개하려는 시도가 이루어졌다. 개관은 철저한 목록을 포함하지는 않았고, 단지 여러 가능성을 시사하도록 꾀했다.

제9장 상호절 관계

지금까지 하나의 주어와 술어로 이루어진 단문에 대해서 논의하였다. 때때로 필요한 경우에 문장 속의 문장 (또는 절)이 참고되기도 했다. 이 장에서의 주제는 그러한 포함의 유형과 합성구조의 다른 종류에 대해 충분히 논의하는 것이다.

단문이 합성구문을 이루기 위해 다양하게 배합되는 것처럼, 그들의 관계나 형태 또한 다양하다. 합성구문 속에서의 유사 형태와 단문을 보다 쉽게 구분하기 위해, 포함된 구조는 절 (clause)이라는 용어로 소개한다.

문장 속의 절들 사이의 관계는 다양하고 복잡하다. 이러한 복잡성은 세 가지 서로 다른 매개변수, 즉 절의 내적 구성, 상호 구조관계, 그리고 의미 관계에 기인한다. 이 세 가지 매개변수는 그들의 다양한 자질 사이의 일 대일 대응이 잘 안되기 때문에 함께 논의될 수 없다. 우선 절의 내적 구성에 대한 기술부터 시작한다.

9.1. 절 구성

내적 구성에 의해, 절은 **독립적** (independent)인 것과 **의존적** (dependent)인 것으로 나뉠 수 있다. 지금까지 고찰해 온 단문은 독립적이다. 단문은 대화를 시작하는 완전한 발화로써 독립할 수 있다는 것이다.[1]

---

1) 실제로 이것은 "독립성"의 개념을 지나치게 단순화한 것이다. 예를 들어, 보통 "He

의존절은 독립절과는 다른 어떤 형식적 방법으로 표지가 주어진다. 그러한 표지는 독립 형태에 부가된 if, because, when, in order to 등의 종속어나 구일 수 있다. 혹은 "(I want) *to go*" 에서의 영어 주어처럼 독립절에서 정상적인 필수 구성성분을 제거한 변별자질일 수도 있다. 또 바로 앞에서 인용한 영어문장의 부정사 to go 처럼 그 독립절과는 다른 특정 형태의 동사로 나타날 수도 있다. Isthmus Zapotec어의 의존절 중 하나는 시제절인데, 이는 동사의 전접어 si *only/as soon as* 존재로 확인될 수 있다.

> 'g-eeda-be i'ži'   *S/He should come tomorrow.*
> [*pot-come-3s tomorrow*]
>
> 'g-eeda-si-be   *As soon as s/he comes...*
> [*pot-come-only-3s*]

Sierra Popoluca어에서는 절의 주동사와 함께 나타나는 일련의 인칭 접두사들이 몇몇 의존절 및 독립절에서 달리 나타난다. 따라서 의존절은 종속어에 의해서 뿐만 아니라 동사 안에서도 표지된다.

절은 두 가지 기본 방법-즉, **종속** (subordination)과 **등위** (coordination)를 통해 합성구조로 배합한다. 이러한 이분법 속에는 다양한 유형의 구조 관계가 있다. 다음은 전형적인 배합의 예들이다.

9.2. 종속 구문

이러한 유형의 합성문은 독립절에 종속된 하나 이상의 절을 포함한다.

---

came yesterday"처럼 대명사류 주어로 대화를 시작하지 않는다. 여기서 주목하고 있는 독립절과 의존절 사이의 대립은, 어떤 특별한 어휘적 형태보다는 절의 구조에 관련되어 있다.

일반적으로 종속구조는 문장의 주절인 독립절과, 그에 종속되거나 의존되는 하나 이상의 종속절을 포함한다. 그렇지만, 이 문장들은 형태에 있어 서로 의존하는 두 개의 상호의존절로 구성될 것이다. 이러한 문장 유형은 또한 종속어라는 용어 아래 포함된다. 영어의 예:

Either you do your homework **or** you fail the course.

이런 구문에서, 두 절은 의무적으로 종속어를 갖는다. 다른 구문에서, 뒷절의 종속어는 수의적이다.

If you do your homework, (**then**) you will pass the course.

종속문은 매우 다양한데, 그 유형은 주절에 대한 종속절의 기능관계에 의해 결정된다.

9.2.1. 형용사절

의존절 중의 한 유형은 명사구 안에서 수식어로 기능하는데, 그것은 그 구 안에 포함되거나, 내포 (embeded)된다. 그러한 절이 바로 **형용사절** (adjectival 또는 adjective clauses), 혹은 **관계절** (relative clauses)로 불린다.

관계절은 통상 관계대명사 (who, that 같은) 또는 절 그 자체를 그것이 수식하는 명사에 "관련되는" 다른 표지에 의해 유도된다:

the boy **who** brings the newspaper.
the newspaper **that** the boy brought.

관계대명사는 그것과 **동일지시** (coreferent) 머리명사를 역으로 지시한
다. 그러나 부가적으로 그것은 관계절 내에서의 기능에 따라 변별될 수 있
다. 즉, 그것들은 다양한 기능의 형태를 교체할 수 있다. 다음 예문들은
영어 관계대명사가 보여주는 기능을 예시한다.

1. 주어 : The man **who** came left again.
2. 목적어 : The book (**that**) he brought is on the table[2].
3. 간접 목적어 : The man **to whom** you gave the book was here.
4. 수반 : The man **with whom** you work was here.
5. 이유 : I met the man **because of whom** you no longer have work.
6. 수혜 : The man **for whom** you work phoned.
7. 부사어 : The day (**that**) he graduated, he got a job.
   　　　　The corner **where** he had the accident is over there.

어떤 언어에서, 관계대명사의 기능은 중의적이다. Isthmus Zapotec어의
경우가 그러한 데, 수의적 표지 ni는 주어 또는 목적어 관계사로 기능한다.
관계절이 명사를 포함할 때, 표지의 기능은 중의적이다.

1. bi'žooñe 'ba'du **ni 'bi'ni‾ni**

   [*ran*　　　*child who did‾it*]
   *The child **who did it** ran.*

2. bi'žooñe 'ba'du **ni 'bi'ya‾lu'**

   [*ran*　　　*child who saw‾2s*]
   *The child **you saw** ran.*

---

2) 영어에서, 대명사와 관련된 직접목적어는 수의적이라는 것에 주의하라. 이것은 모
든 언어에서 다 그런 것은 아니다.

3. 'biiya 'ba'du **ni 'bi'ni‑ni**

   [*saw‑1s child who did‑it*]

   *I saw the child **who did it**.*

4. 'biiya gu'naa **ni na'ȷii 'ale**

   [*saw‑1s woman who loves Alex*]

   *I saw the woman **who loves Alex**.*

   or *I saw the woman **Alex loves**.*

예문 1과 3에서 관계표지는 관계절의 주어로 기능하고, 2에서는 목적어로 기능한다. 4에서 관계절은 명사 'ale를 포함한다. 이 경우 관계표지의 기능은 중의적이다.

아라비아어에는 대립되는 두 가지 유형의 관계절이 있다; 하나는 관계절이 수식하는 명사가 한정적일 때 사용되고, 또 하나는 비한정적일 때 사용한다.

ja·'a r‑rajulu lladii ra'ʌytu‑hu 'ams

[*came the‑man who I saw‑him yesterday*]

The man I saw yesterday came.

ja·'a rajul (un) ra'ʌytu‑hu 'ams

[*came man‑a I saw‑him yesterday*]

A man I saw yesterday came.

한정 명사구는 관계대명사 lladi를 포함하는 데 반해 비한정 명사구는 이를 포함하지 않는다.

몇몇 언어는 제한 (restrictive)-비제한 (nonrestrictive) 관계절 사이의 변별이 있다. 제한절은 머리명사를 확인 혹은 명시하는 것을 돕는다. 비제한절은 확인이 필요 없는 상황하에 있는 명사에 대해 단순히 설명할 뿐이다. 어휘적 혹은 구조적 형태에는 차이가 없을지라도 영어나 스페인어에서는 가능한 음운휴지가 비제한절 앞에 온다. 그런 휴지는 정서법상 콤마로 확인된다.

영어 예:

Linguists who tire easily never finish the job.
 (제한적; only some linguists tire easily)
Linguists, who tire easily, never finish the job.
 (비제한적; all linguists tire easily).

스페인어 예:

Mi hermano que vive en Maxico tiene dos hijos.
[*my brother who lives in Maxico has two children*]
My brother who lives in Maxico has two children.
(제한적; other brothers live elsewhere)
Mi hermano, que vive en Mexico, tiene dos hijos.
[*My brother who lives in Mexico has two children*]
My brother, *who lives in Mexico,* has two children.
(비제한적; there is only one brother, and he lives in Mexico)

많은 관계절의 예에서, 관계표지가 의문사라는 것은 주목할 만하다. 어떤 언어에서는 정보 의문에 쓰이는 일부 혹은 모든 단어가 그대로 관계절을 이끄는 데 쓰인다. 그런 관계절은 명사를 수식하는 것보다 직접목적어로 사용되기도 한다. 다음은 영어의 예이다.

1. I know what he did.
2. I know who did it.
3. I know where he did it.
4. I know when he did it.
5. I know how he did it.
6. I know whose book he read.
7. I know why he did it.

앞에서 언급한 관계대명사와 같이 의문 관계사는 두 기능- 내포절에서의 관계자와 기능 -을 담당한다. 1에서 what은 목적어로, 2에서 who는 주어로 기능한다. 3, 4, 5에서 의문사는 장소, 시간, 양태로 기능한다. 6에서 whose는 소유자로 기능하고, 7에서 why는 이유로 기능한다. 그러나 모든 언어가 의문사를 관계표지로 사용하지는 않는다는 것에 주의해야 한다.

영어는 독립절을 포함하는 여러 유형의 명사수식절이 있다.

He's the I-don't-care-what-happens type.
I don't like his conceited I've-got-it-all-together attitude.
Classify this in the if-you-live-long-enough
            -you're-liable-to-see-anything department.

9.2.2. 부사절

의존절의 폭넓은 변이는 전통적으로 부사절로서 널리 알려져 있다. 물론, 이것들 중 어떤 유형은, 그것이 주절 안에 내포될 수 있기 때문에 기능면에서 확실히 부사적이고, 따라서 단일어나 구부사로 대체된다. 이 범주는 시간, 위치, 양태, 목적, 이유로 기능하는 절을 포함한다. 이러한 구조는 종종 내포절의 기능에 적합한 유도 종속어나 구를 포함한다. 영어 예:

We walked slowly **where the path was rocky**. (위치)
When Joy's mother called, she ran home. (시간)
She talks as **if she has a cold**. (양태)
I went **in order to see Sally**. (목적)
I went **because they wanted me to**. (이유)

스페인어 예:
Cuando el niño entró, le dimos el regalo. (시간)
[*when the child entered to﹣him gave﹣we the gift*]
When the child came in, we gave him the gift.

Salimos **donde el camino estaba malo**. (위치)
[*left﹣we where the road was bad*]
We came out where the road was bad.

Lo hace **como hace su mamá**. (양태)
[*it dose﹣3s as dose﹣3s his/her mother*]
S/He dose it the way his/her mother dose.

Vino **para ver a Susy**. (목적)
[*came﹣3s for to﹣see to Susy*]
S/He came in order to see Susy.

IZ어 예:

biiya﹣be naa **'ora benda﹣ʔ** (시간)
[*saw﹣3s me when came﹣1s*]
S/He saw me when I came.
'ze﹣be **ra 'nuu dok'tor** (위치)

[*went-3s where is doctor*]
S/He went to the doctor's.

'zun-e-ni **'modo raka'la'ǰ-u'** (양태)
[*will-do-1s-it way want-2s*]
I'll do it the way you want me to.

'bin-e-ni **para akani-'a lii** (목적)
[*did-1s-it to help-1s you*]
I did it in order to help you.

'bin-e-ni **ti u'naba-kabe-ni** (사역)
[*did-1s-it becase asked-3pl-it*]
I did it because they asked for it.

9.2.3. 다른 부사절

종종 부사어로 포함되는 다른 많은 의존절은, 주절 속에서 단일어나 구로 대치되지 않는다. 오히려 그것들은 주절에 관계되든가 혹은 주절을 전체적으로 수식하는 것처럼 보인다. 의존절을 도입하는 종속어는 보통 주절에 대한 의존절의 의미적 관계를 나타낸다. 영어의 예를 보자:

If John goes, I'll stay home. (조건)
I'll go, **even if he doesn't**. (양보)
He'll go, **even though he doesn't want to**. (양보)

9.2.4. 보어절

내포절의 또 다른 유형은 주절에 있는 동사의 주어나 목적어로 기능한다. 그러한 절은 **명사절**로 불려 왔으나, 최근에 주어 또는 **목적어 보어절**과 구분하여 **문장 보어절** (sentential complement clauses)이라 불린다.

　문장 보어절의 형태와 그것을 만드는 방법은 언어마다 혹은 한 언어 내에서도 매우 다양하다. 어떤 주어진 언어에서 그러한 다양성은 완전히 수의적이거나 혹은 주절의 특정 동사에 의해 제약될 수도 있다. 내포절의 형태는 독립적인 단문과 비슷한 완전독립절로부터 절이라기보다 명사적인 형태들에 이르기까지의 연속체에 따라 다양하게 나타난다.

1) 독립 형태

IZ어에서 목적보어절은 독립절이다. 어떤 특정 동사를 따르는 내포 동사는 가능상을 가진다. 그러나, 이 상은 독립문장에서도 쓰인다.

’č-a-a ’mehiko　　　　　*I'm going to Mexico City.*
[*pot-go-1s Mexico*]

r-aka'laǰ-e **’č-a-a　’mehiko**　　　*I want to go to Mexico City.*
[*hab-want-1s pot-go-1s Mexico*]

’g-unna **’b-i’ni-be-ni**　　　*I knew s/he did it.*
[*comp-know-1s comp-do-3s-it*]

na ’maksimo **’z-eeda-Ø i’ži’**　　*Max says he (Max) will come tomorrow.*
[*says Max fut-come-3s tomorrow*]

　위 IZ어의 마지막 예의 번역에서 보는 바와 같이 영어의 간접인용은 목적보어로 독립절을 포함한다.

2) 표지에 의해 유도된 독립 형태.

문장 보어절은 종종 의무적이든 수의적이든 **보문소** (complementizer) 라 불리는 유도어에 의해 이끌린다. 영어의 주어 보어절은 보문소 that을 요구하는데, 목적보어나 간접인용의 경우는 수의적이다.

That the governor will be reelected is a foregone conclusion.
The teacher implied **(that) the answer was wrong.**
Max says **(thst) he will come tomorrow.**

어떤 언어에서 보문소는 분리된 단어라기 보다는 동사에 붙는 접사이다. Langacker (1977)에 따르면, 이것은 Uto-Aztecan 언어에 있는 표지의 가장 일반적인 유형이다.

Cupeño (U.S) 예:3)
ne' pe-n-'e'nan-qa **piš-**'e-hiči-ve-y   *I know you went.*
[*I it-I-know-DUR SUBR-your-go-R-acc*]

3) 동사의 특수한 형태.

몇몇 경우, 내포 동사는 특정시제나 서법에 제약된다. 스페인어의 경우, 내포 동사는 주어 지시의 변화와 함께 어떤 **행렬절** (matrix-clause) 동사를 후행하는 목적보어에서 현재 가정법 양식을 취한다.

Quier-o¡**que lo hag-a**ⱼ   *I want him/her/you to do it.*
[*want-1s that it do-3s/2s* (가정법)]

---

3) Langacker(1977:167). (SUBR은 종속어 혹은 보문소를 가리킨다. 보어절은 대격접미사에 의해 동사 know의 목적어로 나타난다.)

(아래 첨자인 i와 j는 이러한 구문을 기술하는 데 사용된다; i와 j는 다른 지시를 표시하는 반면에 i가 두번 나타나는 것은 두 절에 같은 지시를 표시한다.)

위에 든 IZ어 예와 달리, 내포절의 형태는 보통 두 절에서 주어지시가 같으냐 (동일지시) 다르냐 (비동일지시)에 따라 달라진다. 동일지시 주어의 예는 아래의 5)에서 주어질 것이다.

합성문에서의 절들 간의 관계, 혹은 담화에서의 문장사이의 관계에 대한 어떤 연구에서든지 분석자는 동사에 사용된 시제나 상, 서법 등을 주의깊게 살펴야 한다. 언어는 종종 연속된 절들에서 시제의 일치에 대한 특정한 필요 조건을 갖는다.

4) 명사화 동사.

보어의 한 유형으로, 많은 언어는 동사가 명사의 속성을 지닌 절을 포함하고 있다. 어떤 경우, 실제로 보어절에는 명사화된 동사가 있다. Seric어 (멕시코)의 예 :

in-y-a·ʔsx iʔ-mi·mso　　　*I want you to sneeze.*
[*your-nom-sneeze 1s-mood-want*]

다른 언어에서 동사 그 자체는 정상적인 동사 형태 안에 있으나, 그것은 명사구 수식어에 의해 수반된다. 예를 들어, -ing로 끝나는 영어동사의 형태는 명사 수식어에 의해 수의적으로 수식된 주어나 목적어로 기능할 수 있다.

His working day and night is going to kill him.

This jogging every night is really helping me.
I don't like **your driving so fast.**

주어 보충으로서, 스페인어는 관사를 더한 동사의 부정사 형태를 사용한다.

El comer tantos dulces provoca picaduras de dientes.
[*the to-eat many sweets causes cavities of teeth*]
Eating so many sweets causes cavities.

El hablar mucho irrita la garganta.
[*the to-talk much irritates the throat*]
Much talking irritates the throat.

5) 주어 삭제.

영어에서 (Langacker[4])에 의하면 "대부분의 언어"에서) 목적 보어절의 주어는 주절의 주어와 동일지시일 때 삭제된다. 그런 형태를 가진 언어에서 종속절에는 부정사의 형태가 일반적으로 사용된다. 스페인어와 영어의 예를 들면 다음과 같다.

El quier-e$_i$ **ir$_i$ a México.**
[*he want-3s to-go to Mexico*]
He wants **to go to Mexico.**

El sab-e$_i$ **manejar$_i$**
[*he know-3s to-drive*]
He knows how **to drive.**

---

4) Langacker(1977:170). 확실히 이 자질은, 위에서 지적했듯이 비록 IZ어에서는 raka'laj-e ca-a' *want-I go-I*에서처럼 발견되지 않지만, 많은 언어에서 지극히 보편적이다.

6) 주어 인상.

또 하나의 아주 보편적인 자질이 변형문법에서 "주어 인상"으로 명명되었다. 이러한 속성의 예는, 영어 문장 "I want him to go."와 "I expect him to come."등에서 설명된다. 어떤 주절 동사5)를 후행할 내포절의 주어가 될 것으로 예상되는 명사류는 보통 목적어로 표지되고 (가령, he 대신 him). 따라서 주절의 목적어로도 기능한다.

따라서 다음의 두 일반적 유형의 구문이 나타날 것이다 ; 1) 위의 영어 예에서와 같이 무주어 보어절에서 동사의 부정사 형태를 가지는 것. 2) 보어절에서 정상적인 주어 표지를 갖는 것들이다. 전자는 아마도 가장 보편적인 것이다. 두 번째 유형은 다음의 그리이스 Koine어로 예시된다.6)

Egnon se hoti skleros ei anthropos   *I know that you are a hard man.*
[*know-I you -acc that hard-nom be-you man-nom*]

2인칭 주어는 동사 ei로 표시되나, 대명사는 주절의 대격에서 일어난다 (즉, "copied"이다). 대명사 "copy"의 출현은 수의적이다. 어떤 문장은 목적어로 표지되는 명사류를 포함한 것과 그렇지 않은 것의 다른 두 형태에서 찾아 볼 수 있다.

9.3. 등위 구문

종속문 구성과 달리 등위문은 둘이나 그 이상의 독립절이나 주절을 포

---

5) 이런 구문에서 나타나는 영어동사들은, 목적어 표지 (가령, want ; I want him to go. *I want he will go)와 같은 요구동사로 분류될 수 있다. 즉, 목적어 표지를 허용하는 것 (가령, expect ; I expect him to go / I expect he will go), 또는 그것을 허용하지 않는 것 (가령, hope ; I hope he will go. *I hope him to go)이다.
6) Marlett(1976:10)의 자료와 분석.

함하는데, 그 절들은 다른 절에 종속되거나 포함되지 않고 의미적 평형을 이룬다. 등위문은 **접속사** (conjunction) and, but, or 등에 의해 연결되거나 혹은 그런 형식적 연결어 없이 병치되기도 한다.

9.3.1. 복합문

복합 (compound)이란 용어는 접속사로 연결된 독립절에 의해 구성된 문장을 기술하는 데 사용된다. 절 사이의 의미관계는 부가 (접속사 and로 연결된다), 부정 (but 또는 however로 연결된다), 교체 (or로 연결된다) 등에 따라 다양하다.[7] 각 언어들은 연결어가 있느냐, 없느냐와 그에 따른 절 구조의 변화에 따라 나름대로의 제약이 있다. 예를 들어, 영어에서 접속사 and는 모든 절 사이에서 삭제될 수 있지만, 보통 여러 독립절로 구성된 문장에서는 마지막 두 절 사이에 온다.

> The children played, the young people watched TV,
>   and the adults sat talking.

또 첫째 절의 주어와 동일할 경우 후속절의 명시적인 주어는 생략할 수 있다.

> John hurried home, changed his clothes, and he went outside to play.

만약 위와 같은 경우, 주어가 생략되지 않으면 반드시 명사는 대명사로 대체되어야 한다.

---

7) 보어절에 관한 항에서는, 보어절이 완전한 독립절 형태인 몇 개의 예들이 주어졌다. 그러나 절들 사이의 관계는, 이 항에서 논의된 관계보다 종속관계에 보다 더 밀접했다.

John hurried home, he changed his clothes, and he went outside to play.

(NOT: * John hurried home, John changed ......, etc.)

언어마다 이러한 문제는 서로 다르게 다룬다. 명사, 대명사, 영 지시물의 사용에 대한 제한은 문장의 한계를 넘어서는 요인에 의해 결정된다. 구조적 규칙들은 각 언어들을 문장 내·외에서의 요인을 고려하여 적절히 기술하기 위해 발견되어야 한다 (13장을 보라).

복합문에 대한 충분한 분석은 접속사나 주어가 생략되는 조건의 단순한 결정, 그 이상을 포함한다. 그것은 그것들의 관계에서 절과 접속사의 역할 사이의 의미관계에 대한 기술까지 포함한다. 그 중 몇몇 관계는 이 절의 서두에서 진술했다. 영어에서의 더욱 자세한 논의는 Longacre (1970b)를 참조하라.

9.3.2. 병치문

병치 (juxtaposed)라는 용어는 명시적인 연결어가 없이 단지 억양 유형이나 단순히 휴지의 부재에 의해서만 결합된 두 개 이상의 독립절로 구성된 문장을 기술하는 데 사용된다. Sierra Popoluca어에서 이러한 형태는 행위의 연속을 가리키는데 정상적인 유형이다. SP어에서 사용된 유일한 접속사는 스페인어에서 빌어 온 것이다. 다음 예는 전형적이다.

hesʌgam i-ñoo-yah huktʌ, oy i-kuám-yah, oy-yah niʌʌkʌʌm, dʸa i·
[*then 3:3-burn-pl fire   go 3:3-look for-pl go-pl water place,no 3-be*]
Then they lit the light, they went to search, they went to the river,
it wasn't there.

아프리카의 Niger-Congo어8)에는 행위의 연속을 한 문장으로 묶는 "연속적" 동사표지가 있다. 그런 언어에서, 위의 SP어 예는 다음과 같아 질 것이다.

Then they lit lights, they CONS-go, they CONS-search for it,
    they CONS-go to the river. It was not there.

영어에서 절들간의 관계에 대한 다양한 유형은 접속사를 완전 거부하거나, 그것들을 생략한 교체형태를 수의적으로 사용한다. Longacre (1970b)는 이러한 병치절의 몇 가지를 언급한다.

의역 (Paraphrase) (and 거부) : She's a dear ; She's a real angel.
요약 (Recapitulation) (동사반복 and 거부) : He did it ; he did it yesterday.
대조 (Antithetical) (but 삭제가능) : It's not hot ; it's warm.

9.4. 인용

인용 (quotation)은 하나 이상의 절을 포함하는 또 다른 구문이다. 그것은 보통 의사소통 내용과 **인용공식** (quote formula)의 배합체이다: he said, he ask 등. 그러한 구문은 동사로 구성된 부분 (즉, said)과 그것의 목적어 (인용어)로 분석될 수 있다. 그러나 연구중인 언어의 인용구조에 관한 특정 제약에 주목하는 것은 중요하다. 예를 들어, 어떤 언어가 직접 인용만 하는 반면 (가령, He said, "I'll go if you like"), 어떤 언어는 간접 인용만 한다 (가령, He said that he would go if you like).9) 어떤 언어는

---

8) William E. Welmers, 인간의 의사소통.
9) 대상을 언어로 옮기는 과정에서 독자나 청자가 직접인용된 대명사류 지시를 정확

인용공식을 인용 앞에만 놓기도 하고, 다른 언어는 뒤에 놓는가 하면, 어떤 언어는 긴 인용의 여기저기서 "he said"를 반복하기도 한다. 어떤 언어는 인용제재의 시작과 끝을 표시하는 특수한 첨사를 갖기도 한다.

SP어는 통상적인 유형의 인용공식을 갖는다.

nʌmpa iga dʸa nʌkpa　　　*S/He says that s/he is not going.*
[*3s-say-inc that no 3s-go-inc*]

이 공식에서 동사 nʌm *say*는 인용공식으로 쓰였다. SP어 또한 3인칭 -un과 1인칭 -wey의 인용첨사 (여기서는 QP로 명칭된다)를 갖는다.

dʸa-un nʌk-pa　　　*S/He says s/he is not going.*
[*no-QP 3s-go-inc*]

dʸa-wey a-nʌk-pa　　　*I say I'm not going.*
[*no-QP 1s-go-inc*]

간접의문 (indirect question)의 표현은 언어를 연구하는데 고려할 또 하나의 요인이다. 실제 의문에서의 도입어의 일부나 전부가 구문 "He asked what I wanted", "He asked who came", "He asked why I came". 등에서 사용되었는가 하는 것을 결정해야 한다.

9.5. 좀 더 복잡한 것

절이 합성 구문 속에서 배합되는 중요한 방법 몇 가지를 살펴 보았다.

하게 이해하는지를 아는 것은 중요하다. 예를 들어, "He said, 'I am...'"과 같은 진술문에서 그들은 I와 He를 또는 I와 말하고 있는 사람과 일치시킬 것이다.

그러나 각각의 경우 설명이 비교적 단순한 것이었다. 분석자는 절의 관계에 있어서 좀 더 복잡한 것도 예상해야 한다. 예를 들어, 아래의 관계절에서와 같이 **순환적** (recursive) 내포도 가능하다.

This is the frosting that Jane made for the cake that she baked in the microwave oven that Jack bought for the new house that he won in the contest organized by the local newspaper.

아마 위와 같은 순환의 확장은, 오직 우리의 기억력에 의해 제한된다.

또한 이 장에서 예시된 여러 의존적 유형은 단문에서 배합될 것이다. 합성문마저도 단문에 포함될 수도 있다. 다음의 가능 예를 보자.

Since this book is intended for beginning students who have no previous linguistic background, but who plan to attempt to analyze an unwritten language, we have tried to keep it as simple as possible and yet include many different kinds of structures, in order to prepare them for any language they may encounter.

(과제 : 절의 수를 세고, 그들의 상호관계를 측정하라.)

모든 언어는 나름대로의 가능한 확장과 확장의 제한을 지닐 것이다. Highland Mazatec어 (멕시코)는 어떤 경우에서든 나타나는 주요 구성성분의 수와 관련하여 그 문장의 길이를 제한한다.

그러나 과중 내포에 의한 긴 문장은 흔하다 (Eunice V. Pike, 개인적 의사소통). 언어는 담화의 유형에 따라 문장의 길이의 제한이 다양할 것이다. Aguaruna어 (Peru)는 설교조 (묘사, 설명 등)에서만 문장이 짧고, 해설조는 길다 (Mildred Larson 1978:160). 많은 언어에서는 그 반대 경향을 보이기도 한다.

9.6. 의미 관계

이 장은 기본적으로 구조적 관계에 대해 다루었고, 종속 (다양한 기능적 관계를 포함하는)관계와 등위 (연결 유형과 같은 다양한)관계에 대해서도 다루었다. 의미관계는 그 구조와 상호관계될 때만 그때 그때 언급하였다: 예를 들어 연결어 and, but, or로 연결어 안에서 **부정** (negation)과, **교체** (alternation)와는 대조되는 함축적인 **부가** (addition)처럼. 이들 관계의 더욱 자세한 논의는 Longacre (1970b)를 참조하라.

9.7. 합성문 구조 기술

문법은 합성문 구조에 대한 한 절을 포함할 것이고, 그 곳에서 상호절 관계의 유형이 기술될 수 있다.

그러나, 어떤 절은 단문에서의 구나 단어와 같은 방식, 즉 위치, 시제, 양태절과 명사수식 관계절 등으로 기능할 수도 있다. 이러한 절들은 합성문 절에 대한 교차지시와 함께 단문 그리고/또는 명사구 기술에서의 적당한 곳에서도 언급되어야 한다.

견본 기술은 부록 I의 IZ어 자료의 지시문법에 포함될 것이다.

*   *   *

이 장에서 합성문에서의 절 사이에서 일어나는 몇 가지 관계를 기술했고, 문법기술에서 이러한 자질들을 포함하는 방법도 제시했다.

제10장 형태소와 단어에 대한 부연

앞 장 여러 곳에서, 어간, 어근, 접어, 그리고 굴절과 대조되는 파생 등 몇 가지 용어는 완전한 정의 없이 쓰였다. 또한 단어의 분할 문제도 언급하였다. 이 장에서는 바로 이런 문제들과 어형성에 관한 특성을 좀더 설명하고자 한다.

10.1. 단어의 핵심 부분

1장에서, 단어의 핵심 또는 핵부분과 주변 형태소 사이의 차이점에 대한 도입과 함께, 핵심 형태소를 어근이라 명명하였다. 용어 어간은 접사류로부터 핵심 형태소를 식별하는데 쓰였다.

위 두 용어는 구분되기도 했으나, 종종 상호교환적으로도 사용되었다. 다음 영어 문장에서 고딕체 단어의 구성을 주의해 보자:

1. The **singers** came on to the stage.
2. The **sopranos** sang beautifully.
3. The **diehards** are here again.
4. The **playoffs** went **rapidly.**
5. The **losers** stood by **dejectedly.**
6. They couldn't **verbalize** their despair.
7. He's been **daydreaming** constantly.

　일상적인 단어분석 과정에 따라, 다음의 영어 복수 명사 즉, sopranos, singers, losers, diehards, playoffs의 구조를 위한 도표가 구성될 수 있다. 어근 + 복수형태는 이미 보편적이나, sopranos 형태는 주의해야 한다. 그러나, 다른 것들은 어떤가? -s 접미사를 제거한 다음, singer와 loser는 어근과 접미사 -er로 구성되고; diehard는 동사어근 die와 부사 hard가 후행하여 구성되고; playoff는 동사어근 play와 전치사 off로 구성된다. 그러나, 이들 각각의 경우에 있어서, 배합된 모든 형태는 한결같이 명사 복수접미사로 굴절되고 주어로 기능한다. 바꾸어 말하자면, 전체 단어의 내적 구성과 그것의 분포는 개별 부분과는 다르다.

　다른 고딕체의 단어들도 진정 동일하다: rapidly, constantly, verbalize, daydreaming. 앞의 세 예는 형용사에 접미사 -ly가 후행하여 구성된다. 새 형태는 형용사가 아닌 양태부사로 기능한다. 단어 verbalize는 더 복잡하다. verbalize는 명사어근 verb로 시작하고, 형용사화 접미사 -al이 후행하여 명사구 "verbal expression"처럼 형용사로 만들고, 최종적으로 접미사 -ize가 후행하여 동사가 된다. 마지막 형태의 daydreaming은 명사어근 day에 동사어근 dream과 접미사 -ing를 더하여 구성되는데, 뒷부분은 이 단어 전체가 동사임을 나타내 준다. 이 때 전체의 분포는 부분이 아닌 하나가 된다.

　위 단어들의 일반적 자질은 그 핵이 단일 형태소 이상으로 되어 있다는 것이다. 어근 + 접사나 두 어근의 배합은 단어에서 핵의 단일 자리를 채우고, 거기다가 어근과는 다른 단어류의 접미사가 첨가된다. 전체 단어는 통사론에서 각 부분들로 고립되어 있을 때와는 달리 기능하게 된다. 위 자료에서 **파생어간** (derived stems)과 **복합어간** (compound stems) 두 종류의 복합-형태소 어간이 예시되었다.

10.1.1. 파생 어간

어간 singer, verbal, rapidly 등은 어근 형태소에 **파생접사**로 불리는 특정 접사의 일종을 더하여 구성되었다. 파생접사는 시제, 상, 서법 (mood), 인칭, 수 등과 같은 범주를 나타내는 **굴절접사** (inflectional affix)와 대립된다. 비록, 어떤 접사는 굴절적이고 또 다른 것들은 확실히 파생적이지만 (위에서 예시된 부류변화 접사를 포함하는) 이 두 유형의 구분이 항상 쉬운 것이 아니다. 언어학자들은 굴절접사와 파생접사를 구분하기 위해 다양한 준거를 사용해 왔다. 이에 대해 자세히 알아 보자.

10.1.1.1. 기본 단어류 변화

영어 형용사는 접미사 -ly (부사화 접미사)의 부가로 careful: carefully 처럼 부사가 된다. 동사는 접미사 -er (명사화 접미사)의 부가에 의해 write:writer 처럼 명사가 된다. 명사는 접미사 -ish (형용사화 접미사)에 의해 child: childish처럼 형용사가 된다. 영 파생을 포함한 많은 파생어간이 영어에는 존재한다. 영 파생의 예는, 명백한 변화없이 명사가 동사로 사용되는 다음과 같은 것이다. "I move to **table** the motion"; "Don't let the news **floor** you"; "Who will **chair** the meeting" 등과 마찬가지로, 기본적으로 동사인 단어들이 명사로 사용된다. "The Dodgers made only one **run** in this inning" ; "He's always on the **go**" ; "What **work** does he do?"

대부분의 Sierra Popoluca어의 동사는 명사로, 명사는 동사로 파생접사에 의해 전환될 수 있다.

wíkpa	*he eats*	wíkkuy	*food*
petpa	*he sweeps*	petkuy	*broom*
iišpa	*he sees it*	iškuy	*eye*
hukpa	*he smokes*	hu·ki	*cigarette*
pihpa	*it gets hot*	pi·hi	*heat*

위의 자료에서 동사어근은 wík, pet, iš, huk, pih 등이다. 왼쪽열은 상접사 -pa가 붙어 동사로 굴절한 것이다. 오른쪽열은 동사어간에 파생접미사 -kuy와 -i의 부가로 파생된 명사의 목록이다. 명사화 접미사는 어간의 기본 부류를 동사에서 명사로 바꾸므로, 확실히 파생적이다.

몇몇 명사에 동사화 접미사 -a의 부가는 동사로 그 형태를 전성하는 예는 다음과 같다.

tʌk	*house*	tʌga·p	*he builds a house*
kʌ·pi	*firewood*	kʌʌba·p	*he gets firewood*
ho·ko	*smoke*	hooga·p	*it smokes*

10.1.1.2. 제한 분포

접사가 붙어서도 기본 단어류가 변하지 않는다면, 그 때의 접사가 분포에 있어 제한되면 파생적이라 할 수 있다. 즉, 그 부류의 대부분의 어간이나 어근에서는 나타나지 않는다. 게다가 접사가 파생적이라고 분류된다면, 적어도 그 용례로부터 귀결되는 몇 가지 형태는 의미에 있어 예측할 수 없다. 다음 과테말라의 Mayan 언어인 Pocomchi어의 다음 예에서 접미사 -san은 동사어근의 의미를 바꾸지만, 쉽고 확실한 방법은 아니라는 것을 주목하라.

cah	*to throw*	chak'	*to cook*
cah-san	*to bring down*	chak'-san	*to bootleg (cooked stuff)*

파생과 굴절접사의 구분선이 항상 명확한 것은 아니므로 조사자는 종종 임의적인 결정을 해야 한다. 파생과 굴절의 개념이 언어의 문법체계 분석에 도움을 주지만, 몇몇 언어는 이런 개념에 대한 참조 없이도 간명히 기술될 수 있다. 문법체계의 기술은 언어의 고유구조를 나타내야 한다. 그것

들이 단순히 다른 언어체계를 밝히는 데 유용함이 입증되었다는 이유 때
문에 기술부호들을 부과시킴으로써 그 체계를 모호하게 만들어서는 안된
다.

10.1.2. 복합어간

10.1의 예에서, 두 어근으로 구성된 영어 어간 (diehard, playoff, day-
dream 등)은 어근 + 접사와는 달리 복합어간이라 불린다. 이 경우도 파생
어간의 경우와 같이 두 형태소의 연쇄가 단어의 핵심부분에서 한 단위로
기능한다. 그 연쇄는 그 부분과는 완전히 다른 분포를 나타낸다. 예를 들
어, diehard는 명사접사 (복수접미사)를 취하고, 통사론에서 명사로 기능
한다. 그러나, die와 hard는 그 어느 쪽도 그런 분포를 가지고 있지 않다.
이런 형태의 연쇄는 쉽게 복합어간으로 인식된다. 영어 명사-명사의 배합
을 포함하는 다른 경우에서 구와 복합어를 구분하기 어려운 예도 있다. 이
문제는 10.2절에서 논의한다.

10.1.3. 파생의 층위.

복합어간에서 두 어근이나 파생어간에서 어근 + 접사의 배합에 부가하
여, 파생의 과정은 훨씬 복잡성을 띠게 된다. 파생어간은 복합어 + 파생접
사로 형성될 수도 있고 파생접사의 층위를 포함할 수도 있다. 이러한 부가
는 부류의 연쇄변화를 가져올 수도 있다. 앞에서 영어 verbalize의 경우에
서 그 예를 보았다. 영어에는 이러한 유형의 예가 많다.

boyishness : 명사 (boy) + -ish = 파생형용사 + -ness = 파생명사
colorblindness : 명사 (color) + 형용사 (blind) = 복합형용사 + -ness = 파생명사
gentlemanliness : 형용사 (gentle) + 명사 (man) = 복합명사 + -li = 파생형용사 +
              -ness =파생명사
liberalization : 형용사 (liberal) + -ize = 파생동사 + -ation = 파생명사

둘 이상의 형태소의 구성이 단어의 핵심 위치를 채우는 영어와 두 다른
언어의 예를 보았다. 그런 구성은 (파생 / 복합) 어간이라 언급할 것이고,
단어의 단일형태소 핵 (주요 부분)은 어근이나 어간이라 불릴 것이다. 달
리 표현하면, 어근은 항상 단일형태소이고, 어간은 단일형태소이든지 구
성이 될 것이다. 주어진 단어류를 기술하는 구성도표는 이와 같은 무엇인
가를 보여준다.

명사 :	어 간	(복 수)
	명사어근	-s
	파생어간	
	복합어간	

그러면 파생어간과 복합어간은 기술될 필요가 있다. 예를 들면: 파생명
사어간 = 동사어근 + 접미사 -er.

10.1.4. 어간형성에 대한 요약

어간을 단어와 대립시키는 다음의 요약 진술은 지금까지의 긴 논의를
간명하게 도와줄 것이다.

어간은 굴절될 수 있는 형태이다. 그것들은 :

단일 (한 형태소, 용어상 어간이든 어근이든)[1] 또는
합성 (한 형태소 이상, 어간으로만 불림)
    합성어간은:
        파생 (파생접사가 붙는 어근이나 어간) 또는
        복합 (둘 이상의 어근)일 수 있다.

---

1) 어근은 항상 단일 형태소이다. 어간은 어근, 어근 + 접사, 복합어로 구성된다.

　　파생접사는 원래 형태와는 다르게 굴절할 수 있는 새 어간을 형성하든
지; 굴절하지 않는 새 단어를 형성한다. 예 :

　　run + -er는 어간 runner가 되고 명사로 굴절 (runners).
　　quick + -ly는 단어 quickly가 된다 (굴절하지 않음).

　　파생접사는 언제나 다음을 하나 이상으로 변화시킨다.

　　부류 : 기능변화 and/or 굴절변화 (동사화소, 명사화소 등)
　　의미 : 터키어 čikče (꽃) + -či는 čikčiči (꽃장수)가 된다.[2]

　　단어는 일반적으로 자립형이다. 그것들은:

　　　1. 단일 형태소, 굴절 않음.
　　　2. 단일 형태소, 잠재적 굴절. 즉, 자립 어간/어근
　　　3. 파생어 또는 복합어, 굴절 않음.
　　　4. 파생어간 또는 복합어간, 잠재적 굴절.
　　　5. 완전한 굴절 형태 (어간 + 그것들의 접사)

10.2. 단어 경계

　　단어는 어디에서 나뉘는가? 앞에서 (2.0절과 10.1.2항) 단어 경계를 명확
히 나누기는 종종 어렵다는 것을 이미 언급한 바 있다. 음운론적 사실들은

---

2) 몇몇 경우에, 복합 또는 파생 어간의 의미는 부분의 의미로부터 명확하다. 다른 것
　들은 그리 명확하게 인식적이지 않다. 예를 들어, gooseberry는 goose의 일반적 의
　미와 아무 관계가 없고, 접미사 let는 eyelet, armlet, eaglet 또는 hamlet에서 아무
　런 명확한 의미도 없다.

문법적 분포와 대응되지 않을 수도 있으며, 그런 문제는 문장에 관한 논의 (5.2절)에서 제기한 것과 유사하다. 음운론적인 단어는 보통 하나의 주강 세를 가진 음절의 일원으로 정의된다. 그런 음운론적 단위는 쉽게 문법형 으로 맞아 들어간다. 그리고 종종 단일 강세의 존재는 하나의 단위가 구가 아닌 복합어라는 것을 결정하는 준거로 사용된다. 그러나, 단순성은 좀처 럼 언어구조의 특성이 되지 않기에, 구어에 대한 연구는 이런 점에서 몇 가지 애매성을 수반한다. **복합어와 접어** (clitic)라는 두 문제의 영역에서 단어 경계에 대해 논의하게 될 것이다.

10.2.1. 복합어 대 구

7.3.1항에서 어떤 영어의 명사구에는 하나의 명사가 다른 명사를 수식하 는 구성에 대하여 기술하였다. 10.1.2항에서 명사-명사의 배합은 복합어간 으로 명명되었다. 실제로 이들과 다른 수식 명사 구문을 분석하는 데에는 양립모순이 있다. 즉, 공간을 둠, 안 둠, 하이픈 (줄표)을 둠 등은 영어 명 사구성의 문자 표상에 있어 매우 다양하다. 다음 Webster의 *New Collegiate Dictionary* (1979)의 예를 보자.

    dipstick : dip tank
    dishpan : dishcloth : dish towel
    ditchdigger : ditch reed
    down-bow : downfall : downgrade : downtown
    double boiler : double-decker
    door prize : doorknob
    no one : nobody

아마도 구분이 없든지, 줄표를 두고 쓴 것은 복합어라 생각되나, 언어학 자들은 이와 같은 방법으로 분석하지만은 않을 것이다.

　영어 복합어를 결정하는데 쓰이는 언어학자들의 준거는, 위에서 언급한 것처럼 단일 주강세가 있는 것과 두 어근의 분리 불가능성을 포함한다.

10.2.1.1. 단어 강세 준거

복합어는 단어를 경계짓는 단일 주강세 원칙에 의해 구와 구분된다. 다음의 영어 구성 예를 주목해보자.

greenhouse *(structure in which plants are grown)*
green house *(a house which is green)*

White House *(the president's residence)*
white house *(a house which is white)*

redcap *(a porter)*
red cap *(a cap which is red)*[3]

　강세준거는 IZ어의 잠재적 복합어에 쉽게 적용되지 않는다. IZ어에는 동사(시제 접두사와 어간)를 명사 'la'ji' *liver*와 배합시켜 다양한 감정과 또 다른 의미를 나타내는 많은 동사표현이 있다. 이들 배합의 어떤 것은 명확히 음운론적 자질의 근거 위에서 결합된 것이다. 예를 들어, riuu *enters* + 'la'ji'은 riu'la'ji' *like*이 되어 오직 하나의 강세를 지니게 되고, 동사는 강세를 동반하는 모음의 특성을 상실케 된다. 그러나, 다른 비슷한 배합은 의미적 통일성에도 불구하고 두 가지 음운론적 단위이다. 예를 들어, 배합체 ri'zii 'la'ji' *rests*의 각 부분은 충분한 음운론적 강세 형태를 지

---

3) 명백히 몇몇 화자는 그러한 구와 복합어를 구분하지는 않는다. 다른 화자들은 예를 들면, "He lives in the **green** house, not the **white** house"에서 처럼 서로 다른 형용사를 대리할 때 변별성을 상실한다 . 그리고 그러한 진술은 흥미롭게도 모호 하다.

니나, ri'zii는 그 자체로는 어떤 것도 의미하지 않는다. 또 다르게는 세 어근 배합체가 오직 한 음운단위인 경우도 있다. 예를 들면: badu japa 'wiini ' *little girl* (문자 그대로: *child-feminine-little*).

10.2.1.2. 불가분리성

두 어근의 구성체가 다른 단어를 삽입함으로써 분리될 수 없다면, 그 구성은 확실히 복합어간이다. 위에서 인용한 영어의 예로 되돌아가면, 이 원칙에 입각하여 greenhouse, White House, redcap은 구와 대립되어 복합어가 된다. 초록색 집이라면 the green cement house 가 될 수 있으나, 시멘트 온실이라면 cement greenhouse가 된다. red skating cap도 skating redcap과 마찬가지이다.

이 준거를 적용시키면 앞에서 언급한 IZ어 구성은 그 어느 것도 다른 단어에 의해서 두 부분으로 분리될 수 없기에 확실히 복합어이다.

10.2.1.3. 굴절과 분포

복합어를 확인하는 또 다른 준거는 결과구문에서의 분포-복합어가 나타나는 통사나 굴절접사와의 관계에서의 분포-이다. 10.1절과 10.1.2항에서 본 바와 같이, 영어에는 다양한 단어류의 어근이 배합한 많은 복합어가 있다. 그리고 고립되어 있을 때와는 다른 구성으로서의 분포를 보인다. 예를 들어 windbreak는 명사 + 동사로 구성되지만 복수 접미사를 취하고 명사로 기능한다. takeoff나 leftover는 동사 + 전치사의 배합으로 복합명사가 된다.4)

몇몇 언어에서, 동사구 아래 언급된 (7.8.3항) 목적어 통합 자질은 구조

---

4) 영어 복합어에 대한 뛰어난 기술은 Bolinger (1975)를 보라.

적으로 구라기보다 복합동사어이다. 다음의 Totontepec Mixe어 (멕시코)
의 예를 보자.

m-viti-poh-p mits yam   *Are you washing clothes now?*
[*2-cloth-wash-pr you now*]

영어는, 특히 복합어화 범위에 있어 매우 융통성이 있어서 새 복합어 형
성에 매우 생산적이다. 긴 구나 심지어 절조차 특정 접미사에 의해 복합어
가 될 수 있다. 다음 인용을 보자.

"Nowadays people can be divided into three classes: The Haves, the Have-
nots, and the Have-Not-Paid-For-What-They-Haves." —Earl Wilson, quoted in
a Dreyfus Corporation publication.

"You should have heard the-man-I-met-in-the-restaurant-last-night's English."
—from Reader's Digest.

"We are through with tokenism and gradualism and see-how-far-you've-come
-ism. We're through with we've-done-more-for-your-people-than-anyone-else-
ism." —Martin Luther King. (Quoted by Pike 1967: 107)

10.2.2. 접어

아마도 대부분 언어에는 접사 같기도 하고, 어근 같기도 하고, 독립어
같기도 하나 그들 중 완전히 아무 것도 아닌 그런 형태소가 있다. 그런 형
태소를 **접어** (clitics)라 하는데, 접어가 음운론적으로 구속된 형태 앞에 오
면 (접두사와 비교하여) **전접어** (proclitics)라 하고, 뒤에 오면 (접미사와
비교하여) **후접어** (enclitics 또는 postclitics)라 한다. 접어는 다른 것에 음
운론적으로 구속된다는 점에서 접사와 같고, 문법적 기능에 있어 어근이

나 독립어와 같다. 구와 복합어간의 식별이 때론 쉽지 않듯, 접사와 접어와 단어를 구분하기는 어렵다. 단순한 정의가 어렵고, 하나의 준거로 여러 경우에 적용하기도 어렵다. 그러나 다음 준거의 배합은 유용한 안내가 될 수 있다.

10.2.2.1. 비고립성

명백히 독립어의 형태는 (접사나 의존어근에 비해) 고립적이다. 독립어는 적어도 "What is that?", "Who?", "What?", "How do you say.....?" 등과 같은 질문에 홀로 완전한 응답 발화가 될 수 있다. 접사나 접어는 이렇게 고립적이지 못하고, 다른 형태에 음운론적으로 의존한다. 예를 들어, 스페인어나 IZ어는 명사를 수식할 때, 수 one을 대치하고 부정관사의 역할을 겸하는 의존 (접어) 형태를 갖고 있다.

예:

    Spanish: uno = *one (masculine)*
                 un árbol = *one/ a tree*

    Isthmus Zapotec   tobi = *one*
                       ti-yaga = *one/a tree*

스페인어나 IZ어 화자가 one을 어떻게 말하느냐는 질문을 받으면 un이나 ti가 아닌 uno나 tobi 형태를 제시할 것이다. 이때 un과 ti는 단어 uno나 tobi의 의존 교체형인 접어이다.

비고립성의 준거에 따라, 접사와 접어는 독립어와는 다른 일반적 자질을 가진다.

10.2.2.2. 분리성

접사의 분포와는 대립적으로 문법적으로 관련된 접어와 단어 사이에 다른 단어가 삽입될 수 있다. 스페인어 un의 예시로 돌아가 un pequeño arbol *a small tree*라는 표현에서 자립형용사 pequeño는 접어 un과 머리 명사 사이에 올 수 있다. 영어 관사 a나 the가 스페인어 un에 유사하여 응답으로 홀로 정상적으로 발화될 수 없으나 긴 형용사 연결 (a great big, fuzzy, black bear)에 의해 수식되는 명사로부터 분리될 수 있다. 이같이 분리성의 준거에 초점을 맞추어 보면, 접어는 접사라기 보다 단어에 가깝다.

10.2.2.3. 분포, 기능, 유추

접어의 문법적 기능이나 분포는 접사보다는 독립어에 비교될 만하다. 앞의 예시로 돌아가서, 스페인어 un, IZ어 ti, 영어관사 a 등 모두는 문법에서 수사와 유사한 분포를 지닌다. 수사는 고립성의 준거에 의해 모두 독립어이다. 스페인어 un은 명사구에서 dos *two*와 같은 위치를 채운다. 사실 이것은 의미적으로나 문법적으로 IZ어 ti처럼 수사류의 일원이다. 영어 the는 수사류가 아니다 (우리는 the two books라고 말할 수 있다). 그러나, 그것은 명사 수식어의 연결체로서 수사와 비슷하게 기능한다.

a/the small tree 구를 살펴보면, 스페인어나 IZ어에서의 유사한 구와 같이 관사는 음운론적으로 붙어 있는 단어를 문법적으로 수식하지 않는다. 그것은 명사를 수식하지 형용사를 수식하지 않는 것이다. a Spanish speaker와 같은 구에서 관사 a는 Spanish가 아닌 speaker를 수식하는 것이다.

게다가 접어는 종종 접사보다 더 넓은 분포를 나타낸다. 접사처럼 하나의 단어류에 한정하지 않는다. 예를 들면, IZ어에서 구속형태 -si가 있어 *only, just* 등을 가리킨다. -si는 절대로 홀로 서지 못하지만 매우 넓은 분포를 보여 명사, 동사, 대명사, 동사적 형용사 등과 두루 공기한다.

'betu-si   *just Bob*
[*Bob-only*]

'g-eeda-si-be   *as soon as s/he comes*
[*pot-come-only-3s*]

'nga-si   *just that*
[*that-only*]

na-'jaa-si ('kadi na-n'da?)   *It's just warm (not hot).*

[*sta-warm-only (not sta-hot)*]

이처럼 명백히 완전한 단어의 형태로 유추해 볼 때, 접어는 접사보다는 단어처럼 기능한다.

10.2.2.4. 단어 강세 자질

또 다른 접어의 공통적인 (보편적이 아니더라도) 특징은 보통 강세를 동반하지 않는다는 것이다. 사실 접어는 종종 완전 자립형태의 비강세 교체형으로 단축된다. Isthmus Zapotec어 ti나 스페인어 un의 경우가 그렇다. 영어의 그런 단축형태는 다음과 같다.

/**m**/ for **am**   I'm (going).
/**z**/ for **is**   He's (going).
/**l**/ for **will**   He'll (go).
/**nt**/ for **not**   He isn't (going).

10.2.2.5. 접어 자질의 요약

다음 도표는 앞에서의 접어에 대한 기술을 요약한 것이어서 어떤 자질의 특성이 단어 혹은 접사와 비슷한가를 보여준다.

단어	**접어**	**접사**
분리가능	분리가능	
다양한 기능	다양한 기능	
	비고립성	비고립성

　접어는 문법에서 "의존어"로 쉽게 취급된다. 그리고 단어구성의 관계 요소라기보다 구나 혹은 그 이상의 구성에 포함된다.

10.3. 문법적 격

　통사구조에 밀접하게 관련된 단어구조의 또 다른 자질은 문법적 격이다. 이 자질은 5.4.1항에서 본 바와 같이 어떤 문장 기능의 확인을 위한 가능한 준거이다. **문법적 격** (grammartical case)은 문장의 다른 부분과 이들 형태와 관련된 명사구와 대명사에 대한 표지체계인 것이다. 격 체계에서, 명사류는 주어, 목적어 혹은 문장에서 다른 기능을 지시하는 일련의 기능-지시 접사를 가질 수 있다. 격 표지는 보통 접사이지만 어떤 언어 (일본어 등)에서는 분리된 단어이다.

　고전어는 명사나 그 수식어에 격 접사를 나타낸다. 다음 라틴어 문장은 고전어에서 발견된 두 가지 격을 보여준다.

1. filia columban liberat　　　　*The daughter frees the dove.*
2. femina filiam amat　　　　*The woman loves the daughter.*
3. aquila feminam salvat　　　　*The eagle saves the woman.*
4. columba aquilam amat　　　　*The dove loves the eagle.*

　명사어간으로 추정되는 fili-, columb-, femin-, aquil- 등이 있고, 이들 명사 어간과 공기하는 접사에는 -a, -am이 있다. 이들 명사들이 보여주는

문장 기능은 주어와 목적어이다. 두 위치에 나타나는 명사의 형태는 다르
다. -a로 끝나는 명사는 주어를 가리키고, -am으로 끝나는 것은 목적어를
가리킨다. 이들 두 형태소는 각각 **주격** (nominative)과 **대격** (accusative)
으로 명명되어 왔다.5) 이러한 언어에서 명사는 문장 안에서의 다양한 기
능에 따른 형태와 분포로 기술된다.

각각의 격표지 형태소는 한 기능 이상의 것을 포함한다. 예를 들어, 라
틴어 주격은 명사와 공기하면 주어가 되지만, 또한 문장 속에서 연계 동사
(be)와 함께 술어명사류로 기능한다.

Cleopatra est regina	*Cleopatra is queen.*
puella est bona	*The girl is good.*

라틴어와 그리이스어의 격체계는 **주격-대격** (nominative-accusative)
의 유형이다. 즉, 주격은 타동사나 자동사의 주어 나타내기 위하여 명사와
함께 쓰이지만 대격은 타동사의 대상을 표시하기 위해 쓰인다. 또 다른 언
어들(즉, Eskimo, Georgian, Tibetan, Dyirbal)은 간혹 **능격** (ergative)이
라 불리는 다른 체계를 보인다. 그런 체계에서는 똑같은 격표지가 보통 **절
대격** (absolutive)으로 불리는 데, 이 격은 자동사의 주어와 타동사의 목적
어를 표시하기 위해 쓰인다. 반면에 능격 (能格)이라 불리는 다른 표지는
타동사의 주어를 표시하는데 사용된다. Sierra Popoluca어는 동사일치의
능격체계를 가진다. 접두사의 단순한 체계는 자동사의 주어와 타동사의
목적어를 모두 가리킨다. (3인칭은 주어와 목적어 모두 3인칭이 아니면 무
표된다.) 다음의 예는 일련의 접사 절대격을 보여준다.

a⌐nʌk⌐pa	*I go.*	a⌐was⌐pa	*He bites me.*
[1s⌐go⌐inc]		[1s⌐bite⌐inc]	

---

5) 현재의 목적을 위해, 여기서 사용된 특정 형태가 또한 여성을 반영한다는 사실은
무시된다. 즉, 남성과 중성을 위한 주격과 대격 형태는 구별된다.

| ta-n∧k-pa | *You and I go.* | ta-was-pa | *He bites you and me.* |
| [2du-go-inc] | | [2du-bite-inc] | |

| mi-ñ∧k-pa | *You go.* | mi-was-pa | *He bites you.* |
| [2s-go-inc] | | [2-bite-inc] | |

그러나 SP어 체계는 주절에서만 능격이다. 종속절 (예, when I go...)체계는 주어를 위한 능격접두사와 목적어를 나타내는 절대격 접두사와 함께 주격-대격 이다. 어떤 이는 이 유형을 분리된 능격 (split-ergative)체계라 부른다.

통사적 자질과 형태론적 격표지를 포함한 능격성에 대한 전반적인 언급은 Dixon (1979) 참조하라.

격표지는 많은 다른 -간접목적어, 도구격, 위치격, 소유격 등등의- 통사적 관계를 지시하기 위해서도 쓰인다. 언어학자들은 격체계가 적게는 둘에서 많으면 15개 정도를 포함하는 것으로 고찰해왔다. 종종 격표지 형태소는 주어와 목적어 따위와 같은 통사적 기능에 쉽게 부합되지 않는다. 좀더 복잡한 이들 유형의 체계에 대한 기술은 Hale (1973)를 참조하라.

10.4. 의미역과 문법적 기능

일찍이 언급한 바와 같이, 문장의 주어는 항상 행동주만은 아니다. 어떤 경우 주어는 행위를 받는다 : "Jack was last seen by his brother Bill."에서 처럼 Jack은 주어로서 문장 "Jack runs away frequently."에서 상황과는 다른 관계를 나타낸다. 후자의 예문에서 주어인 Jack은 행위를 수행한다.

　두 문장에서, Jack은 문장의 첫자리와 동사와의 일치라는 형식적 준거에서 보여주는 것처럼 문법적 주어이다. 그러나, "실제 세계"의 상황에서, (의미론적 환경이라 말한다.) Jack은 각 문장에서 다른 역할을 해 낸다.

　이 문제를 논의하기 위해 언어학자들은 의미역이라는 개념을 가정해왔다. 다른 언어학자들은 다양한 체계를 발전시켜 왔다. 어떤 이는 3가지 의미역을, 어떤 이는 12가지 이상의 의미역을 제시했다. 몇몇 의미역의 목록은 다음과 같이 예시된다.

1) 행위자

　행위자는 행위나 행동을 수행하는 것 (사람)이다. 보통 행위자는 주어로 나타나지만 항상은 아니다. "Jack was seen by Bill" 에서 Bill은 행위자이나 주어는 아니다.

2) 수동자

　수동자 (몇몇 체계에서는 경험자역 (undergoer)이라 부름)는 행위를 받은 것 (사람)이다. 보통 수동자는 목적어로 나타나지만 항상은 아니다. "Jack was seen"의 문장에서 Jack은 수동자이나 목적어는 아니다.

3) 목표

　목표역 (experiencer)은 행위의 끝점이다. 문법적으로 간접목적어나 위치역이 된다 : "Jack gave a book to Mary.", "Jack went to town."

4) 경험자

　경험자는 어떤 목표 행위수행보다 신경체계 (입력된 신경체계)에 내적·외적 자극을 받는다. 다음 문장, "Jack sees Bill." "Jack feels ill." "The motor died."에서 Jack과 the motor는 행위자가 아닌 경험자이다.

영어 동사 see는 의도적으로 수행된 행위를 가리키는 동사 look과는 다른 주어의 역할을 함의한다. 이것은 모든 언어에서 반드시 참은 아니다. IZ어에서 똑같은 동사가 see나 look로 번역될 수 있다. 그러나, 다른 동사가 좋거나 나쁜 시각을 나타내기 위해 쓰여지곤 하는데, 이 경우 주어는 경험자이다.

    'biiya-kabe-ni   *They saw it/They looked at it.*
    [*saw-3pl-it*]

    ma ke ri'na-kabe   *They can't see any more.*
    [*now not see-3pl*]

위와 같은 의미역의 예시는 개념역이 문법기능 (주어, 목적어 등)과 구별될 수 있다는 것을 가리킨다. 역과 문법기능 사이에 의무적인 일 대 일 관계는 없으나, 어떤 경향은 분명히 있다; 예를 들어, 행위자는 주어로, 수동자는 목적어로 되는 경향이 있다. 그러나, 모든 언어에 적용할 수 있는 정확한 결합은 없다.

다른 변별적 역이 비슷한 문법기능을 수행하기도 한다. 이들 역은 다음과 같다.

5) 도구

도구역은 행위를 야기시키는 항목이다. 역 명칭에 대문자 R을 추가함으로써 문법적 기능 도구로부터 의미역 도구를 식별할 수 있다.

도구역 R은 보통 문법적 도구가 되나 항상은 아니다.

(a) John hit the horse with a stick.
(b) The stick in Johns hand hit the horse.

(a)에서 도구 R은 또한 문법적 도구로 기능한다 (with로 시작되는 전치사구에 의해 표시된다). 그러나 (b)에서 도구 R은 문장의 주어이다.

6) 위치

위치는 문법적 기능의 이름이므로 의미역 위치와 문법기능 위치를 식별하기 위하여 같은 기교를 사용한다. 위치 R은 의미역이 된다. 도구의 경우 같이 위치 R은 같은 이름의 문법기능과 보통 동일하나 항상은 아니다.

(a) John lives in California.
(b) California is sunny.

7) 시간

시간 의미역과 시간 문장기능이 유사하게 대립된다.

(a) John went to town yesterday.
(b) Yesterday was very hot.

8) 수혜자

5.4.5항의 예에서는 행위의 수혜자로서 문법적 간접목적어로 진술되었다. 같은 수혜자가 for 전치사구로 표현되었다. 그러한 구문은 수혜자역으로 확인되는 특정문법 형태이다.

(a) He made me a chair.
(b) He made a chair for me.

더 이상의 의미역에 대한 논의는 Grimes (1975), Fillmore (1968, 1977) Longacre (1976a)를 참조하라.

의미역의 유용한 기능의 하나는 8.1절에서 기술된 것보다 더욱 자세한 동사분류를 제공해 준다는 점이다. 어떤 동사는 행위자로서 명사와 대명사를 결합하고, 위 4)에서 예시된 것처럼 어떤 것은 경험자로서만 결합하기도 한다. 어떤 동사의 하위집합에 있어 주어는, 그 문장이 수동이 아닌데도 수동자가 되기도 한다. 예; receive :

John received the book.

이러한 동사분류의 체계는 최근의 문헌에서 광범위하게 논의되어 오고 있다.

*   *   *

이 장은 단어구성에 대한 기술에 있어서의 문제점을 제시했다: 단어의 핵에서의 다(多) 형태소와 이것도 저것도 아닌 접어라 불리는 형태소와 관련된 문제; 그리고 문법적 격과 의미역 문제를 다루었다.

제11장 문법 기술

6장에서 지적한 바와 같이 특정 독자층에 의존하여 주어진 언어에서의 언어사실을 대중에게 이용할 수 있도록 하는 데는 여러 방법이 있다. 관련 요인은 독자들의 배경과 훈련은 물론이고, 언어에 대해 독서하는 흥미나 목적까지도 포함한다. 우리는 이용 가능한 기술을 독자의 배경과 흥미에 입각하여 세 가지 유형으로 나눌 수 있다.

11.1. 학술적 기술

학술적 기술 (academic description)이라는 용어는 특히 언어 보편성을 규정하기 위해 다양한 언어구조를 비교하는 데 관심이 있는 언어학자를 위해 쓰여진 문법을 가리킨다. 그런 청중 (독자)은 언어학적 용어에 친숙할 것이라고 가정할 수 있다. 학술적 기술은 보통 주어진 이론적 모형의 특정, 전문용어로 쓰여진다 - 즉 관계문법, 공간문법, 성층문법, 체계문법, 문법소론, 변형문법 등. 그러나, 한가지의 이론적 모형에 훈련된 언어학자가 다른 모형에 입각해 쓰여진 문법을 이용하는 것은 매우 어렵다. 이러한 이유로 우리는 **지시문법** (reference grammar)기술의 유형을 제시한다.[1] 그것은 먼저 산문으로 쓰여졌고, 모형지향의 형식론을 최소화하고, 대신 풍부한 예를 제시한다.

---

1) **지시문법** (reference grammar)이라는 용어는, 언어학적 훈련이 없는 독자들을 위해 쓰여진 문법을 기술하기 위해 사용되기도 했다. Li와 Thompson의 Mandarin Chinese 문법이 이것의 보기이다. 이것은 "Mandarin어를 공부하는 학생들과 교사들에 의해 명확하게 지적되었는데, 그들이 반드시 언어학자일 필요는 없다."(P.xiii). 언어학적 용어는 음소 (phoneme)와 **형태소** (morpheme) 같은 용어들을 포함하여 정의된다.

앞 장에서 IZ어 자료의 일부를 분석한 것은 가능한 지시문법형태로 제공된 것이다. 부록에서, 이 여러 부분들은 관련된 IZ어 자료의 기술로 나타내기 위하여 결합될 것이다. 그러나 이 "문법"은 정확히 뒤따를 만한 결정적인 개요로 간주되어서는 안된다. 단순히 초학자들의 사용을 위한 잠정적인 틀로 제공된 것이어서, 그것들은 교실에서의 연습에 적절하고, 한 언어의 문법구조를 기술하는 가능 방법의 설명으로써 유용하다. 기술은 특정 언어의 구조에 따라 글쓰는 이의 취향에 따라 다양할 것이다. 현재의 목표는 어떤 언어 사실을, 관심이 있는 언어학자라면 누구에게나 유용하게 만드는 기술의 한 유형을 장려하는 데 있다.

견고한 형식적 모형 대신 산문과 단순화된 공식을 쓰는 것은 명시할 필요를 제거하지 않는다는 것에 주목되어야 한다. 모든 진술은 모든 유용한 자료들을 총망라하고 언어에서 비문법적인 구문으로는 유도되지 않도록 검색해야 한다.2)

11.2. 교수문법

교수문법 (pedagogical grammar)이라는 용어는 언어를 구사하도록 독자들을 가르치게끔 고안된 문법기술을 일컫는다. 이러한 목표와 관련하여 교수문법의 변별자질의 한 원칙은 많은 연습문제와 기억을 위한 단어목록을 부가하는 것이다. 문법적 사실의 기술은 지시문법 안에 포함된 것과 비슷하나 언어구조의 특정부분에 대한 고려는 소략하다. 예를 들어, 문장이나 구의 유형을 고려하는 사실은 문법의 여러 부분으로 파급될 것이다. 교수문법은 종종 언어학에 훈련되지 않은 언어학습자를 위해 쓰여지기 때문에 전문용어는 설명되어야 할 필요가 있다.

---

2) 그러나 "백마는 언제나 갈색이다."와 같은 모든 어휘 (lexical)형태의 수용불가능한 배열의 배타성을 기술하자고 주장할 필요는 없다.

11.3. 문법적 개요와 대중문법

문법기술의 또 다른 유형은 **문법적 개요** (grammatical sketch) 또는 대 **중문법** (popular grammar)으로 알려져 있다. 이 용어는 멕시코 인디언 언어 기술자들에 의해 사용되어 왔다. 대중문법은 이중언어 병용사전과는 분리된 완전한 책으로 간행된 완전한 문법이다. 문법적 개요는 사전 속에 포함된 것이면서 사전과 관련이 있는, 사전 보다 더 짧은 기술이다.

이 문법은 한 나라의 국어로 쓰여지는데 토착언어의 이중언어 구사자와 언어학적으로 훈련되지 않은 독자를 위해 쓰인다. 이러한 독자층을 염두 에 두기에, 문법구조는 전문용어를 최소화 하였고 국어문법이나 교과서에 서 사용되는 용어로 기술된다. 그러한 문법기술은 또한 **단어류문법** (word-class grammar)이라 불린다. 왜냐하면 그러한 문법기술은 기본적 으로 다양한 품사 기술과, 그것들이 문장 속에서 어떻게 배합하는 가에 대 한 기술이기 때문이다. 이러한 유형의 다양한 문법의 논제는 지시목록에 포함된다.[3]

＊   ＊   ＊

이 장은 문법구조를 기술하는 여러 방법을 제시했다. 즉 언어학적으로 훈련된 독자를 위한 기술, 그런 훈련이 없는 이를 위한 기술과, 특히 제1외 국어 교수를 위한 문법계획 등을 포함하였다.

---

3) Summer Institute of Linguistics에서 출판한 Apdo. 22067, 14000 Mexico, D.FR.

제12장 사전

　1장에서 형태소는 언어 기술의 어휘목록 부문의 최소 단위로서 소개되었다. 포괄적인 언어분석의 주된 목표 중의 하나는 어휘목록 또는 사전의 공식화이다. 이들 두 용어는 비록 몇몇 언어학자들에게 있어서, 어휘목록은 모든 단일 형태소의 목록인 반면, 사전은 완전한 단어와 관용표현의 목록이지만 자주 상호교환적으로 사용된다. 사전은 보통 어간의 한 예와 굴절형태의 견본만을 포함한다. 몇몇 언어에 있어서, 굴절형태의 전체적인 숫자는 방대하여 실제로 그것들 모두를 포함한 목록에서 유용한 정보를 찾는 것은 어려울 것이다.

　아직 기술되지 않은 언어를 조사하는 언어의 현장연구는 아마도 **이중언어 병용 사전** (bilingual dictionary)을 그의 연구의 주된 목표로 삼을 것이다. 이것은 그 나라의 공식어 혹은 연구자 자신의 언어로 쓴 **주석**(glosses) – 의미상 동치인 단어나 기술 – 을 담은 **자국어** (vernacular) –연구되고 있는 언어 – 사전이다. 일반적으로 그 사전은 자국어로 어휘항목의 목록을 제공함으로써 문법을 보충한다. 그 문법은 그 목록을 사용하기 위한 규칙이나 모형을 제공한다.

　일반 대중을 위해서나 학자를 위해서도 출판 가능한 이중언어 병용 사전의 궁극적 목적에 도달하기 위해서, 그 연구자는 체계적인 방법으로 그의 자료를 엮는 것이 필요하다. 이것은 루스리프식 노트 (loose-leaf notebooks), 서류철, 혹은 자료수집과 분석과정에서 재정리하고 확장시킬 수 있는 어떤 다른 체계를 사용하여 행할 수 있다. 이 장에서는 그러한 화

일과 출판된 이중언어 병용 사전에 무엇이 있어야 하는 지를 간략하게 기
술할 것이다.

12.1. 어휘철

분석을 시작하는 과정에서 자료를 수집하고 편제하는 한 가지 편리한
방법은 파생어간과 복합어간뿐 아니라 단일 형태소 (접사와 어근 모두)의
화일을 만드는 것이다. 이 화일에 있어, 3×5 슬립은 아마도 필요한 정보
를 위한 충분한 공간을 제공할 것이다. 어떤 경우에는 문법적 또는 의미론
적 문제의 상세한 연구를 위해, 사용된 노트를 언급하는 것이 틀림없이 필
요할 것이다. 이러한 슬립 (slips)은 형태론적인 부류들 (동사어근, 명사어
근, 동사접두사, 동사접미사, 파생어간 등)에 의해서 가장 잘 정리된다. 잠
정적인 통사적 부류는 형용사, 부사 그리고 접속사로 설정될 수 있거나 또
는 모든 무굴절어를 위한 일반적인 구분이 있을 수 있다. 일반적 접사류
(예를 들면, 동사접두사) 내에서, 완전히 특정 부류의 접사는 한 화일 슬립
에 포함될 수 있다. (아래에 있는 동사상 접미사의 예를 보라.) 형태소 변
이의 형태는 교체기호나 대각선으로 나타낼 수 있다.

화일 슬립에 포함되어야 할 요소는 다음과 같다:

형태소 (혹은 어간)의 형태
(잠정적) 부류
형태소의 의미
문맥 속에서 형태소의 예
원래 자료가 기록되어 있는 교재나 노트에 대한 언급

　다음은 13장에 인용된 교재에 포함되어 있는 몇몇 Sierra Popoluca어 형태의 견본이 되는 화일 슬립이다.[1]

hʌ·s　　　　vt 어근　　　　　to think
　　　　　　　　　　　　　　　to imagine
　　　　　　　　　　　　　　　to decide (usually in
　　　　　　　　　　　　　　　completive aspect)

hesʌgam ihʌ·syah iga ikomuntahyahpa tu·m mu·tʌ
Then they decided that they-dig-together a well[1)

⌐pa/⌐p incompletive　　　　Verb aspect suffixes　　　　Aspect
⌐um/⌐wom/⌐Ø completive

　antahpa　　　　　　　　　I dig it
　it^y ahum　　　　　　　They dug it.

akho·dóŋa·　　　　　derived vt stem　　　　to notify
ho·dóŋ　　　knowledge　+　-a· verbalizer　+　ak- causative

akho·dóŋata·wom it^y u·mpʌy animat iga tahta·p mu·tʌ
Each animal was notified that a well was to be dug.

A-20-10

---

1) 이런 종류의 화일은 오직 분석자들에 의해서만 사용되기 때문에 여기서는 어떠한 형태소 번역도 하지 않았다. 다만, 앞으로의 언급을 위해 필요로 하는 입증자료만 이 포함될 것이다.

12.2. 이중언어 병용 사전

단순한 어휘목록의 화일은 완전한 이중언어 병용 사전의 준비로서 곧 어느 정도 다른 종류의 철 - 사전철 (dictionary file) - 이 되어야 한다. 이 철을 위한 화일 슬립은 어휘목록철과 유사하지만 보다 복잡하다. 견본 사전화일슬립을 검토하기 전에, 이중언어 병용 사전을 편집할 때 부딪칠 수 있는 몇 가지 문제점을 고려할 필요가 있다.

12.2.1. 형태의 문제

출판된 이중언어 병용 사전에서 발견되는 항목들은 보통 어휘목록철에 제시되었던 것과 같은, 개별형태소의 분리된 목록이라기 보다는 완전한 단어형태이다. 굴절접사들은 문법 (견본 활용을 가진)에서 논의된다; 그런데 본래 사전에서는 기본형이나, 하나의 굴절형태만이 포함된다. 스페인어나 영어와 같은 많은 인도-유럽어들은 사전에서 인용될 수 있는, 단순한 기본형이나 부정사를 가지고 있다. (예를 들면, 영어에서 walk, 스페인어에서 caminar 등이다). 그러나 많은 언어에서, 그러한 인용형 (citation form)은 존재하지 않는다. 그리고 언어학자는 굴절형태 중 어느 것을 선택해야 할지를 결정해야 한다. 이러한 결정을 위한 준거는 다음과 같다: 1) 원주민의 반응 - 모국어 화자들은 그 국어의 부정형 또는 인용형에 대한 상당어로서 어떠한 형태를 부여하는가? 2) 단순성 - 가장 복잡하지 않은 형태, 그리고 3) 예측성 - 다른 활용 가능성이 가장 쉽게 형성될 수 있는 형태.

Isthmus Zapotec어에서 원주민 화자들은 스페인어의 부정사에 대한 상당어를 질문 받았을 때 항상 3인칭 영 (zero)[2]을 갖는 반복상을 제시한다.

---

2) 그 영 (zero)은 문맥에 따라서 세 가지 명백한 형태 (인간, 유생, 무생)의 어느 한 곳에서 나타난다.

몇몇 다른 Zapotec어에서, 그리고 Mixtec어에서 화자는 가능상을 제시하는 경향이 있다. 몇몇 언어에서는 3인칭 단수보다도 일인칭 복수가 선택된다.

문법형태의 선택 이외에도 또한 어떠한 철자법 표시를 사용할 것인가에 대한 문제가 있다. (우리가 권했듯이) 철 (file)이 일찍 시작되었다고 가정한다면 분석자는 음성전사를 시작해야 할 것이다. 그 후에 연구자는 음소문자로 전환하기를 원할 것이다. 그 다음에는 아마도 3번째 종류의 표시가 필요할 것이다. – 인쇄된 자국어 문헌에서 사용하기 위해 선택된 "실용문자" (4.4절을 보라). 따라서 장점은 원래의 전사 위에 다른 표시들을 위한 여백을 남겨 놓으면서, 그 페이지의 아래에서 음성전사를 시작해야 한다.[3]

12.2.2. 의미의 문제

분석자는 그 언어의 연구가 진전됨에 따라 어휘목록철에 포함된 단순한 한 단어의 주석들이 종종 충분하지 못하다는 것을 곧 발견해 낼 것이다. 불행히도, 다른 언어로 해석될 수 있고 일 대 일 의미 대응을 지니고 있는 단어들이 드물다. 단어의 의미를 정의하고 그것을 제2 언어로 표현하는 것은, 그것을 정의하기 위해 사용되는 제2 언어 단어의 다양한 의미의 이해뿐만 아니라 여러 다른 문맥에서 그 단어에 대한 상당히 부지런한 연구를 요구한다. 예를 들면, 1981 Collins Spanish-English 사전에서, 편집자는 모든 영어 상당어와 스페인어 동사 hacer의 용례를 설명하기 위하여 단 전체 그리고 1/2단을 할애하고 있다. 이들은 do, make, act, imagine, amount to, be, 그리고 ago의 의미를 포함한다.

달리 말하면, 형태소는 의미의 지적 (points of meaning) 이라기 보다는

---

3) 또는 교체형으로서 음소분석이 요구하는 변화형을 보여주기 위해 다른 칼라펜이나 색연필을 사용한다.

의미 영역을 가진다. 그리고 X언어에서 형태소의 의미 영역은 Y언어에서 유사한 형태소의 의미 영역과 보통 맞아 떨어지지 않는다.

12.2.2.1. 동음이자어와 의미 전이

사전을 만드는 문제점 중의 하나는 단어가 종종 많은 다양한 용법을 지닌 폭넓은 의미영역을 지니고 있고, 또 다른 언어에서 많은 다른 주석들을 지니고 있다는 사실이다. 또는 두 개 이상의 매우 변별적인 의미들이 연구 중인 언어에서 한 형태로 표현될 수도 있을 것이다. 후자는 **동음이자어** (homophones)라 불린다. 영어에서 동음이자어의 예는 다음과 같다: /red/ *red color* and *read* a book; /riyd/ *reed* and *read*; /piys/ *peace* and *piece*.

다른 한편으로, **의미 전이** (sense discriminations)는 똑같은 단어 (형태소) – 어떤 공통의 중심의미를 가지고 있는 다른 용법이다. 어떤 주어진 단어에 있어, 아주 다양한 의미들이 이러한 중심의 의미론적 핵을 가지고 있는지 또는 그 의미의 어느 정도가 동음이자어로서 분리되어야 하는 지를 결정하는 것은 항상 쉬운 일은 아니다. 예를 들어, 위에서 언급한 스페인어 동사 hacer의 모든 의미에 적용되는 하나의 공통 핵이 있는가? 그 문제는 달걀과 뼈를 의미하는 IZ어 단어 'jita에 의해서 또한 설명된다.

12.2.2.2. 제한 용법

한 단어를 제2 언어로 정의할 때, 종종 그 주석 용법의 어떤 제한점들을 지적할 필요가 있다. 예를 들어, 많은 언어들 (중국어와 다양한 미국 인디 언어를 포함하여)이, 사람이 물품을 손으로, 팔로, 어깨로, 등으로, 머리 등으로 운반하는가에 따라서 영어 동사 carry에 대한 여러 다양한 단어들이 나타나고 있다. carry의 주석은 각각의 경우에 부가된 설명을 할 필요가 있을 것이다; 그러한 제한적인 설명을 **수식평언** (qualifying comment)이라 한다.

영어로 번역된 스페인어 romper는 수식평언과 함께 최소한 다음과 같은 주석을 포함한다 :

romper tear (*cloth, paper*) ; break (*glass, toys*)

수식평언은, 또한 주석이 애매모호한 경우에 예컨대, 식물, 새, 동물 등과 같은 단어의 의미론적 분류를 나타내는 데 사용될 수 있다.

12.2.2.3. 문장 예시

사전의 독자를 위한 의미 명시화의 몇 가지 문제점은 일정한 문맥에서 그 단어를 보여주는 좋은 예문을 제공함으로써 다루어질 수 있다. 최대한의 수혜를 위해서, 각 의미 전이는 그 용법을 설명하기 위해서 별개의 문장을 필요로 한다. 예를 들면, 스페인어 romper의 두 가지 의미의 예시가 그것이다 :

El niño rompió el periódico.
The child tore the newspaper.

Juanito rompió mi muñeca.
Johnny broke my doll.

12.2.2.4. 관용어구

관용적 용법은 주어진 단어를 위한 목록의 또 하나의 가능한 구성요소이다. - 전체 구나 문장의 의미가 그 구성요소들의 연결된 의미로부터 유추될 수 없는 용법이다.

Collins Spanish-English Dictionary 사전으로로부터의 예:

pelo   *hair...*
Tomar el...a uno
To pull someone's leg.

스페인어 pelo는 영어에서 다양한 상당어를 가지고 있는데, 그 중 오직 하나만이 여기에 포함되어 있다. 그러나 그것 역시 관용적 용법을 갖는다; 즉, "to take one's hair"이다. "to pull one's leg"는 다른 관용어에 의해 영어로 가장 잘 옮겨진 것이다.

12.2.3. 부가 재료

단어들과 그것들의 주석, 목록 이외에도, 사전은 그 언어와 그 언어의 사용영역에 관한 다양하고 특별한 흥미거리를 포함시킬 수 있다.

사전의 가능한 부록은 몇 개의 가장 중요한 **의미영역** (semantic domains)의 목록을 포함한다. 그러한 집단화는 주어진 주제에 관한 또는 주어진 영역에서의 모든 단어를 한 장소에 포함시킨다. 예를 들면, 한 부록은 그 언어의 친족체계를 포함할 수 있다; 또 다른 하나는, 모든 동작동사; 또 다른 하나는, 색체계; 그리고 또 다른 하나는, 동·식물의 목록들을 포함할 수 있다.

부록의 수는 연구자의 흥미와 그 언어의 변별자질과 그가 기록하고 있는 문화에 달려 있다. 그러한 개괄적인 집단화는 언어와 문화 양면의 이해에 아주 유용한 것으로 입증될 것이다.

12.2.4. 이중언어 병용 사전을 위한 화일 슬립

유용한 사전철을 위한 화일 슬립은 3 × 5인치보다 더 클 필요가 있다. 일반적으로 사용되는 크기는 4 × 6인치이다. 그러나, 몇몇 언어학자들은 8

1/2 (팔과 이분의 일)×11 쪽을 반으로 잘라서 5 1/2 (오와 이분의 일)×8 1/4 (팔과 사분의 일)의 슬립을 만들어내는 것을 더 좋아한다.

   사전 화일슬립은 각각 사전 목록에 대하여 다음과 같은 항목을 포함할 것이다.

   1) 단어의 목록 형태

   2) 그 지역에서 사용되고 있는 문법체계를 고려한, 단어의 문법적 부류

   3) 어떤 필요한 의미 전이를 포함하는 주석

   4) 자국어를 말하지 않는 독자에게 그 의미를 명확하게 할 자연스럽고 독특한 방법으로 그 단어를 사용하는 문장 예시

   5) "필수적인 언어 정보" 즉, 그 언어를 아는 독자가 아니라 그 언어의 모국어 화자와 무관한 독자들에게 중요한 정보. 이 부분은 그 어형변화 집합의 나머지를 예견할 필요가 있는 불규칙 동사의 형태를 포함한다 (어간 하위부류를 가리키는 분류번호는 통제하기가 쉽지 않다; 실제 형태가 보다 도움이 된다.)

   6) 관용 용법 뿐만 아니라 파생과 복합형태를 포함하는 부차적 항목
   아래는 Isthmus Zapotec어에서 한 동사를 위한 사전 화일 슬립의 아주 간단한 예이다. 부류 2 동사 (3.2.1항을 보라)로서 ruxoòñe'는 반복적인 형태가 필요한 단서를 제공하므로, 전체의 시제-상범주를 예언하기 위해 어떠한 부가적 형태도 필요로 하지 않다. 그러나 그것은 하나의 불규칙성을 가지고 있다 - 일인칭 복수형태에서 모음의 변화. 그것은 또한 *to elope*라는 관용적 의미를 가지고 있다. 이것은 슬립의 맨 밑에서 예시된다.

ruxooñe'   vi   (S/He) runs

/ru'žooñe ' /

[ru'žo ' oñe ']

Bixooñe be nageenda ora bi'ya be beenda ke.
S/He ran quickly when s/he saw that snake.

[1st Pl: ruxo'ñe du]
Bixooñené ale gunaa nuchi'
Alex and his girl eloped last night.

*   *   *

　　이 장에서는 철하기와 사전편집의 다른 양상들을 위한 몇 가지 제안을
포함하여 사전편집의 몇몇 문제점들에 대하여 아주 간략하게 소개를 하였
다. 토착어와 국어를 위한 이중언어 병용 사전에 관한 보다 자세한 설명을
위해서, 앞으로 나올 Bartholomew와 Schoenhals를 참조하라.

제13장 담화 고찰

단어가 구와 문장을 형성하기 위해서 함께 모이듯이, 문장들도 단락이라고 알려진 보다 큰 단위로 모이고, 그리고 이들은 담화라는 훨씬 큰 단위로 모인다.

담화는 발화 (독백이나 대화)의 분절체로 정의될 수 있다. 왜냐하면, 언어적 상황이든 비언어적 상황이든, 말의 시작과 끝맺음이 확인될 수 있기 때문이다. 이 정의에 의해서, 완전한 독백으로 이루어진 하나의 문장이 최소 담화이다. 그러나, 일반적으로 담화분석은 어떻게 문장이 더 큰 단위로 배합하는지를 다룬다.

문장에 대한 논의의 다양한 견지에서, 그 분석이 실제로 상당한 정도로 더 큰 문맥에 의존한다는 사실이 언급되어 왔다. 이 장은 문장이 유의미한 담화 단위로 결합하는 몇 가지 자질에 대해 개관하기로 한다.

13.1. 담화 구조의 구성요소

만약 담화가 "더 큰 문장"의 유형으로 간주될 수 있다면, 그 요소는 문장 속에서 발견되는 그것들을 평행 시키거나 확장시키는 것으로 예측할 수 있다.

13.1.1. 일련의 사건

이야기 담화에서 문장의 동사 술어는 이야기의 흐름을 전달하는 일련의

사건들을 형성하기 위해 배합한다. 일련의 사건들에 대한 연구는 시제, 상
또는 동사에서 사용된 서법의 일치에 관한 자세한 분석; 동사, 대명사, 그
리고 참여자 확인에 그것들의 이용; 그리고 한 문장을 또 다른 문장으로
연결하는 다양한 형태의 연구를 포함할 것이다.

13.1.2. 시제 일치

많은 언어에서, 주요 사건의 선은 어떤 시제의 사용에 의해 특징화 하는
것이 주목되어 왔다. 한편, 이 연속되는 사건 속에 다른 시제가 개입하는
것은 그 중심 이야기를 계속 이어간다기 보다는 배경이나 플래시백을 함
의할 것이다. 또한 다른 시제나 양식은 다양한 유형 (장르)의 담화나 다양
한 시대의 이야기 – 전설, 역사 이야기, 또는 현대의 사건 등을 특징지울
수 있다.

13.1.3. 참여자

이야기의 참여자는 주어, 목적어 등의 문장 기능에서 나타난다. 그러나
이러한 참여자를 위한 표현의 선택은 담화의 문제이다. 만일 분석이 단일
문장들에 국한된다면, 대명사의 공기를 설명하기란, 불가능한 것은 아니
지만, 지극히 어렵다. 특정 고유명사 (George Washington), 유의어를 간
접적으로 언급하는 명사류 (대통령), 또는 대명사 (그)의 선택은 그 문장
들을 한데 연결시키기 위한 고유 언어의 특정한 연쇄에 의존한다. 언어들
은 대명사화를 허락하거나 요구하는데 있어서 크게 다르다. 예를 들면,
Aguaruna어 (페루)는 일단 이름이 소개되면 일정한 참여자에 대한 대명
사류 형태만을 허용한다. 그 이름을 다시 한 번 언급한다면, 그것은 똑같
은 이름을 가진 또 다른 사람을 소개하는 것을 뜻하게 될 것이다 (Mildred
Larson, 개인간의 의사소통). 서부 아프리카의 어떤 언어에서는 중요한 사
람들은 일단 그들이 소개되고 나면 대명사로 나타내어야만 한다. 참여자
의 이름을 반복하는 것은 하나의 모욕행위이다. 반면에, 중요치 않은 참여

자들은 항상 이름으로 언급되어져야만 한다. (Lynell Marchese, 개인간 의 사소통).

　어떤 언어는 일단 참여자가 소개되고 나면, 명사도 대명사도 사용하지 않는다. Isthmus Zapotec어는 그 참여자가 명백하게 확인할 수 있을 때 영 표시를 사용할 것이다. 두 명의 3인칭 참여자는 한 명에게는 명백한 (전접 적) 형태를 사용하고, 다른 한 명에게는 영형태를 사용하여 구별짓는다. 그리하여, 개별문장의 분석에서 수의적으로 고려된 문장의 어떤 참여구성 요소들은 담화요인이 고려될 때는 수의적이지 않을 것이다. 영표시의 사 용은 그 담화의 맥락에 의해서 결정될 것이다. 문제되는 수의적인 구성요 소들의 또 다른 예는 대화에서 나타난다. 기본적으로 필수적인 구성요소 는 응답에서 생략될 수 있다. 예를 들면, IZ어에서 타동사의 목적어는 보 통 응답에서 생략된다.

> raka'la?ji-lu ndi la　　　　*Do you want this?*
> [*want- 2s this-Q*]
>
> raka'laĵ-e?　　　　　　　*I want.*[1]
> [*want -1s*]

13.1.4. 장면

　문장의 술어가 사건을 지시하고, 주어와 목적어가 참여자를 지시한다 면, 시간과 위치 요소들은 장면을 제공한다. 또한 연속적인 상황이나 상황 에 대한 장면은 담화 자질을 예견할 수 있어 좋다.

　문장 요소들을 밀접하게 연결시켜 주는 많은 정보 이외에도 담화의 다 른 중요한 구성요소들이 있다.

---

1) IZ어의 의문문에서, 이것은 보편적인 영어 문체의 대답 "Yes"보다 더 통상적인 대답이다.

13.1.5. 배경

어느 담화에서든지 간에 어떤 배경이 진술되거나 암시된다. 그 배경은 명백하게 진술될 수도 있고, 또는 화자/작가가 청자/독자에 의해 이미 알려진 정보를 가정할 수도 있다.

각 언어는 담화 속에 있는 어느 정보가 구정보 (기지정보)인지, 어느 것이 신정보인지를 나타내기 위한 그 나름대로의 장치를 가지고 있다. 그 차이는 참여자를 언급하는 체계, 다른 관사나 지시사의 사용, 또는 문장 구성성분들의 순서에 의해 전달될 수 있다. 주제화와 초점의 자질 (8.5절)은 신정보와 구정보를 구별하기 위한 도구로 자주 사용된다.

13.1.6. 결합

단일 문장의 독백보다 더 긴 담화는 어느 것이든지 부분을 통합된 전체로 결합시키는 특징을 포함할 것이다. 이러한 것들은 위에서 언급한 몇 가지 자질을 포함한다: 예를 들면, 시제의 일치, 참여자 언급 (유의어, 대명사, 지시사, 정관사 등의 사용), 주제화 (8.5.1항에 있는 IZ어 예시를 보라), 그리고 문장 사이의 명백한 문법적 연결부 그것은 "and then"과 같은 시간 도입어의 사용으로 이야기 속의 사건들을 연결시키는 것이 보통이다. 필리핀, 아프리카, 중앙 아메리카를 포함해서 세계 곳곳의 언어들은 이야기 속의 일련의 사건이나 어떤 절차에 있어서의 단계를 앞 문장의 일부를 반복함으로써 연결한다. 다음은 Iteg어 (필리핀)의 단락을 영어로 번역한 것이다: (Longacre 1970a).

He went. When he arrived in the forest, he chopped the trees. When he had chopped them, he shaped them. When he had shaped them, he went home.
(그는 갔다. 그가 숲에 도착했을 때, 그는 나무를 베었다. 그가 나무를 베었을 때, 그는 그것들을 다듬었다. 그가 그것들을 다듬었을 때, 그는 집에 갔다.)

Quiché어 (과테말라)와 Godie어 (Ivory coast)는 단락 내에 있는 문장들의 연계를 알려주는 반복과 유사한 유형을 지니고 있다. (Blackburn 1980, Lynell Marchese, 개인간 의사소통).

논설문 (essay)에서 문장연결부는 따라서 (therefore), 더욱이(moreover), 결과적으로 (consequently), 이런 이유로 (for this reason), 게다가 (like wise), 그밖에도 (In addition), 그리고 다른 한편으로 (on the other hand)와 같은 표현들을 포함한다.

담화에서 보다 복잡한 유형의 결합은 동사구조내의 어떤 자질이 절들을 함께 연결시킨다는 것이다. 뉴기니아의 많은 언어에서, 의존 표지의 동사를 가진 절의 연결체들이 독립동사를 포함하는 절들을 뒤따른다. 세계 곳곳의 다른 언어와 마찬가지로 이들 언어에도 역시 뒤따르는 동사가 같은 주어를 갖고 있는지, 다른 주어를 갖고 있는지를 알려주는 동사 표지 자질이 있다. 뉴기니아 언어에 있는 이러한 자질의 보다 완벽한 기술을 위해서는 Longacre (1972)를 보라. Peruvian 언어에서 같은 또는 다른 주어에 대한 기술에 대해서는 Pike and Pike (1982)를 보라. Yuman 언어에 있는 유사한 특징에 대한 언급과 함께, 멕시코의 Seri어에서 주어 표지 전환 (또는 개폐지시 switch- reference)의 논의를 위해서는 Moser (1978)를 보라.

많은 언어에서, 연구자들은 정의를 내릴 수 없는 동사접사나 첨사로 난처했었다. 그것들은 원문에 자주 나타나지만 자국어화자들은 그것들의 용법이나 의미를 말로 나타낼 수가 없다. 주어진 유일한 설명은 "그것은 의미를 강조한다", 또는 "그것은 단지 거기에 있을 뿐이다"일 것이다. 이들 첨사는 그러한 어휘적 의미를 가지고 있지 않지만, 전체담화의 결합에 연관되어 있다. "기적 형태소 (mystery morpheme)"에 의해 증명된 몇몇 특징은 다음과 같다: 주요 참여자 (중요치 않은 참여자에 대해), 주축이 되는, 주요한 사건 선상 (배경 정보 또는 보조적 전개에 대해), 다음 절에 있을 주요 사건의 예상, 역할 전도, 반대 예측, 그리고 진술된 사건이나 사실에 대한 화자의 태도. 이러한 다양한 용법의 상세한 기술을 위해서는 Hugoniot and Hale (1973), Lakoff(1972), 그리고 Longacre(1976b)를 보라.

13.1.7. 장르

조금만 생각해 보아도 여러 종류의 담화가 있다는 사실은 분명하다. 가장 분명히 대화와 독백이 있다. 한 언어에서의 원문을 연구할 때, 그들의 내용 유형이나 장르에 따라서 그것들을 분류하는 것이 현명하다. 어떤 주어진 장르 안에서 그들과 다른 장르 사이의 다양한 차이점뿐만 아니라 원문에서 구조의 유사점들이 예상된다. 예를 들면, 대화는 구조에 있어서 모든 독백 담화의 유형과는 크게 다르다. 그리고 독백장르 내에서도 민담(folktales)은 구조에 있어서 절차상의 담화와는 다른 것 같다.

담화를 분류할 때는 화자/작가의 의도가 고려되어야 한다. 예를 들면, 그의 목적이 정보를 전하려는 것인가, 교훈을 주려는 것인가, 오락을 목적으로 하는가, 행동을 취하도록 하는 것인가, 아니면 여러 가지 다른 가능성 중의 어느 것인가? 물론 한번에 한 가지 목적 이상을 가질 수 있다. 따라서 한 유형의 담화는 또 다른 유형에 포함될 수도 있다. 그러나, 보통 한 가지 목적이 다른 것들보다 더 기본적이다. 예를 들면, 설교를 하고 있는 목사는 기본적으로 신학의 어떤 견지에서 그의 청중에게 교훈을 주려고 할 것이다; 그러나 두 번째 고려사항으로서, 그는 청자에게 그것들을 행동에 옮기고 그것들을 즐기도록 동기를 부여하려는 의도를 가지고 있을 수 있다. 이야기는 자주 대화를 포함하고, 또한 약간의 교훈과 설명을 포함할 것이다. 그리하여 한 종류의 담화가 또 다른 종류에 포함될 수 있다.

몇 가지 가능한 담화의 범주는 다음 사항을 포함한다:
민담과 동화
단편이야기와 소설
보도문
역사적 기술, 전기
논설문, 과학논문, 강의, 설교
격려서, 정치적 연설
처방전, 절차 (방법)상의 원문

(Longacre 1976a는 기본적으로 4가지 종류의 담화가 있다고 제안한다: 절차상의 담화, 이야기체 담화, 해설적인 담화, 권고적인 담화.)

13.1.8. 분할

합성문들은 그들을 구성하는 단문들에 의하여 분석될 수 있고, 그리고 이 단문들은 포함된 구와 단어에 의해서 분석될 수 있는 것처럼, 보다 긴 담화는 장, 절, 단락으로 구분될 수 있다. 담화분석의 초기단계에서 정보를 제공하는 내용이, 아마도 그러한 구분을 위한 주된 바탕이 될 것이다; 그러나 형식적인 준거 또한 발견될 것이다. 이러한 형식적 준거는 문체법의 변화 (아마도 다른 장르에 포함된 담화를 나타내는), 또는 단위의 도입 또는 는 결론을 나타내는 특별한 어휘형태를 포함한다. 아주 많은 언어들은 단락이라고 불릴 수 있는 문장들보다 더 큰 단위의 담화를 가지고 있다. 그러한 단위의 표지 양식들이 즉시 명료해지지는 않을 것이다. 그것들은 이야기에서 장소나 시간의 변화나, 새로운 참여자의 도입에 의해서 표시되어질 수 있다. 몇몇 언어에서, 그 신호는 단락 내에 있는 문장들 사이에서 사용된 것들과는 다른, 단지 일정한 연결어일 수 있다. Sierra Popoluca어와 Isthmus Zapotec어에서, 시간의 변화는 자주 *and then*으로 번역될 수 있는 연결어에 의해서 나타난다. 두 언어에서, 훌륭한 이야기를 하는 문체를 의식하는 화자는 아마 단락표시로서 이러한 첨사를 드물게 사용한다. 문체 능력이 부족한 사람은 거의 어느 문장이든지 간에 "And then..."으로 시작하는 경향이 있다. Huichol어 (멕시코)는 단락의 경계를 보다 명백하게 구별하는 듯한 유사한 표현 (*well* 또는 *then*을 뜻하는)을 가지고 있다. (Grimes 1964:73)

13.2. 분석의 예

담화분석의 소개에 덧붙여, Sierra Popoluca어의 짧은 원문이 이 장에서 언급된 몇몇 자질들을 예시하기 위해서 제시된다.

13.2.1. 원문

The animals dig a well.

1. hém animat komo ko·ya, komo mʌa iniit^y aŋhagooyi.
2. hesʌk antuumayah it^{y}umpʌy animat.   3. hesʌgam
ihʌ·syah iga ikomuntahyahpa tu·m mu·tʌ.
4. akho·dóŋata·wom it^{y}umpʌy animat iga tahta·p
mu·tʌ.   5. nʌmayt^{y}a·p ko·ya, "sʌʌp tantahpa
mu·tʌ."   6. nʌmpa ko·ya, "ʌč d^{y}a antahpa porke
ʌč d^{y}a mu·tho·m anʌkpa."   7. "ʌč,"
nʌmpa, "mʌk, heam ʌč annémpa."   8. hesʌk tahta·wom
hém mu·tʌ.   9. hesʌk temprano nʌkpa či·ŋi
mu·tho·m it^y ahum los demas.   10. sa·goy išʌ ko·ya
porque ikučiŋtacpa hém mu·tʌ.

13.2.2. 의역

1. The animals such as rabbits and deer have a leader.
2-4. Then all the animals gathered together, and they decided
to dig a well together. Each animal was notified that a
well was to be dug.

5-7. The rabbit is told, "Now we will dig a well." The rabbit
replies, "I'm not going to dig, because I don't drink at
wells. I just lick the dew," he says.

8. Then they dug the well.
9. Then early in the morning the rabbit goes and bathes in the
well that the others had dug.
10. The rabbit is a big bother, because he bathes and muddies
the water in the well.

(**주의** : 여기서 언급된 "well"은 깊은 구멍이 아니라 샘이 졸졸 흐르는 우묵한 분지이다.)

13.2.3. 분석.

물론 담화분석의 선행조건은 이 원문을 이해하는 것이다. 따라서 사용된 모든 단어들 (그리고 형태소)에 대한 이해가 필수적이다. 편의상, 이들은 부류들로 목록화된다.

13.2.3.1. 형태소

명사

animat	*animal*
aŋhagooyi	*leader*
it^{y}umpʌy	*all*
ko·ya	*rabbit*
mʌa	*deer*
mʌk	*dew*
mu·tʌ	*well*

타동사 어간   자동사 어간

akho·ó ŋa·	*to inform*		aŋtuuma·	*to gather together*
hʌ·s	*to think, to decide*		čiŋ	*to bathe*
tah	*to dig*		nʌm	*to say*
nʌmáy	*to say, to tell*		nʌk	*to go*
nait^y	*to have*		nʌ́	*to drink*
komuntah	*to dig together*			
ném	*to lick*			
kučiŋtac	*to muddy by bathing*			

첨사   대명사

d^{y}a	*no, not*		ʌč	*I*
iga	*so that* (clause subordinator)			
komo	*as, such as*			
los demas	*the rest*			
porke	*because*			

<table>
<tr><td colspan="2" align="center">관사</td><td colspan="2" align="center">유도사</td></tr>
<tr><td>hém</td><td>the</td><td>hesʌk</td><td>then</td></tr>
<tr><td>tu·m</td><td>one, a</td><td>hesʌgam</td><td>just then</td></tr>
<tr><td>heam</td><td>just that</td><td></td><td></td></tr>
</table>

<table>
<tr><td colspan="2" align="center">동사적 관용구</td><td colspan="2" align="center">시 제</td></tr>
<tr><td>sa·goy išʌ</td><td>he pesters, bothers</td><td>temprano</td><td>early</td></tr>
</table>

<table>
<tr><td colspan="2" align="center">동사 접두사</td><td colspan="2" align="center">동사 접미사</td></tr>
<tr><td>a⁻</td><td>1sS (intran.)</td><td>⁻pa/⁻p</td><td>incompletive</td></tr>
<tr><td>an⁻</td><td>1:3 (1sS⁻3O)</td><td>⁻um/⁻wom/⁻Ø</td><td>completive</td></tr>
<tr><td>i⁻</td><td>3:3 (3S⁻3O)</td><td>⁻ta·</td><td>passive</td></tr>
<tr><td>tan⁻</td><td>1, 2:3 (1,2S⁻3O)</td><td>⁻yah</td><td>plural of 3rd person</td></tr>
</table>

13.2.3.2. 장르

이것은 전형적인 SP어의 민담으로, 동물에게 대화 능력을 부여하고, 주인공으로서 토끼를 등장시킨다. 그 줄거리는 SP어의 민담의 큰 줄기를 통해 흐르는 일반적인 주제를 예시한다. 즉, 토끼는 다른 동물 (여기에는 언급되어 있지 않지만, 특히 아메리카 표범)을 괴롭히고, 재치로 그들을 속인다.

13.2.3.3. 분할

이 단편 이야기는 다음과 같이 구분될 수 있다. 서두, 참여자 제시 그리고 배경설정 (no. 1), 이야기의 본문 (no. 2-9), 그리고 결말 (no. 10).

13.2.3.4. 참여자

참여자는 토끼와 그 나머지 동물들이다.

13.2.3.5. 장면
장면은 마실 물을 위해 샘을 팔 필요성에 대한 것이다.

13.2.3.6. 사건
사건은 이야기의 본문, 즉 no. 2-9에서 발견된다.

동물들이 함께 모인다.
그들은 우물을 함께 파기로 결정한다.
각 동물들에게 알린다.
토끼에게도 알린다.
토끼는 거절한다.
다른 동물들은 우물을 판다.
토끼는 그 우물에서 목욕을 하고, 물을 더럽힌다.

13.2.3.7. 배경과 부수적 정보
Popoluca인들 사이의 마을 모임은 그 마을의 지도자에 의해 소집된다. 동물의 모임이 문화적으로 유사하다고 추측된다. 결정은 그런 모임에서 이루어진다. 수행되어야 할 일 (또는 개최되어야 할 모임)이 있을 때, 관계자는 심부름꾼을 모든 사람에게 알리도록 보낸다. 아마 모든 동물이 그 모임에 참석했다는 사실에도 불구하고 각각의 동물들에게 모임이 있다고 통지를 했을 것이다.

13.2.3.8. 시제 일치
SP어의 경우, 이 특징은 완성상과 미완상의 상호작용과 관련이 있다. 이 이야기 속에서, 그 상호작용은 예상되는 SP어 문체를 따른다. 동사 nʌm *say*의 모든 형태가 미완성상으로 표현되는 것을 주목하라. 이 동사는 완성상과 함께 사용된다 하더라도 아주 드물게 사용된다. 확실히 그것은 서술자의 시각에서 행할 무엇을 갖는다. 또한 no. 9에서 목욕하러 가는 것은 미완성상에 있다; 왜냐하면 토끼의 시각에서 본다면, 그 문장이 발화되었을 때 그는 아직 목욕을 하지 않았기 때문이다.

13.2.3.9. 다른 문법적 자질

이 이야기에서 흥미있는 또 하나의 문제는 능동문 대 수동문의 상호작용이다. 이 장치는 이야기를 할 때, 주인공에 초점을 유지하기 위해서 종종 사용된다. no. 5에서 토끼는 능동구문보다 수동구문의 사용으로 인해 주어로서 유지된다. 능동 구문에서 토끼는 목적어가 될 것이다; "그들은 토끼에게 말했다, '이제 우리는 우물을 팔 것이다.'"

*　　　　*　　　　*

이 장은 담화분석이란 주제에 대한 간략한 개관으로 특징지워진다. 이것은 주로 초급의 학생들의 관심을 자극하기 위해, 문장의 한계 이상으로 문법적 구조에 대한 그들의 지식을 확대하도록 그들의 의도된 것이다. 보다 심화된 연구를 위해 다음을 제안한다: Brend (1974); Grimes (1975, 1978); Hale (1973); Larson (1978); Longacre (1972, 1976 a, 1976-77); Pickering (1980); Pike (1967); Pike and Pike (1982); Trail (1973); Wise (1971).

제14장　현장연구 방법

　한 언어에 대한 실제 현장연구는 예비과정에서 언어의 개념을 습득하는 과정과는 여러 면에서 다를 것이다. 현장연구에서 분석자는 조사하고 있는 언어를 말하는 사람과 함께 조사할 것이다; 따라서 그는 자료수집과 분석의 문제뿐만 아니라 인간관계의 미묘한 문제들에 직면할 것이다. 현장 언어학자는 발화된 언어를 들을 것이다; 따라서 음성학, 음운론, 문법론의 문제를 한꺼번에 직면하게 된다. 자료는 짧고 통제된 문제의 형태로 정렬되어 나타나지 않을 것이다. 단지 언어학자가 사람들과의 친밀한 관계를 성립시킬 수 있을 때만이 그는 자료를 이끌어낼 수 있을 것이다. 문법적 분석에 있어서 일련의 단계들은, 또한 교실 접근법과는 다를 것이다. 이 장은 현장연구를 하기 위해 몇몇 제안 사항 – 언어 학습, 자료수집, 그리고 자료기록을 제시한다.

14.1. 언어 학습

　언어구조의 효과적인 분석은 자료를 제대로 통제하지 않고는 이루어질 수 없다; 그리고 언어학자가 할 수 있는 가장 좋은 자료의 통제는 그 언어 자체를 말하고 이해할 수 있는 것이다. 어떤 언어에는 학습절차에 도움이 되는 기록된 재료들이 있다; 다른 언어에는 유용한 그런 보조자료가 없다. 기록된 재료의 도움을 받든 받지 않든 간에 언어 학습에 있어서 중요한 요소는 그 언어를 듣고 사용하는 것이다. 언어 학습에는 세 가지 규칙이 뒤따라야 한다; **듣기, 말하기,** 그리고 **쓰기.**

14.1.1. 듣기

그 언어가 사용되는 공동체에서 생활하고 그것을 듣는 데 상당한 시간을 소요하는 것에 대한 중요성은 아무리 강조해도 지나치지 않다. 문법규칙과 어휘의 기억, 또는 정보의 도출 (예를 들면, 당신은 여차여차한 것을 어떻게 말합니까?)조차도 모국어 화자에 의해 사용된 그 언어를 듣는 것을 대치할 수 없다. 말하여진 언어를 듣는 것은 좋은 발음과 어휘, 문법의 용법에 있어 유창성을 획득하기 위해 필수적인 일이다.

14.1.2. 말하기

사람이 한 언어를 유창하게 말할 수 있는 유일한 방법은 그 언어를 말하는 것이다. 일정 기간 동안 그 소리체계에 익숙해지기 위하여 듣는 데에 주력하는 것은 가치가 있다. 어느 한 논자가 지적했듯이 이것은 아이가 태어나서 처음 2년 동안 하는 것이다. 그러나, 소리체계와 문법구조 양자를 유창하게 통제하기 위해서는 말하고 고치고, 다시 시도하는 것이 좋다. 게다가, 듣기는 레코드나 테입에 의한 것보다는 화자들의 언어공동체에서 행해지는 것이라면, 자기가 배운 것을 사용하려 하지 않는 학습자는 불친절하고, 불행하고, 심지어 화가 나 있다는 정평을 곧 듣게 될 것이다.

기억의 프로그램은 우선 인사, 작별, 그리고 즉시 사용할 수 있는 짧은 대화와 같은 유용한 표현을 강조해야 한다. 그러나, 이것에 수반되는 것은 가장 흔한 문법적 모형에 대한 훈련을 제공하는 구조 속의 어형변화의 재료이어야 한다.

14.1.3. 쓰기

분석적 목적을 위해, 구어 (비문자어, unwritten language)를 학습하는 언어학자는 자연히 그가 들은 형태를 받아 적을 것이다. 일반적으로 쓰기는 듣기와 모방이 훌륭한 발음 모형을 확립할 때까지 연기되어야 한다고 권장된다. 따라서 이러한 연기의 특정한 기간은 개별 학습자에게 상당한 정도로 달려 있을 것이다. 어떤 사람들은 재료를 다시 읽고, 그 형태를 쓰는 것에 의해 기억하는 것이 더 쉽다고 느낀다. 또 다른 사람들은 그 재료를 단지 듣고 반복함으로써 가장 잘 배운다.

읽기 역시 문어를 학습하는 데 있어 중요한 위치를 차지한다. 그러나, 만일 좋은 발음습관이 광범위한 독서에 몰두하기 전에 확립되지 않았다면, 학습자는 자주 외국어의 글자를 모국어의 글자에 첨부된 소리와 같게 생각한다. 그 궁극적 결과는 새로운 언어의 잘못된 발음이다.

14.2. 자료수집

구어에서 자료수집은 "언어 조력자" (그 언어의 모국어 화자)와의 연구를 전제한다. 다음은 성공적인 관계를 위한 몇 가지 단서이다.

14.2.1. 언어 조력자들과의 연구 – 할 것과 하지 말 것.

모국어화자로부터 언어자료를 획득할 때, 분석자는 언어학습에 중요한, 이미 언급한 세 가지 요소 (듣기, 말하기, 쓰기)를 명심해야 한다. 그러나, 그는, 또한 그 화자가 카세트 테입이 아니라 감정을 가진 사람이라는 사실을 계속해서 상기해야 한다. 이 원칙들을 지키는데 있어서, 다음과 같은 접근이 제시된다.

1) 각 발화의 발음을 모방하라. 그 화자에게 당신의 발음을 수정해 달라고 요구하라; 그것이 당신에게 도움이 될 것이라고 주장하라. 어떤 수정이든 감사히 받아들이고 자신의 실수에 대해서 웃어라. 만약, 당신이 당신의

실수에 대해서 불행이나 당황을 표시한다면, 사람들은 곧 당신을 수정해 주는 것을 그만둘 지도 모른다.

2) 반복을 요청하고, 처음 전사할 때 필요한 교정을 하라. 그러나, 한번에 특정 형태를 너무 여러 번 반복할 것을 요구하지 마라. 만일 당신이 그 것을 쉽게 습득할 수 없다면, 다음으로 미루어라.

3) 한 번에 너무 오랫동안 작업하지 마라. 얼마나 많이 그가 수용할 수 있는 지를 확인하기 위해 조력자의 반응을 주의 깊게 살펴봐라.

4) 의미의 영역을 결정할 때는 제2 언어로 단순히 번역된 상당어구가 아닌 지방어의 어법으로 이끌 질문을 하라.

5) 다른 화자들로부터 도출될 때 똑같은 형태에서도 근소한 차이가 있을 것을 예상하라. 그들이 지역 방언이나, 남자 대 여자의 말투, 또는 단순한 개인적 차이들을 표현할 수도 있으므로 이러한 차이들을 주의 깊게 주목하라.

6) 똑같은 사람에 의해 주어진 특정 형태나 번역이 날마다 차이가 있을 수 있음을 예측하라. 교체형태가 가능할 수 있다; 또는 화자가 같은 형태를 가진 의미의 다른 영역에 초점을 맞추고 있을 수도 있다. 모국어 화자가 항상 옳다는 것을 기억하라. 또 다른 사람이 그것을 어떻게 말하는지 또는 그 자신이 어제 그것을 어떻게 말했는지에 대해서 그와 논쟁하지 마라. 모순을 주목하라. 그리고, 그 차이에 대한 설명을 위해 점검하라; 그러나 화자의 능력에 관하여 의심하지 않도록 행동해야 할 것이다.

7) 왜 언어 조력자가 사물을 그런 식으로 말하는지 묻지 마라. 그는 아

마도 모를 것이다. 모든 언어는 독특하고 복잡한 체계이다. 사물이 분석자가 예상한 것과 다르게 발화된다는 사실 때문에 모국어 화자로부터 설명을 요구해서는 안된다. (만일 당신이 영어사를 공부하지 않았다면, "I singed yesterday"보다는, "I sang yesterday"라 하지만, "the mother pang"은 안되고, "the mother pinged"라고 말하는 지를, 그러나 "the mother pinged"는 되지만 "the mother pang"은 안되는지를 설명할 수 있겠는가?)

14.2.2. 언어 조력자와의 연구 - 자료

통사적 분석을 위한 기초로써 사용할 가장 좋은 재료는 자연어로 발화된 원문이다. 그러나, 자연스런 휴지만을 포함하여 진행되고 있는 담화를 분석하기 시작하는 것은 극도로 어렵다. 기억의 범위는 한계가 있고, 사람은 자신의 귀에 낯선 광범위한 연속적인 소리들을 파악할 수 없다. 녹음기의 사용은 무제한 반복을 위한 기회를 제공한다. 그것은 기억범위의 문제를 해결하는데 도움을 준다. 그러나, 녹음기의 도움으로도 휴지없이 길게 연속적으로 발화될 때 새 음성재료의 전사는 어렵다. 그러므로 전사는 짧고 고립된 범위로 시작할 것을 권장한다. 심지어 사물의 이름이나 단순한 행위를 도출해 낼 때조차도 완전한 발화들이 실제로 모아진 것이며, 그 억양은, 이 사실을 염두에 두고 기록되어져야 함을 기억해야 할 것이다. 행위어는 최소 단문이 될 것이다; 대상물어는 응답 또는 "문장조각 (Sentence fragments)"이 될 것이다. 그것은 실제 음운론적 문장이다.

언어조력자와 계획된 연구시간을 위해 사전 준비가 이루어져야 한다. 각 활동기간에 도출된 특정한 항목의 목록을 양자에 공통인 언어로 만들어라. 단순한 자료에서부터 보다 복잡한 자료로 연구할 때, 자료도출을 위해 다음과 같은 일반적인 순서를 제시한다; 각 단계에 적절한 실용적인 제안이 포함되어 있다.

(1) 새 언어의 사용으로 가능한 빨리 변화시키기 위해서, 자료의 도출을 위해 그 언어 안에서 표현을 얻도록 시도하라. 이 표현들은 "이것은 무엇입니까?/ 저것은 무엇입니까?" "당신은 어떻게 말합니까....?"[1] 또는 "당신은 무엇을 하고 있습니까?"와 같은 구절을 포함한다.

(2) 그 지방의 상황에 맞게 선정된 단순한 대상물의 이름으로 시작하라. 예를 들면, 완전히 문자사용 이전의 사회에서 논문 (paper)이나 책에 있을 단어를 얻는 것은 기대하지 마라. 자연물의 이름을 요구하라; 태양, 달, 별, 구름, 나무, 잎, 나뭇가지, 뿌리, 꽃, 선인장, 포도넝쿨, 바위, 막대기, 산, 골짜기 ......

또는 사람과 동물에 대한 언급 : 소년, 소녀, 남자, 여자[2], 파리, 개구리, 뱀, 벌, ...

또는 의류나 다양한 활동을 위한 도구나 의류 품목: 드레스, 블라우스, 바지, 샌들, 시트/담요, 접시, 주전자, 불, 침대/그물침대, 의자/긴 의자 ......

또는 음식 품목 : 빵/옥수수빵, 고기, 생선, 콩, 옥수수, 우유, 치즈, 채소 (또는 특정 야채), 과일 (또는 특정 과일).

---

1) "How do you say...?"의 표현을 획득하는 것은 아주 어렵다. 언어 조력자는 "How do you say...?"를 "어떻게 말합니까?"라는 질문에 의해 자주 혼란스러워 진다. 상황을 기술하고, 정확한 문맥에서의 표현을 얻도록 노력하라.

2) 친족관계는 종종 정확하게 획득하기가 어렵기 때문에 초기 도출을 위한 제안에 포함되어 있지 않다. 다른 문화는 다른 방법으로 관계를 인식한다. 그러므로 언어조사자는 아버지, 어머니, 언니, 오빠, 삼촌, 아주머니 등과 같은 단어에 대한 정확한 상당어를 기대해서는 안된다. 예를 들면 IZ어에서 *aunt*라는 단어에 대한 요구를 하면 엄마의 아주머니나 제2의 사촌과 같은 보다 먼 친척에 실제로 사용되는 스페인 차용어 sti'a'ya' *my aunt*로 그 결과를 초래할 것이다. 그러나 회화에서 Zepotec어 화자는 그의 아버지의 누이나 어머니의 누이를 hñaa ma'ria *my mother Mary*로 언급한다. 그러므로, 개인과 함께 시작하여 그가 그의 어머니, 그의 어머니의 어머니, 그의 어머니의 누이 등을 뭐라고 부르는 지를 물어 봄으로써 친족어를 요구하는 것이 조사자에게 자연스런 용어의 번역을 요구하는 것보다는 가장 적절하다.

그 밖에도 신체부분에 대한 명칭 - 머리, 눈, 코, 입, 등등 - 은 보통 얻기 쉽다. 그러나, 많은 언어에서 신체부위는 소유되어져야 한다. 그리고 분석자는 그에게 주어진 형태에서 소유형태소가 포함될 수 있다는 것을 알아야 한다.

   (3) 틀 안에 있는 같은 대상물어를 요구하라. 예를 들면, 명사는 다음과 같이 도출될 수 있다:
      - 복수 (막대기들, 나무들, 꽃들, 잎들, 소년들, 소녀들)
      - 수 (두 개의 막대기, 세 개의 막대기, 두 그루의 나무, 세 그루의 나무)
      - 지시사 (이 막대기, 저 막대기, 이 소년, 저 소년)
      - 기술어 (큰 막대기, 큰 소년, 작은 막대기)
      - 대명사류 소유자 (나의 개, 너의 개, 그의 개)

이 재료는 단어구조, 구구조, 또는 양자의 분석을 시작하기 위한 기초를 제공할 것이다.

   (4) 처음에는 시제를 일정하게 유지하면서, 대명사류 주어3)나 명사 주어와 함께 단순한 자동사의 행위형태를 요구하라. 예를 들면,

   나는 걷고 있다.   나는 달리고 있다.   그는 놀고 있다.
   그는 걷고 있다.   그는 달리고 있다.   잭은 놀고 있다.
   잭은 걷고 있다.   잭은 달리고 있다.   그 작은 소년은 놀고 있다.

   (5) 주어, 목적어와 함께 타동사의 행위형태를 요구하라. 예를 들면:

   나는 사과를 먹고 있다
   잭은 사과를 먹고 있다.

---

3) 어떤 언어, 특히 Oklahoma의 인디안어에서 대명사류 주어와 목적어 체계는 지극히 복잡하다. 그러한 언어에서는 주어나 목적어로서 대명사를 적용하는 것보다는 명사로 시작하는 것이 더 좋다.

나는 바나나를 먹고 있다.
나는 사과를 먹고 있다.
나는 바나나를 보고 있다.
나는 너를 보고 있다.

(6) 시간, 위치, 양태, 또는 부정의 요소를 가진 동사 표현을 확장하라.
예를 들면:

존은 빨리 걷고 있다.
존은 지금 걷고 있다.
존은 지금 빨리 걷고 있다.
존은 오늘 걷고 있다.
존은 그곳에서 걷고 있다.
존은 오늘 거기서 걷고 있다.
존은 빨리 걷지 않고 있다.
나는 지금 사과를 먹고 있다.
나는 지금 사과를 먹지 않고 있다.
나는 지금 바나나를 먹지 않고 있다.

(7) 시제를 바꾸기 시작하면서 확장을 계속하라. 예를 들면:

나는 어제 나무를 보았다.
나는 내일 나무를 볼 것이다.
나는 오늘 아침 사과를 먹었다.
나는 오늘 오후 사과를 먹을 것이다.
나는 부엌에서 사과를 먹을 것이다.
나는 뜰에서 사과를 먹을 것이다.

(8) 질문과 응답형태를 요구하라. 예를 들면:

　　너는 사과를 먹고 있니?　　예, 나는 사과를 먹고 있다.
　　　　　　　　　　　　　　　아니오, 나는 사과를 먹지 않고 있다.
　　잭이 달리고 있니?　　　　예, 잭은 달리고 있다.
　　　　　　　　　　　　　　　아니요, 잭은 달리지 않고 있다.
　　　　　　　　　　　　　　　예, 그는 달리고 있다.
　　　　　　　　　　　　　　　아니오, 그는 달리지 않고 있다.

(9) 정보에 관한 질문을 하라. 예를 들면,

　　잭은 무엇을 먹고 있습니까?
　　당신은 무엇을 먹고 있습니까?
　　잭은 어디에서 먹고 있습니까?
　　잭은 그 사과를 먹었습니까?
　　왜 그는 사과를 먹었습니까?

　(10) 실용적인 제안 : 적어도 그 소리와 그 소리를 쉽게 쓴 어떤 형태를 충분히 알 때까지는 한 번에 한 가지 변화만 만들어라. 예를 들면:

1. 이 꽃　2. 저 꽃　3. 저 나무
1. 나는 사과를 먹고 있다.　2. 나는 바나나를 먹고 있다.

다음과 같이 하지 마라 :
1. 이 꽃　2. 작은 나무　3. 큰 막대기
1. 나는 사과를 먹고 있다.　2. 잭은 바나나를 보고 있다.

14.2.3. 언어 조력자와의 연구 - 접근

위의 몇몇 조언들은 분석자와 언어조력자 사이의 공통어를 가정하고 언급하였다. 그러나, 이것은 항상 그 경우만은 아니다; 많은 구어 (unwritten language)의 상황에서, 언어학자는 오직 그들의 모국어만을 말하는 1개국어를 사용하는 사람들과 연구를 해야 함을 발견할 것이다. 그러한 상황 속에서 사용된 접근은 1개 **국어 사용자 접근** (monolingual approach)으로 알려져 있다. 2개 국어로 연구하기 위하여 위에서 제시된 모든 지시사항은, 그 용어가 중간 언어에서 여러 가지 문제를 내포하는 것들을 제외하고, 1개 국어사용자 접근에 또한 적용된다. 덧붙여, 다음 제안은 제2 언어에 의존하지 않고 그 언어로 시작하는 것을 돕기 위해 제공된다.

(1) 미소를 지어라. 친절한 태도가 필수이다. - 그리고, 친절함은 마음으로부터 나오는 미소에 의해 가장 잘 나타난다.

(2) 말하라. 비록, 그 사람들이 이해하는 언어를 말할 수 없다하더라도, 당신이 친절하게 그들과 의사소통을 하고 싶다는 것을 그 사람들에게 알리기 위해서 영어, 그 나라의 무역어 (trade language)어, 또는 어느 언어로든지 말하라. 당신이 또 다른 세계에서 온 "벙어리"가 아니라는 것을 그들이 깨달을 필요가 있다.

(3) 몸짓을 하라. 대상물의 이름을 알기 위해 몸짓을 하고, 동사형태를 알기 위해 무언극을 하라. 주의 깊게 관찰하라. 그리고 당신이 그들의 습관을 이해하자마자 그 지방사람들에 의해 사용된 제스처를 모방하라. 손으로 대상물을 지적하는 것은 공손하지 못하거나, 기껏해야 이해되지 못할 뿐일 것이다. 어떤 사람들은 입술이나 턱으로 가리킨다. (가리키기 위하여 손을 사용하는 것은 손이나 손가락에 해당하는 단어를 만들어 낼 수도 있다.)

(4) 들어라. "이것이 무엇입니까?" "그는 무엇을 하고 있습니까?" 또는 "당신은 무엇을 하고 있습니까?"와 같은 표현들은 자료를 수집하는데 대단한 도움이 된다. 그러나 항상 확보하기 쉬운 것은 아니다. 이러한 표현들을 얻기 위하여 당신의 소유와 당신의 행위에 대한 소견과 질문에 귀기울여라.

(5) 들은 것을 사용하라. 기능한 빨리, 당신 자신의 언어인 "무의미한" 말로부터 새 언어에서 배운 형태로 옮겨가라. 서서히 분석자가 새 언어를 사용하는 것을 배움에 따라 1개국어 사용자 접근과 2개국어 사용자 접근이 융합된다.

14.3. 자료 기록

잦은 여행의 이유로 작은 노트가 더 실용적이지 못하다면, 큰 종이 (8 2/1 × 11)에 자료를 기록하라. 큰 종이를 사용하면, 잠정적인 어휘분석과 문법분석이 전사된 재료 위에 이루어질 수 있을 것이다. 후에, 부분적으로 분석된 단편들을 사전이나 기억을 위한 화일 슬립과 더 깊은 분석을 위한 도표로 옮겨질 수 있다.

재료는 듣는 대로 그때 그때 기록하라. 당신이 그 후에 어떤 것을 다르게 들을 때 원본을 지우지 않는 것이 최선이다; 그것은 실수가 아니라, 자유롭게 변화하는 형태 사이의 변동일 따름이다.

음성학적으로 기록하라. 음소분석이 점점 명백해 짐에 따라, 다른 색연필 또는 잉크가 다양한 단계에서 전사나 변화를 지적하기 위해 사용될 수 있다. 화일과 도표에서조차도 뒤로 돌아가고 초기의 전사를 변화시키는 것은 불필요하다. 예를 들면 Isthmus Zapotec어에서, 초기 음소 전사는 세 가지 어조로 추측했다 – 고, 중, 저, 이들 사이의 과도음. 그 후의 분석은 고, 저, 그리고 과도음을 만드는 것이 음소적이라는 것을 보여주었다. 어휘 목록에서 모든 슬립을 재복사하는 것보다는, 잉크의 변화가 새 전사를 위해 사용되었고, 따라서 그 기호의 의미는 쉽게 구별되었다4).

*   *   *

이 장은 2개국어와 1개국어 사용으로 언어를 배우고 자료를 이끌어내기 위한 제안을 제시했다.

---

4) 사전의 화일 슬립을 위해서, 다른 방법이 12장에 기술되어 있다.

참고 문헌

Bartholomew, Doris and Louise Schoenhals. *Bilingual Dictionaries for Indigenous Languages.* Mexico: Summer Institute of Linguistics, forthcoming.

Blackburn, Linda. 1980. "Repetition in Quiché Discourse," *The Seventh LACUS Forum.* Columbia, S.C.: Hornbeam Press inc.

Bloomfield, Leonard. 1993. *Language.* New York: Henry Holt and Company.

Bolinger, Dwight. 1975. *Aspects of Language.* New York: Harcourt Brace Jovanovich, inc.

Brend, Ruch M., ed. 1974. *Advances in Tagmemics.* Amsterdam: North Holland Publishing Company.

Chafe, Wallace L. 1970. *Meaning and the Sturcture of Language.* Chicage: University of Chicago Press.

Comrie, Bernard. 1976. *Aspect.* (Cambridge textbooks in linguistics 2). Cambridge: University Press.

Cranmer, David J. 1976. *Derived Intransitivity: a Contrastive Analysis of Certain Reflexive Verbs in German, Russian, and English.* (Linguistische Arbeiten, 38) Tübingen: Niemeyer. (Reviewed by B. Comrie in *Language* 54. 704.)

Derbyshire, Desmond. 1979. *Hixkaryana.* (Lingua Descriptive Studies 1)Amsterdam: North Holland Publishing Company.

Dixon, R.M.W. 1979. "Ergativity," *Language* 55:59-138.

Fillmore. Charles J. 1966. "Deictic Categories in the Semantics of 'Come'," *Foundations of Language* 2:219-227.

______ 1968. "The Case for Case," *Universals in Linguistics.* (Emmon Bach and Robert Harms, editors.) New York: Holt, Rinehart and Winston.

______ 1977. "The Case for Case Reopened" *Syntax and Semantics* Vol 8. 59-82. (Peter Cole and Jerrold Sadock, editors.) New York: Academic Press.

Frantz, Don. 1981. *Grammatical Relations in Universal Grammar.* Bloomington: Indiana University Linguistics Club.

Fries, Peter H. 1970. *Tagmeme Sequences in the English Noun Phrase.* Norman: Summer Institute of Linguistics of the University of Oklahoma.

Gleason, H.A. Jr. 1961 *An Introduction to Descriptive Linguistics.* New York: Henry Holt and Company.

Grimes, Joseph E. 1964. *Huichol Syntax.* The Hague: Mouton.

______ 1967. "Positional Analysis," *Language* 43. 437-444.

______ ed., 1975. *The Thread of Discourse.* The Hague: Mouton.

______ ed., 1978. *Papers on Discourse.* Dallas: Summer Institute of Linguistics and the University of Texas at Arlington.

Hale, Austin, ed. 1973. *Clause, Sentence and Discourse in Selected Languages of India and Nepal. Norman:* Summer Institute of Linguistics at the University of Oklahoma. 4 volumes.

Hockett, Charles F. 1958. *A Course in Modern Linguistics.* New York: MacMillan.

Hopper, P.J. and S.A. Thompson. 1980. "Transitivity in Grammar and Discourse," *Language* 56.251-299.

Hugoniot, Richard D. and A. Hale. 1973. "Contra-Expectancy Particles in Tharu Bhojpuri," in Hale, ed. 1973.

Lakoff, Robin. 1972. "Language in Context." *Language* 48.907-27.

Langacker, Ronald W., ed. 1977. *Studies in Uto-Aztecan Grammar 1.* Dallas: Summer Institute of Linguistics and the University of Texas at Arlington.

Larson, Mildred. 1978. *The Functions of Reported Speech in Discourse.* Dollas: Summer Institute of Linguistics and the University of Texas at Arlington.

Li, Charles N. ed. 1975. *Word Order and Word Order Change.* Austin: University of Texas Press.

______ ed. 1976. *Subject and Topic.* New York: Academic Press.

______ and Sandra A. Thompson. 1975 "The Semantic Function of Word Order: A Case Study in Mandarin," in *Word Order and Word Order Change,* Li, ed.

______ ______ 1976. "*Subject and Topic*: A New Typology of Language," in *Subject and Topic,* Li ed.

______ ______ 1981. *Mandarin Chinese, a Functional Reference Grammar.* Berkeley: University of California Press.

Longacre, Robert E. 1970a. *Philippine Languages: Discourse, Paragraph and Sentence Structure.* Norman: Summer Institute of Linguistics at the University of Oklahoma.

_____ 1970b. "Sentence Structure as a Statement Calculus," *Language* 46.783-81.

_____ 1972. *Hierarchy and Universality of Discourse Constituents in New Guinea Languages.* (2 volumes: discussion and texts.) Washington: Georgetown University Press.

_____ 1976a. *An Anatomy of Speech Notions.* Lisse: The DeRidder Press.

_____ 1976b: "Mystery' Particles and Affixes," *12th Regional Meeting of the Chicago Linguistics Society.* pp. 468-475.

_____ 1976-77. *Discourse Grammar: Studies in Indigenous Languages of Colombia, Panama, and Ecuador.* Dollas: Summer Institute of Linguistics and the University of Texas at Arlington. 3 volumes.

Lyons, John. 1969. *Introduction to Theoretical Linguistics.* Cambridge: University Press.

Marlett, Stephen. 1976. "Copy Raising in Koine Greek," MA Thesis University of North Dakota. (Available in Workpapers of the Summer Institute of Linguistics, University of North Dakota.)

Merrifield, William R., C. M. Naish, C.R. Rensch and G. Story. 1967. *Laboratory Manual for Morphology and Syntax.* Santa Ana, California: The Summer Institute of Linguistics.

Moser, Mary B. 1978. "Switch-Reference in Seri," International Journal of American Linguistics. 44.113-20.

Newman, Stanley. 1967. "Classical Nahuatl." *Handbook of Middle American Indians.* Vol 5, pp. 179-200. Austin: University of Texas Press.

Nida, Eugene A. 1949. *Morphology.* Ann Arbor: University of Michigan Press.

Pickering, Wilbur. 1980. *A Framework for Discourse Analysis.* Dallas: Summer Institute of Linguistics and the University of Taxas at Arlington.

Pike, Kenneth L. 1967. *Language in Relation to a Unified Theory of Human Behavior.* The Hague: Mouton.

——— and Evelyn G. Pike. 1982. Grammatical Analysis. Dollas: Summer Institute of Linguistics and the University of Texas at Arlington.

Pittman, Richard S. 1948. "Nahuatl Honorifics." *International Journal of American Linguistics.* 14.236–239.

Schane, Sanford A. 1973. *Generative Phonology.* Englewood Cliffs N.J: Prentice Hall.

Smith, A.S.D. 1925. *Welsh Made Easy.* Wrexham: Hughes and Son Publishers.

Smith, Colin. 1971. *Collins Spanish-English Dictionary.* London and Glasgow: William Collins and Co.

Thomas, David. 1980. *Invitation to Grammar.* Bangkok, mimeographed. (To be published by the Institute for Southeast Asian Languages.)

Trail, Ronald L., ed 1973. *Patterns in Clause, Sentence, and Discourse in Selected Languages of India and Nepal.* (Part 1: Sentence and Discourse.) Norman: Summer Institute of Linguistics of the University of Oklahoma.

Tuggy, David. 1981. *The Transitivity-Related Morphology of Tetelcingo Nahuatl: An Exploration in Space Grammar.* University of California, San Diego doctoral dissertation.

Webster's New Collegiate Dictionary. 1979. Springfield, Mass: G. and C. Merriam Co.

Wise, Mary Ruth. 1971. *Identification of Participants in Discourse: a Study of Aspects of Form and Meaning in Nomatsiguenga.* Dallas: Summer Institute of Linguistics and the University of Texas at Arlington.

Wonderly, William L. 1951. "Zoque Phonemes and Morphology," *International Journal of American Linguistics.* 17:246.

Popular grammars of indigenous languages.

Alexander, Ruth Maria. 1980. *Gramática mixteca: mixteco de Atatláhuaca.* Mexico: Summer Institute of Linguistics.

Butler, Inez M. 1980. *Gramática zapoteca: zapoteco de Yatzachi el Bajo.* Mexico: Summer Institute of Linguistics.

Echegoyen, Artemisa G. and Katherine Voigtlander. 1979. *Luces contemporaneas del otomi de la sierra.* Mexico: Summer Institute of Linguistics.

Marchese, Lynell. "Grammaire practique de la langue godié," Unpublished ms.

Warkentin, Viola and Ruby Scott. 1980. *Gramática ch'ol.* Mexico: Summer Institute of Linguistics.

Wolgemuth, Carl. 1981. *Gramática náhuatl: del municipio de Mecayapan, Veracruz.* Mexico: Summer Institute of Linguistics.

용어 색인

[ㄱ]

가능상 (potential aspect) 42

가산 명사 (count noun) 40

가산성 (countability) 40

가정법 양식 (subjunctive mode) 44

간접 목적 관계 (indirect object relative) 192

간접 목적어 (indirect object) 105, 154, 225~228

간접 인용 (구) (indirect quote) 198, 205

개괄, 요약 (recapitulation) 205

격 (case) 102, 223

견본 담화 (sample discourse) 245~246

견본 기술 (sample descriptions) 121

견본 구 (sample phrase) 147

견본 문장 (sample sentence) 120, 184

견본 어 (sample word) 12

결합 (cohesion) 248

경어 (honorific) 55

경험자역 (experiencer role) 156, 226

경험자 (수동자) 역 (undergoer role) 156

계속상 (continuative aspect) 40

계속상 (durative aspect) 40

계층 (hierarchy) 95

고유명사 (proper noun) 51, 114

공식 (formula) 122

공제 (subtraction) 75

공제의 (subtractive) 75

과거 시제 (past tense) 33

과거 완료 (past perfect) 33, 39, 156

과거 진행 (past progressive) 33, 39

과정 (process) 77

과중 구조 (heavy structures) 182

과중 추이 (heavy shift) 182

관계대명사 (relative pronoun) 192

관계사 (relator) 195

관계절 (relative clause) 191, 207~208

관계접사 어순 (relative affix orders) 16~25

관사 (article) 59, 134~137

관습상 (customary aspect) 40

관용구 (idiom) 241

관찰 (observation) 97

교수문법 (pedagogical grammar) 232

교체 (alternation) 75, 77, 92, 208

구 (phrase) 96, 113, 125, 216~219

구문 (construction) 95

구성요소 (constituent) 95, 100

구정보 (old information) 248

구조적 친족관계 (structural relationships) 189

굴절 (inflection) 13, 35, 58, 209, 211, 215

굴절 접사 (inflectional affix) 114, 211~212

규칙 (rule) 77, 87

기능, 함수 (function) 56, 95, 109, 114, 221, 225~227

기본 어순 (basic word order) 178~179

기본형 (basic form) 77, 87
기술 기능 (description function) 110
기술 (description) ― 문법적 기술과 예문 기술을 보라
기술문 (descriptive sentence) 165
기술적 (descriptive) 58, 128, 131
"기적" 형태소 ("mystery" morpheme) 249
기지 (주어진) 정보 (given information) 248

[ㄴ]
남성 (masculine gender) 51, 137
내면 위치격 (inner locative) 156
내용-정보 의문문 (content-information question) 176
내포 (intention) 35
내포절 (embedded clause) 191, 195, 196
능격 (ergative case) 224
능동문 (active sentence) 156
능동태 (active voice) 46, 156

[ㄷ]
단락 (paragraph) 245, 248, 252
단문 (simple sentence) 95, 151, 189
단수 (singular number) 52~54
단어 강세 (word stress) 217, 222
단어 경계 (word boundary) 30, 215
단어 구조 기술 (word structure descriptions) 13~16
단어 (word) 2, 95, 209, 214, 222
단어류 문법 (word-class grammar) 233
단어류 (word class) 114, 210

담화 (discourse) 55, 200, 245

대격 (accusative case) 224

대립(조) (contrast) 4, 8, 208

대명사 (pronoun) 29, 32, 54, 114, 246~248

대역 동사 (dummy verb) 177

대역 주어 (dummy subject) 161

대조 (antithetical) 205

대중문법 (popular grammar) 233

대치 (substitution) 4

대치(용) 형태 (substitute form) 32

대화 (conversation) 113

대화 (dialogue) 247

도구적 기능 (instrument function) 107, 225

도구역 (instrument role) 227

도달 (arrival) 34

도표 (chart) 19, 117, 118

독립절 (independent clause) 190, 198

독백 (monologue) 179, 245, 248

동격구 (appositional phrase) 144

동결 표현 (frozen expressions) 143

동사 (verb) 29, 101, 103, 151, 229

동사구 (verb phrase) 109, 128, 140, 147

동사 수식어 (verb modifier) 141

동사의 비기본적 용법 (nonbasic usages of verb) 156

동사화소 (verbalizer) 212, 215

동음이자어 (homophone) 240

동일지시 (coreferent) 192, 200

동화 (assimilation) 78~79

등위 (coordination)　190, 202, 203
등위구 (coordinate phrase)　145

[ㅁ]
머리 명사 (head noun)　132
머리어 (head word)　110, 126
명령문 (imperative sentence)　171, 178
명령법 (imperative mode)　44
명사 (noun)　29, 50, 114
명사구 (noun phrase)　125~127, 145, 148, 216
명사류 (nominal)　151~152, 157, 162, 223
명사절 (noun clause)　197
명사화 동사 (nominalized verb)　200
명사화소 (nominalizer)　211, 215
명시적 (explicit)　232
명시적 (manifest)　111
명제 (proposition)　97
명칭-형태 (name-form)　65
자(모)국어 (vernacular language) 235
모음배치 (vowel placement)　79
모음조화 (vowel harmony)　79
목적 기능 (purpose function)　109
목적 보어절 (object complement clause)　197
목적어 관계 (object relative)　192
목적어 기능의 인칭 (person of object function)　32, 110
목적어 표지 (object marker)　32
목적어 통합 (object incorporation)　143, 218
목적어 (object)　49, 56, 99, 105, 151~152, 205, 227

목적절 (purpose clause) 110

목표역 (goal role) 226

무생 (inanimate) 55

무표의 (unmarked) 41, 178

문장 (sentence) 95, 113, 191

문장 구성요소 (sentence constituent) 100, 151

문장 보어절 (sentential complement clause) 198, 199

문장 부사 (sentence adverb) 109

문장 조각 (sentence fragment) 183, 263

문법 기능 (grammatical function) 95, 99, 225

문법 기술 (grammatical description) 231

문법 (grammar) 1

문법모형 (models of grammar) 231

문법적 개요 (grammatical sketch) 233

문법적 격 (grammatical case) 223

문법적 단위 (grammatical unit) 98

문법적 문장 (grammatical sentence) 97

문에서의 양상자질 (modal features in sentences) 170, 178

미래 시제 (future tense) 33

미래 완료 (future perfect) 33. 39

미래 진행 (future progressive) 39

미완, 미완상 (imperfect, imperfective aspect) 40

[ㅂ]

반복, 반복상 (habitual, habituative aspect) 38~41

반복상 (frequentative aspect) 40

반복상 (iterative aspect) 26, 178

반복상 (repetitive aspect) 40

반복성의 (repetitive)　141

발화 (utterance)　3

방향 (direction)　34, 108

배경 (background)　246, 248~249

배타적 (exclusive)　54

변이형 (variant forms)　75

병치 (juxtaposition)　164

병치문 (juxtaposed sentence)　204

보문소 (complementizer)　199

보어 (complement)　162

보어절 (complement clause)　197

보충법 (suppletion)　69

보통명사 (common noun)　51, 114

보편성 (universals)　231

복사 (copy)　202

복수 (plural number)　52~54

복합문 (compound sentence)　203~204

복합어간 (compound stem)　210~214

본동사 (main verb) 129

본루 (home base)　34

부가 의문문 (tag question)　175

부류, 류 (class)　110, 211

부사 (adverb)　29, 38, 109, 114, 138, 141, 241

부사 관계 (adverbial relative)　192

부사구 (adverb phrase)　38, 128, 139, 141, 147

부사절 (adverbial clause)　195~196

부사화소 (adverbializer)　211

부정 (indefiniteness)　126, 141, 183

부정, 부정요소 (negation, negative) 208

부정관사 (indefinite article) 134

부치사 (adposition) 140

분류 (classification) 113

분류문 (classification sentence) 164

분류사 (classifier) 136

분리-능격체계 (split-ergative system) 225

분포 (distribution) 10, 65, 210, 216, 221

불연속 형태소 (discontinuous morpheme) 25

비교 형용사 구문 (comparative adjective construction) 138

비굴절 (uninflected) 114

비소유 명사 (nonpossessed nouns) 53

비인칭 동사 (impersonal verb) 46, 159

비제한적 관계절 (nonrestrictive relative clause) 194

비현실상 (unreal aspect) 41

[ㅅ]

사건 (events) 29~32, 246~247

사실 반대의 양식 (contrary-to-fact mode) 45

사역 관계 (cause relative) 192

사역 기능 (cause function) 110

사역(동사) (causative) 46, 157

사인칭 (fourth person) 55

사전 (dictionary) 235

사전철 (dictionary file) 238

사전편집 (법) (lexicography) 244

삼인칭 (third person) 54~55

삼중타동사 (tritransitive) 158

상 (aspect 相)　38~40, 246

상보적 분포 (complementary distribution)　63

상세화 (specifier)　58

상태 (state)　29, 49, 161

상태문 (stative sentence)　161, 178

상태상 (stative aspect)　40

상호작용의 (reciprocal)　46

상호절 관계 (interclausal relations)　189

서법 (mood)　199

서법, 양식 (mode)　44, 178, 199

서술문 (declarative sentence)　171, 178

설명문 (illustrative sentence)　241

성 (gender)　51, 55, 136

성조 동요 (tone perturbation)　81

세부 (detail)　97

소유 (possession)　52, 110, 128, 225

소유 (possessive)　132

소유구 (possessive phrase)　128

소유문 (possession sentence)　169

소유자 (possessor)　126, 128, 132

수 (number) 31, 54~55, 110, 136

수동문 (passive sentence)　156

수동자 역 (patient role)　156, 226

수동태 (passive voice)　46

수반 관계 (accompaniment relative)　192

수반 기능 (accompaniment function)　107

수식 동사구 (modified verb phrase)　144, 147

수식 명사구 (modified noun phrase)　127, 145

수식 부사구 (modified adverb phrase)　128, 139
수식 평언 (qualifying comment)　240
수식 형용사구 (modified adjective phrase)　128, 138, 145
수식 (modification)　110
수식사 (qualifier)　130
수식어 (modifier)　112, 125～126, 128, 141
수식하다 (modify)　110
수의적 (optional)　14, 100, 151, 152
수혜 관계 (benefactive relative)　192
수혜 기능 (benefactive function)　46, 106
수혜자역 (beneficiary role)　228
순간상 (momentaneous aspect)　40
순환 부분 (recurring partial)　4, 9
순환적 내포 (recursive embedding)　207
술부 (predication)　97
술어 (predicate)　97, 100, 103, 151
술어 명사류 (predicate nominal)　162, 224
술어 형용사 (predicate adjective)　162
시간 기능 (time function)　33, 108, 119, 228
시간 부사 (temporal adverb, temporal)　119
시간어 (time word)　119
시도수 (trial number)　54
시발, 기동상 (inceptive, inchoative aspect)　40
시점, 시점상 (punctual, punctiliar aspect)　40
시제 (tense)　33, 39, 110, 199, 246, 248
시제절 (temporal clause)　208
신정보 (new information)　248
실용문자 (practical alphabet)　89, 239

[ㅇ]

양도가능 소유 (alienable possession) 52~53, 133

양도불가능 소유 (inalienable possession) 52, 133

양보절 (concession clause) 197

양상조동사 (modal auxiliary) 142

양수 (兩數 dual number)) 52, 54

양태 기능 (manner function) 38~39, 109

양태구 (manner phrase) 109

양태부사 (manner adverb) 109

양태절 (manner clause) 196, 208

양화사 (quantifier) 60, 126~132

어간 (stem) 13, 110, 209~210, 214~215

어근 (root) 10, 13, 209, 213~214

어순 (word order) 135, 178~180

어순 변형 (order modification) 136, 178

어형 변화계열 (paradigm, paradigmatic) 34~45

어휘 단위 (lexical unit) 1~2

어휘목록 (lexicon) 1

어휘적 사역형 (lexical causative) 159

어휘적으로 정의된 교체 (lexically defined alternation) 77

어휘철 (lexical file) 236

억양곡선 (intonation contour) 97, 173~174, 183

언어적 상 (verbal aspect) 39

언어 학습 (language learning)

여성 (feminine gender) 55, 137

역 (role) 225

연결(부) (link) 208, 246, 248~249

연결동사 (link verb) 162

연계동사 (copula verb) 163
연구도표 (workcharts) 120
연속구 (serial phrase) 145
영 이형태 (zero allomorph) 72
영 파생 (zero derivation) 211
영 형태소 (zero morpheme) 73
예/아니오 의문문 (yes/no question) 173, 184
완료상 (perfect aspect) 39~40, 44
완료적 상 (perfective aspect) 40
완성상 (completive aspect) 36, 40~41
외부 위치격 (outer locative) 155
용법 (usage) 240
원격 과거시제 (remote past tense) 33
원격 (obviative) 55
원망 (법) (desiderative) 30
위치 명사 (location noun) 108, 114
위치 부사, 위치어 (location adverb, words) 119
위치 (location) 34, 108, 225, 228
위치격 (locative) 119, 155
위치격 기능 (locative function) 108
위치격 동사 (locative verb) 155
위치기능 (location function) 108, 118, 126, 225~228
위치류 (position class) 11
위치문 (location sentence) 168
위치역 (location role) 228
위치절 (location clause) 118, 208
유생 (animate) 55
유추 (analogy) 221

유표 어순 (marked word order)　178

유형론 (typology)　132

음소탈락 (loss of phonemes)　83, 88

음운도치 (metathesis)　84, 88

음운론 (phonology)　1

음운론적 단위 (phonological unit)　97, 216

음운론적 문장 (phonological sentence)　97, 263

음운론적으로 정의된 교체 (phonologically defined alternation)　77, 92

의무적 (obligatory)　15, 100

의문 (question)　176

의문관계 (interrogative relative)　195

의문문 (interrogative sentence)　173, 178

의문사(어) 문 (question word sentence)　176

의문사(어) (question word)　176, 194

의문 첨사/접사 (question particle/affix)　176

의미 (meaning)　3, 8

의미단위 (semantic unit)　97

의미범주 (semantic category)　29

의미역 (semantic role)　225

의미 영역 (semantic domain)　242

의미 친족관계 (semantic relationship)　189, 203, 208

의미전이 (sense descrimination)　240

의역 (바꿔쓰기) (paraphrase)　205

의존 교체형 (bound alternants)　220

의존어 (dependent word)　223

의존절 (dependent clause)　190

의존형 (bound form)　10

이동, 동작 (motion)　34, 142

이유기능 (reason function) 110

이유절 (reason clause) 195

이인칭 (second person) 54

이중 타동사 (ditransitive) 154, 178

이중언어 병용사전 (bilingual dictionary) 235, 238

이중언어 사용 접근 (bilingual approach) 268

이중타동사 (bitransitive) 154, 178

이치적 (二値的) 분할 (binary division) 99

이형태 (allomorph) 63~74, 115

이화 (dissimilation) 85

인용공식 (quote formula) 205

인용구 (quotation) 205

인칭 (person) 33, 54

인칭표지 (person marker) 32, 54

일개국어 사용자 접근 (monolingual approach) 268

일인칭 (first person) 54~55

일치 (agree) 33, 51, 136

일치 (agreement) 101, 136

잉여 (residue) 123

[ㅈ]

자동사 (intransitive) 46, 151

자료 기록 (data recording) 269

자료 수집 (data collection) 8, 261

자립형 (free form) 2, 10

장려의 (hortatory) 172

장르 (genre) 246, 250

장면 (setting) 247

재귀 (reflexive) 46
전 구성성분 (fronted constituent) 180
전접어 (enclitic)
전치사 (preposition) 114, 129, 140
전치사구 (prepositional phrase) 126, 129, 140, 146, 149
전환 (개폐) 지시 (switch reference) 249
절 (clause) 189~192
절단 형태소 (cut morpheme) 8
절대격 (absolutive case) 213
접두사 (prefix) 11
접미사 (suffix) 11
접사 순서 (affix orders) 11, 16~18
접사 (affix) 10~11, 16, 220~223
접사류 어순 (orders of affixes) 11, 16~18
접속사 (conjunction) 109, 145
접어 (clitic) 30, 102, 119, 209, 216, 219, 220
접요사 (infix) 11
정관사 (definite article) 111, 134
정보 의문문 (information question) 176
정보: 구, 기지, 신 (information: old, given, new) 247
정상적 문장 어순 (normal sentence order) 180
제한자 (limiter) 58, 134
제한적 관계절 (restrictive relative clause) 194
조건절 (conditional clause) 197
조동사 (auxiliary) 141, 156
조음방법 (manner of articulation) 78
조음점 (point of articulation) 78
존경의 (reverential) 55

존재문 (existence sentence)　163

종속 (subordinating)　190~208

종속관계 (subordination)　190

종속절 (subordinate clause)　191, 225

종지상 (terminative aspect)　40

주격 (nominative case)　224

주변적 (peripheral)　100, 109, 209

주석 (gloss)　235

주어 (subject)　56, 97, 99, 151, 179~180

주어- 같거나 또는 다른 (subject — same or different)　249

주어 관계 (subject relative)　192

주어 기능의 인칭 (person of subject function)　32, 110

주어 보문절 (subject complement clause)　197

주어 삭제 (subject deletion)　201

주어-술어 구문 (subject-predicate construction)　97, 180

주어-술어 언어 (subject-predicate language)　180

주어 인상 (subject raising)　202

주어진 정보 (given information)

주어 표지 (subject marker)　32

주절 (main clause)　191, 201

주제 (topic)　97, 100, 109, 176

주제-평언 문장 (topic-comment sentence)　180

주제-평언 언어 (topic-comment language)　180

주제화 (topicalization)　179, 248

중간태 (middle voice)　46

중복 (reduplication)　82

중성 (neuter gender)　55

증거의 (evidential)　45

지시 (deictic, dixis) 59, 134
지시 문법 (reference grammar) 121, 231
지시물 (referent) 200
지시사 (demonstrative) 59, 134~135, 248
직설법 양식 (indicative mode) 44
직접 구성성분 (immediate constituent) 129
직접 목적어 (direct object) 105
직접 인용구 (direct quote) 205
진리-가 의문문 (truth-value question) 173
진행상 (progressive aspect) 36, 39~40, 43
질량명사 (mass noun) 50

[ㅊ]
참여자 (participants) 32~48, 246, 248
철 (file) 235~243
첨가 (epenthesis) 85~87
첨사 (particle) 46, 114, 173, 249
초분절 음소 (suprasegmental phoneme) 12
초점 (focus) 176, 179, 248
초접사 (suprafix) 12
최소문 (minimum sentence) 120
최소 어휘 단위 (minimal lexical unit) 2
추정과 검토 (guess and check) 10

[ㅌ]
타동사, 타동성 (transitive, transitivity) 46, 151, 178
태 (voice) 46
통사 기능 (syntactic function) 101

통사론 (syntax) 96
통사적 사역형 (syntactic causative) 49, 159
틀 (frame) 4

[ㅍ]
파생 (derivation) 209~213
파생어간 (derived stem) 211~213
파생접사 (derivational affix) 211, 213
평언 (comment) 101, 180
폐쇄-동사구 (close-knit verb phrase) 141
포위문 (ambient sentence) 159
포함적 (inclusive) 54
플래시백 (flashback) 246

[ㅎ]
하위부류 (subclass) 65, 114, 156
학술문법 기술 (academic grammar description) 231
한정사 (determiner) 126, 128, 130, 133~134
한정성 (definiteness) 110, 183
합성 (composition) 113, 189, 209
합성문 (complex sentence) 189~190, 200, 207~208
합성 어간 (complex stem) 214
핵 (core) 11, 209
핵 (nucleus) 11, 120, 209~210
핵심 (nuclear) 100, 110, 209
행렬 (matrix) 178, 199
행위 (action) 125, 161
행위의 실재 (reality of action) 44

행위자역 (agent role)　226

현장연구 방법 (field methods)　259

현재시제 (present tense)　33

현재완료 (present perfect)　33, 39

현재진행 (present progressive)　33, 39

형식적 인칭 표지 (formal person marking)　54

형식적 자질 (formal features)　29

형용사 (adjective)　29, 38, 58, 114, 116, 137~138

형용사구 (adjective phrase)　128, 138, 145

형용사 술부 (adjectival predicate)　162, 165

형용사절 (adjectival clause)　191

형용사화소 (adjectivizer)　211

형태 (form)　2, 6, 113, 238

형태 (morph)　63

형태론 (morphology)　96

형태론적 사역형 (morphological causative)　49, 159

형태소 (morpheme)　3, 10, 95

형태소론 (morphemic)　89

형태소 절단 (morpheme cuts)　7

형태음소 (morphophoneme)　89

형태음소론 (morphophonemics)　75

형태음소적 과정, 규칙 (morphophonemic processes, rules)　77

형태음소적 문자 (morphophonemic alphabet)　90

형태적으로 정의된 교체 (morphemically -defined alternation)　77, 92

화용론 (pragmatics)　179

화자의 태도, 지도 (speaker attitude, orientation)　109, 250

확대사 (augmentative)　126, 141

확인문 (identification sentence)　164

확장문 (expanded sentence)
후접어 (proclitic) 219
후치접어 (postclitic) 219
후치사 (postposition) 140
휴지 (pause) 98, 183
휴지상 (cessative aspect) 40
WH 의문문 (WH-questions) 176

옮긴이

한영목(韓永穆)
'49년 충남 금산 출생
충남대학교 국어국문학과 졸.
동대학원 문학석사, 문학박사.
중경공전 조교수와 목원대학원 조교수를 거쳐,
현재, 충남대학교 국어국문학과 교수.

◇ 논(역)저
「국어 관형사 연구」, 「충남지방의 방언 연구」, 「한국어 구문도해 연구」,
《언어와 사회》, 《국어 구문도해 문법론》, 《생성문법과 언어능력》,
《형태론》, 《형태·통사론의 이해》 외 다수.

형태·통사론의 이해

1994년 2월 20일 제1판 1쇄 인쇄
1995년 3월 1일 제1판 1쇄 발행

저 자 : Benjamin Elson · Velma Pickett
옮긴이 : 한영목
발행자 : 김진수
발행처 : **한국문화사**
133-112 서울시 성동구 성수1가 2동 13-156
전화 : (02) 464-7708 (02) 499-0846
팩스 : (02) 499-0846

등록 제 2-1276호

값9,500원